Aforismos para a SABEDORIA DE VIDA

ARTHUR SCHOPENHAUER

Aforismos para a SABEDORIA DE VIDA

Tradução do alemão de Gabriel Valladão Silva

L&PM EDITORES

Texto de acordo com a nova ortografia

Título original: *Aphorismen zur Lebensweisheit*
Tradução: Gabriel Valladão Silva
Capa: Ivan Pinheiro Machado. *Imagem*: Latinstock Album Akg-Images
Revisão: Jó Saldanha

CIP-Brasil. Catalogação na publicação
Sindicato Nacional dos Editores de Livros, RJ

S394A

Schopenhauer, Arthur, 1788-1860
Aforismos para a sabedoria de vida / Arthur Schopenhauer; tradução Gabriel Valladão Silva. – 1. ed. – Porto Alegre, RS: L&PM, 2014.
224 p. ; 21 cm.

Tradução de: *Aphorismen zur Lebensweisheit*
ISBN 978.85.254.3181-3

1. Filosofia alemã. I. Título.

14-16471 CDD: 193
CDU: 1(43)

Rua Comendador Coruja, 314, loja 9 – Floresta – 90220-180
Porto Alegre – RS – Brasil / Fone: 51.3225.5777 - Fax: 51.3221.5380
PEDIDOS & DEPTO. COMERCIAL: vendas@lpm.com.br
FALE CONOSCO: info@lpm.com.br
www.lpm.com.br

Impresso pela Meta Brasil
2021

Sumário

Le bonheur n' est pas chose aisée: il est très difficile de le trouver en nous, et impossible de le trouver allieurs.
[*A felicidade não é coisa fácil: é muito difícil encontrá-la em nós, e impossível encontrá-la noutra parte.*]

CHAMFORT
[*Caractères et anecdotes*, p. 433]

Introdução

Tomo aqui o conceito de sabedoria de vida num sentido totalmente imanente, a saber, o da arte de conduzir a vida da maneira mais agradável e feliz possível, cuja instrução também poderia ser chamada de eudemonologia: ela seria, por conseguinte, a indicação para uma existência feliz. Esta, por sua vez, poderia ser definida de maneira geral como uma existência tal que, considerada de modo puramente objetivo, ou antes (já que o decisivo aqui é um juízo subjetivo), após uma fria e madura reflexão, fosse decididamente preferível ao não ser. Desse conceito de existência segue que nos apegaríamos a ela por ela mesma, e não meramente por medo da morte; e disto, por sua vez, que gostaríamos de vê-la durar infinitamente. Agora, se a vida humana corresponde ao conceito de tal existência, ou se sequer pode corresponder-lhe, é uma questão conhecidamente negada por minha filosofia, enquanto que a eudemonologia pressupõe sua afirmação. Isso porque ela repousa sobre o equívoco inato cuja refutação abre o quadragésimo nono capítulo do segundo volume de minha obra magna. Para, apesar disso, poder ainda elaborar uma eudemonologia, tive, pois, de me desviar completamente do ponto de vista metafísico-ético mais elevado ao qual a minha filosofia propriamente dita conduz. Por consequência, toda a discussão que aqui será feita repousa em certa medida sobre uma acomodação, a saber, na medida em que permanece no ponto de vista empírico comum, atendo-se a seu equívoco. Por isso também seu valor pode ser apenas condicionado, já que até mesmo a própria palavra eudemonologia é somente um eufemismo. – Ademais, ela tampouco tem qualquer pretensão de completude; em parte porque o tema é inesgotável, em parte porque, caso contrário, precisaria repetir o que já foi dito por outros.

Recordo-me de apenas um livro composto com intenção semelhante à dos presentes aforismos, o *De utilitate ex adversis capienda* [Sobre a utilidade do que é adverso] de *Cardano*, obra altamente digna de leitura, com a qual se pode, portanto, completar o que será aqui apresentado. Também *Aristóteles* inseriu uma breve eudemonologia no quinto capítulo do primeiro livro de sua *Retórica*: esta, entretanto, resultou bastante insípida. Não me utilizei desses precursores, já que compilar não é coisa de minha incumbência; e tanto menos, uma vez que com isso se perde a unidade de perspectiva, que é a alma de obras desse gênero. – De maneira geral, decerto, os sábios de todos os tempos sempre disseram o mesmo, e os tolos, quer dizer, a maioria incomensurável de todos os tempos, sempre fizeram o mesmo, a saber, o contrário: e assim seguirá sendo. Por isso diz *Voltaire*: *nous laisserons ce monde-ci aussi sot et aussi méchant que nous l'avons trouvé en y arrivant* [Deixaremos este mundo tão estúpido e malvado quanto estava quando nele chegamos].

Capítulo I

Divisão fundamental

Aristóteles (*Ética a Nicômaco* I, 8) repartiu os bens da vida humana em três classes – os exteriores, os da alma e os do corpo. Conservando disso nada além da tríade, eu digo que aquilo que fundamenta a diferença na sorte dos mortais pode ser reconduzido a três determinações fundamentais. Estas são:

1. Aquilo que se *é*: ou seja, a personalidade no sentido mais amplo. Por conseguinte incluem-se aqui saúde, força, beleza, temperamento, caráter moral, inteligência e instrução.
2. Aquilo que se *tem*: ou seja, propriedades e posses em todos os sentidos.
3. Aquilo que se *representa*: sob esta expressão é comumente entendido aquilo que alguém é na representação de outros, ou seja, na verdade, como ele é por eles *representado*. Consiste, portanto, em sua opinião sobre ele e decompõe-se em honra, posição e fama.

As diferenças a serem consideradas sob a primeira rubrica são aquelas que a própria natureza instituiu entre os homens; donde já é possível apreender que a influência das mesmas sobre sua felicidade ou infelicidade haverá de ser muito mais essencial e radical do que a daquelas diferenças surgidas meramente a partir de determinações humanas, expostas sob as duas rubricas seguintes. Se comparadas às *autênticas proeminências pessoais*, o grande espírito ou o grande coração, todas as proeminências de posição, de berço, mesmo que régio, de riqueza etc. são como reis de uma peça de teatro comparados a um rei de verdade. Já *Metrodoro*, o primeiro discípulo de Epicuro, sobrescreveu um capítulo da seguinte maneira: περὶ τοῦ μείζονα εἶναι τὴν παρ' ἡμᾶς αἰτίαν πρὸς εὐδαιμονίαν τῆς ἐκ τῶν πραγμάτων (*majorem esse causam ad felicitatem eam, quae est ex nobis, eâ, quae ex rebus oritur*) [Sobre a causa da felicidade que há em nós ser maior do que aquela que se origina das coisas] – Clemente de Alexandria, *Stromata* 2, 21, p. 362). E, realmente, o principal para o bem-estar do ser humano, sim, para todo seu modo de existência, é evidentemente aquilo que reside ou sucede dentro dele mesmo. Pois aqui encontram-se imediatamente seu bem ou mal-estar, os quais são em primeira instância resultados de seu sentir, querer e pensar, enquanto que tudo situado fora tem apenas influência mediata sobre eles. É por isso que os mesmos eventos ou relações externos afetam a cada um de maneira totalmente diferente, e, embora estando em um mesmo ambiente, cada um vive em um mundo diferente. Pois somente suas próprias representações, seus próprios sentimentos e movimentos da vontade lhe dizem respeito imediatamente: as coisas exteriores têm influência sobre ele apenas na medida em que os ocasionam. O mundo em que cada um vive depende em primeiro lugar de sua apreensão dele, regula-se, portanto, segundo as diferentes cabeças: de acordo com elas, o mundo resultará pobre, trivial e superficial, ou rico, interessante e significativo. Por exemplo, os que invejam um outro pelos acontecimentos interessantes que ocorreram ao longo de sua vida, deveriam, muito antes, invejá-lo por seu dote de apreensão, o qual conferiu àqueles acontecimentos a significação que apresentam em sua descrição: pois o mesmo acontecimento que se apresenta tão interessante em uma cabeça espirituosa, se apreendido por uma superficial cabeça cotidiana, seria também apenas uma cena insípida do dia a dia. Isso se mostra no mais alto grau em certos poemas de Goethe e Byron, que são evidentemente baseados em eventos reais: um leitor tolo seria capaz de invejar o poeta pelo acontecimento encantador, em vez de invejar a sua poderosa fantasia, a qual foi capaz de fazer algo tão grande e belo de um evento deveras cotidiano. Da mesma maneira, o melancólico vê uma cena trágica onde o sanguíneo tem diante de si apenas um conflito interessante, que para o fleumático é algo insignificante. Isso tudo deve-se ao fato de toda efetividade, quer dizer, todo presente preenchido, ser composta de duas metades, o sujeito e o objeto, embora em conexão tão necessária e estreita como a do oxigênio com o hidrogênio na água. Por isso, dada uma metade objetiva totalmente idêntica, mas uma metade subjetiva distinta, assim como no caso oposto, a efetividade presente torna-se completamente outra: a mais bela e melhor metade objetiva, quando unida a uma metade subjetiva embotada, ruim, resulta em efetividade e presente ruins; assim como uma bela paisagem sob mau tempo ou no reflexo de uma *camera obscura* ruim. Ou, para falar de maneira mais direta: cada um está metido em sua consciência como em sua pele e vive imediatamente apenas no interior da mesma: por isso não se pode ajudá-lo muito de fora. Sobre o palco, um interpreta o príncipe, um outro o conselheiro, um terceiro o servo, ou o soldado, ou o general etc. Mas essas diferenças dão-se apenas no exterior: no interior, no cerne dessas aparições, encontra-se o mesmo em todos: um pobre comediante com suas penas e carências. Também na vida é assim: as diferenças de posição e de riqueza dão a cada um o seu papel a ser interpretado; mas isso não corresponde de modo algum a uma diferença interior quanto à felicidade e ao bem-estar; pois também aqui está metido em cada um o mesmo pobre-diabo com suas carências e penas, as quais certamente diferem em cada um quanto ao material, mas que segundo a forma, quer dizer, segundo a essência propriamente dita, são praticamente as mesmas em todos, embora com distinções de grau, as quais, porém, não se orientam absolutamente segundo a posição e a riqueza, quer dizer, segundo o papel que se interpreta. E isso porque tudo quanto existe e acontece para as pessoas existe imediatamente apenas em sua *consciência* e acontece para ela; então é evidente que o essencial é acima de tudo a constituição da própria consciência, e a maioria dos casos depende mais dela do que das figuras que nela se apresentam. Todos os luxos e deleites, refletidos na consciência embotada de um pateta, são paupérrimos se comparados à consciência de *Cervantes* quando escreveu o *Dom Quixote* em uma prisão desconfortável. – A metade objetiva do presente e da efetividade está entregue ao destino, sendo, portanto, modificável: a metade subjetiva somos nós mesmos; por isso ela é essencialmente imodificável. Por consequência, a vida de cada pessoa, apesar de todo câmbio de fora, mantém sempre o mesmo caráter, e é comparável a uma série de variações sobre *um* tema. Ninguém é capaz de sair de sua individualidade. E, assim como o animal que, em todas as relações em que é posto, permanece limitado à esfera estreita impressa irrevogavelmente pela natureza em sua essência – de maneira que, por exemplo, nossos esforços para agradar um animal amado, justamente devido a essa limitação de sua essência e de sua consciência, precisam manter-se no interior de fronteiras estreitas –, assim é também com o ser humano: a medida de sua felicidade possível é determinada previamente por sua individualidade. Especialmente sua capacidade para uma fruição mais elevada foi determinada de uma vez por todas pelos limites de suas faculdades intelectuais (cf. *O mundo como vontade e representação*, vol. 2, p. 73). Caso sejam estreitos, então todos os esforços de fora, tudo que as pessoas ou a sorte fazem por ele, tudo isso será insuficiente para levá-lo para além da medida ordinária, quase animalesca, de felicidade e bem-estar humanos: ele permanece dependente do deleite sensível, de uma aconchegante e aprazível vida familiar, de companhias de baixo nível e passatempos vulgares; geralmente, nem mesmo a formação intelectual logra ampliar muito essa esfera, embora em alguma medida. Pois os mais elevados, variados e duradouros deleites são os espirituais, por mais que nos iludamos a respeito na juventude; estes, porém, dependem principalmente da força inata. – Disso esclarece-se, portanto, o quanto a nossa felicidade depende daquilo que *somos*, de nossa individualidade, enquanto que na maioria dos casos apenas o nosso destino, apenas aquilo que *temos* ou que *representamos* é levado em conta. O destino, porém, pode melhorar: ademais, estando em posse de riqueza interior, não se exigirá muito dele; em contrapartida, um pateta permanece sendo um pateta, um estúpido embotado permanece embotado e estúpido até o fim, estivesse ele no paraíso e cercado de huris.* Por isso diz Goethe:

* Virgens celestiais da religião muçulmana. (N.T.)

Povo e servos e tiranos
Admitem constantemente,
Sorte excelsa dos mundanos
É a índole, somente.

West-östlicher Divan [*Divã ocidental-oriental*]

Que para nossa felicidade e nosso deleite o subjetivo seja incomparavelmente mais essencial do que o objetivo é confirmado em tudo: desde o fato de a fome ser o melhor tempero e de o ancião ver a deusa do jovem com indiferença, até a vida do gênio e do santo. Especialmente a saúde sobrepuja todos os bens exteriores em tal medida que um mendigo saudável é verdadeiramente mais feliz do que um rei doente. Um temperamento calmo e jovial, nascido de uma saúde plena e de uma constituição afortunada, um entendimento claro, vivaz, penetrante e preciso, uma vontade moderada, branda e, por conseguinte, uma consciência tranquila: esses são privilégios que nenhuma posição ou riqueza podem substituir. Pois o que alguém é por si só, aquilo que o acompanha na solidão e que ninguém pode lhe dar ou dele tomar, é evidentemente mais essencial para ele do que tudo que ele venha a possuir ou também a ser aos olhos dos outros. Um homem com riqueza de espírito tem, em total solidão, uma distração excelente em seus próprios pensamentos e fantasias, enquanto que para um homem embotado mesmo a constante variação de companhia, espetáculos, passeios e divertimentos são incapazes de afastar o tédio martirizante. Um caráter bom, moderado, brando pode estar contente em condições de escassez; enquanto que um caráter cobiçoso, invejoso e maldoso não está contente nem mesmo com toda riqueza. E para aquele que desfruta constantemente de uma individualidade extraordinária, intelectualmente eminente, a maioria dos prazeres comumente ansiados chegam a parecer totalmente supérfluos e mesmo incômodos e importunos. Por isso diz Horácio de si:

Gemmas, marmor, ebur, Tyrrhena sigilla, tabellas,
Argentum, vestes Gaetulo murice tinctas:

Sunt qui non habeant, est qui non curat habere;
[Gemas, mármore, marfim, estátuas tirrenas, quadros,
Pratarias e vestes getúlicas tingidas de púrpura:
Há quem não os tenha; há quem não os busque.
(*Epístolas* II, 2, 180-182)]

e Sócrates disse, ao ver artigos de luxo expostos à venda: "Quantas coisas há de que não necessito".

Por conseguinte, aquilo que *somos*, a personalidade, é o absolutamente primário e essencial para uma vida feliz – e isso já pelo fato de ela se manter constantemente ativa em qualquer circunstância: ademais, diferentemente dos bens das duas outras rubricas, a personalidade não está submissa ao destino e nem pode ser tomada de nós. Nesse sentido, o valor da personalidade pode ser considerado absoluto, em oposição ao valor meramente relativo dos outros dois. Disso segue, por sua vez, que aquilo que vem de fora acrescenta muito menos ao homem do que se supõe. Apenas que o tempo onipotente exerce também aqui seu direito: a ele sucumbem pouco a pouco os privilégios corporais e espirituais; somente o caráter moral permanece inacessível também a ele. Nesse aspecto, os bens das duas últimas rubricas, uma vez que não são roubados imediatamente pelo tempo, teriam certamente uma vantagem em relação aos da primeira. Seria possível encontrar uma segunda vantagem no fato de, estando dados objetivamente, serem por natureza alcançáveis, existindo para todos ao menos a possibilidade de apossar-se deles; enquanto que sobre o subjetivo, em contrapartida, não nos é dado nenhum poder; pelo contrário, tendo surgido *jure divino* [por direito divino], permanece firme e imodificável para toda a vida; de modo que aqui vale de maneira implacável o dito:

Como no dia em que vieste ao mundo
O sol saiu a saudar os planetas,
De imediato e mais foste medrando,
Segundo a lei na qual te movimentas.
Tal deves ser, de ti não há refúgio,

Diziam já sibilas e profetas;
E nenhum poder ou tempo dilui
Firme forma, que viva evolui.
Goethe

A única coisa que, neste aspecto, se encontra em nosso poder, é utilizarmos a personalidade que nos é dada para a maior vantagem possível, perseguindo apenas os anseios a ela correspondentes e esforçando-nos para atingir aquela espécie de instrução que lhe seja adequada, evitando todas as outras, consequentemente escolhendo o posto, a ocupação, o modo de vida que se adéquem a ela.

Um homem hercúleo, dotado de força muscular incomum, que, devido a circunstâncias exteriores, se vê obrigado a dedicar-se a uma ocupação sedentária, a um insignificante, humilhante trabalho manual, ou também a estudar e executar trabalhos mentais que exijam forças de espécie totalmente distinta, que nele são inferiores, consequentemente deixando inutilizadas justamente as forças que nele são excepcionais: esse homem haverá de sentir-se infeliz durante toda a vida; e mais ainda aquele em que as forças intelectuais são muito preponderantes e que precisa deixá-las sem desenvolvimento ou uso para tratar de negócios ordinários que não as exigem, ou mesmo trabalhos físicos, para os quais sua força é insuficiente. Entretanto, é de se evitar, especialmente na juventude, o perigo da presunção, para não atribuir a si uma medida exagerada de forças que não se tem.

Também fica evidente, a partir da decidida preponderância de nossa primeira rubrica sobre as duas outras, que é mais sábio trabalhar na manutenção da saúde e no desenvolvimento das próprias capacidades do que na aquisição de riqueza; o que porém não pode ser interpretado erroneamente no sentido de que se deveria negligenciar a aquisição daquilo que é necessário e adequado. Mas a verdadeira riqueza, quer dizer, o grande excesso, pouco contribui à nossa felicidade; daí muitos ricos se sentirem infelizes: pois são desprovidos de uma verdadeira formação intelectual, sem conhecimentos e por isso sem nenhum interesse objetivo que os capacite para ocupações intelectuais. Pois o que a riqueza pode fornecer para além da satisfação das carências efetivas e naturais tem uma influência ínfima sobre o nosso bem-estar efetivo: este é muito antes estorvado pelas muitas e inevitáveis preocupações que a manutenção de uma grande propriedade traz consigo. Entretanto, as pessoas esforçam-se mil vezes mais por adquirir riqueza do que instrução intelectual; embora seja absolutamente certo que aquilo que se *é* contribui muito mais para nossa felicidade do que aquilo que se *tem*. Por isso vemos muitas pessoas incessantemente ocupadas, assíduas como formigas, esforçando-se do amanhecer ao anoitecer por aumentar a riqueza que já têm. Elas nada conhecem para além do estreito campo de visão dos meios para enriquecer: seu espírito é vazio e, por isso, insensível a tudo o mais. Os mais elevados deleites, os espirituais, são-lhes inacessíveis: elas buscam em vão substituí-los permitindo-se ocasionalmente prazeres fugazes, carnais, que duram pouco mas custam muito dinheiro. Ao final da vida têm, então, como resultado da mesma, caso a sorte tenha sido boa, realmente um monte bem grande de dinheiro diante de si, o qual agora confiam aos herdeiros, para que o aumentem ainda mais ou então também o dissipem. Por isso, um curso de vida como esse, por mais que seja percorrido com ares de seriedade e importância, é tão tolo quanto certos outros, simbolizados abertamente pelo chapéu de guizos.

Aquilo que alguém *tem em si mesmo* é, pois, o mais essencial para uma vida feliz. É apenas por isso ser via de regra tão pouco que, no fundo, a maioria daqueles que estão acima da luta com a necessidade se sentem tão infelizes quanto os que nela ainda se debatem. Seu vazio interior, a insipidez de sua consciência, a pobreza de seu espírito leva-os a companhias que, por sua vez, são compostas de outros iguais a eles; pois *similis simili gaudet* [o semelhante aprecia o semelhante]. Saem então, todos juntos, à caça de passatempos e distrações, que encontram primeiramente em prazeres carnais, em divertimentos de toda espécie e, finalmente, em excessos. A fonte do desperdício irremediável, graças ao qual os filhos de muitas famílias, entrando ricos na vida, dissipam sua grande herança, frequentemente em um tempo incrivelmente curto, é em verdade nada mais que o tédio surgido da pobreza e do vazio de espírito que acabam de ser descritos. Jovens como esses foram enviados ao mundo externamente ricos, mas internamente pobres, e anseiam agora em vão por substituir a riqueza interior com a exterior, querendo apreender tudo *de fora* – analogamente aos anciãos que buscam se fortificar com vapores exalados pela transpiração de jovens meninas. Dessa maneira, a pobreza interior acabou por levar também à pobreza exterior.

Não preciso ressaltar a importância das duas outras rubricas dos bens da vida humana. Pois o valor da propriedade é reconhecido hoje de maneira tão universal que esta não requer nenhuma recomendação. A terceira rubrica chega a ter uma qualidade deveras etérea se comparada à segunda, já que consiste apenas na opinião de outros. No entanto, todos têm de almejar a honra, quer dizer, um bom nome; já posição, apenas aqueles que servem ao Estado; e a fama, somente pouquíssimos. Entretanto, a honra é vista como um bem inestimável e a fama como a maior delícia que o homem pode adquirir, o velo de ouro dos escolhidos: por outro lado, só os tolos darão mais importância à posição do que à propriedade. Além do mais, a segunda e a terceira rubrica encontram-se, por assim dizer, em relação de causação mútua, na medida em que o *habes, habeberis* [tanto tens, tanto vales (*Satyricon* 77, 6)] de Petrônio é correto e, inversamente, a opinião favorável de outros, sob todas as formas, frequentemente auxilia na aquisição de propriedade.

Capítulo II

Daquilo que se é

Que isso contribua muito mais à felicidade de alguém do que o que ele *tem* ou o que ele *representa* já foi reconhecido a nível geral. Sempre se trata daquilo que se é e, portanto, daquilo que se tem em si mesmo: pois a individualidade acompanha-nos constantemente e por toda parte e tudo que vivenciamos é por ela tingido. Em tudo e com tudo desfruta-se primariamente apenas a si mesmo: isso vale já para os deleites físicos, e muito mais para os espirituais. Por isso a expressão inglesa *to enjoy one's self* é altamente certeira, com a qual se diz, por exemplo: *he enjoys himself at Paris*, e portanto não: "ele desfruta Paris", mas sim: "ele desfruta *a si* em Paris". – Se, porém, a individualidade é de uma constituição ruim, então todos os deleites serão como vinhos deliciosos em uma boca tingida de fel. Desse modo, tanto no bom como no mau, desconsiderando-se grandes infortúnios, é menos relevante aquilo que vai ao encontro de ou de encontro a alguém durante sua vida do que como essa pessoa sente tais coisas, isto é, o tipo e o grau de sua receptibilidade, sob todos os aspectos. Aquilo que alguém é e tem em si mesmo, em suma: a personalidade e o valor, é o único fator imediato para sua felicidade e seu bem-estar. Tudo o mais é mediato; daí também sua eficácia poder falhar, mas a da personalidade jamais. Justamente por isso a inveja de privilégios pessoais é a mais inconsolável, assim como também a dissimulada com mais esmero. Ademais, somente a constituição da consciência é permanente e persistente, e a individualidade atua de maneira constante e contínua, mais ou menos a cada instante: todo o resto, em contrapartida, atua sempre apenas de maneira intermitente, ocasional, passageira, e é ainda por cima submetido ele mesmo ao câmbio e à mudança. Por isso diz Aristóteles: ἡ γὰρ φύσις βεβαία, οὐ τὰ χρήματα (*nam natura perennis est, non opes*) [pois a natureza é perene, não o dinheiro] (*Ética a Eudemo* VII, 2). A isso deve-se que suportamos com mais serenidade um infortúnio vindo totalmente de fora do que um que tenha sido autoinfligido: pois o destino pode mudar, mas a própria constituição jamais. De acordo com isso, portanto, os bens subjetivos, como um caráter nobre, um intelecto capaz, um temperamento feliz, uma disposição jovial e um corpo bem constituído, completamente são, ou seja, de maneira geral *mens sana in corpore sano* [mente sã em corpo são] (Juvenal, *Sátiras* X, 356), são os primeiros e mais importantes elementos para nossa felicidade; razão pela qual devemos valorizar muito mais o estímulo e a manutenção dos mesmos do que a posse de bens e honras exteriores.

De tudo isso, porém, o que faz com que sejamos felizes da maneira mais imediata é uma disposição jovial: pois essa qualidade positiva gratifica-se a si mesma instantaneamente. Quem é alegre tem sempre razão para sê-lo, a saber: justamente que ele o seja. Nada pode substituir qualquer outro bem tão plenamente quanto essa qualidade; enquanto que ela mesma não é substituível por nada. Suponha-se que alguém seja jovem, belo, rico e honrado; então, para julgar sua felicidade, é preciso perguntar se ele se alegra com isso. Se, por outro lado, ele é alegre; então dá no mesmo se ele é jovem ou velho, ereto ou corcunda, pobre ou rico: ele é feliz. Quando jovem abri certa vez um livro antigo onde estava escrito: "quem muito ri é feliz e quem muito chora é triste" – uma observação bastante simplória, a qual, porém, não pude esquecer devido à simplicidade de sua verdade, por mais que seja o superlativo de um *truism* [lugar-comum]. Por isso devemos sempre abrir as portas e os portões à alegria, sempre que esta se apresentar: pois ela jamais vem em má hora; em vez disso, hesitamos frequentemente em lhe conceder a entrada, querendo primeiramente saber se também temos sob todos os aspectos razão para estarmos satisfeitos; ou também por temermos ser atrapalhados por ela em nossas reflexões sérias e importantes preocupações: mas aquilo que melhoramos por meio destas é muito incerto, enquanto que a alegria é um ganho imediato.

Ela somente é como que a moeda da felicidade e não, como todo o resto, apenas a letra de câmbio da mesma; pois apenas ela faz feliz imediatamente no presente; por isso ela é o bem supremo para entes cuja efetividade tem a forma de um presente indivisível entre dois tempos infinitos. Consequentemente, deveríamos antepor a aquisição e o incentivo desse bem a qualquer outra ambição. Ora, é certo que nada contribui menos à alegria do que a riqueza, e nada contribui mais a ela do que a saúde: os rostos joviais e satisfeitos são comuns entre as classes inferiores, trabalhadoras, sobretudo entre os cultivadores da terra; nas classes ricas e aristocráticas, porém, são mais comuns os aborrecidos. Disso segue que deveríamos estar empenhados acima de tudo em obter o elevado grau de uma saúde plena, da qual a jovialidade brota como uma flor. O meio para tal, como se sabe, é evitar todo tipo de excesso e desregramento, todos os afetos violentos e desagradáveis, também todo tipo de esforço mental grande ou prolongado demais, duas horas diárias de movimentação ligeira ao ar livre, muito banho frio, entre outras medidas dietéticas semelhantes. Não se pode permanecer saudável sem uma movimentação diária apropriada: todos os processos vitais, para serem executados adequadamente, exigem a movimentação tanto das partes em que ocorrem, quanto do todo. Por isso diz Aristóteles com razão: ὁ βίος ἐν τῇ κινήσει ἐστί [*Da alma* I, 2, 403b]. A vida consiste em movimento e nele tem sua essência. Por todo o interior do organismo reina um movimento incessante e veloz: o coração, em sua complicada dupla sístole e diástole, bate enérgico e incansável; com 28 de suas batidas leva o conjunto da massa sanguínea através de todo o sistema circulatório maior e menor; o pulmão bombeia sem cessar, como uma máquina a vapor; os intestinos retorcem-se constantemente no *motus peristalticus* [movimento peristáltico]; todas as glândulas absorvem e secretam continuamente, até mesmo o cérebro executa um movimento duplo com cada pulsação e cada fôlego. Quando, então, como é o caso no modo de vida totalmente sedentário de incontáveis pessoas, o movimento exterior é praticamente inexistente, surge uma gritante e perniciosa desproporção entre o repouso exterior e o tumulto interior. Pois o contínuo movimento interior quer ser apoiado em parte pelo exterior: essa desproporção é análoga àquela que ocorre quando, por consequência de algum afeto, fervemos por dentro, sem que, no entanto, possamos demonstrar nada disso exteriormente. Até as árvores, para medrar, carecem de movimentação por meio do vento. Nisso vale uma regra que se deixa expressar da forma mais sucinta em latim: *omnis motus, quo celerior, eo magis motus* [quanto mais um movimento acelerar, tanto mais movimento será]. – Ao comparar a impressão que uma situação ou um acontecimento exterior gera em nós em dias de saúde e vigor com aquela que os mesmos ocasionam quando um estado doentio nos põe em uma disposição aborrecida e receosa, aprendemos a apreciar em que grande medida nossa felicidade é dependente da jovialidade da disposição, e esta do estado de saúde. Não o que as coisas são objetiva e efetivamente, mas aquilo que são para nós, em nossa apreensão, nos faz felizes ou infelizes; é justamente isso o que diz Epiteto: ταράσσει τοὺς ἀνθρώπους οὐ τὰ πράγματα, ἀλλὰ τὰ περὶ τῶν πραγμάτων δόγματα (*commovent homines non res, sed de rebus opiniones*) [não as coisas inquietam o homem, mas as opiniões sobre as coisas (*Enchirídion*, cap. 5)]. Em geral, porém, nove décimos de nossa felicidade dependem unicamente da saúde. Com ela tudo se torna uma fonte de deleite: em contrapartida, sem ela nenhum bem exterior é fruível, não importando de que espécie seja, e mesmo os demais bens subjetivos, as qualidades do espírito, da mente, do temperamento, ficam em grande medida abatidos e atrofiados pelo adoecimento. Por isso não é sem razão que nos perguntamos, antes de qualquer outra coisa, pelo estado de saúde uns dos outros e desejamos mutuamente nosso bem-estar: pois esse é, com efeito, o elemento mais importante para a felicidade humana. Disso segue, porém, que a maior de todas as tolices é sacrificar a própria saúde pelo que quer que seja, pelo emprego, pela erudição, pela fama, e tanto mais por volúpia e prazeres efêmeros: pelo contrário, deve-se priorizá-la em face de tudo o mais.

No entanto, por mais que a saúde contribua à jovialidade tão essencial à nossa felicidade, esta não depende unicamente dela: pois um temperamento melancólico e uma disposição preponderantemente taciturna também podem ocorrer mesmo na saúde perfeita. A razão ulterior para isso encontra-se sem dúvida na constituição originária, e, logo, imodificável, do organismo, e principalmente na relação mais ou menos normal da sensibilidade com a irritabilidade e com a força reprodutiva. Uma preponderância anômala da sensibilidade acarretará em inconstância da disposição, alegria extrema periódica e melancolia predominante. Como também a genialidade é condicionada por uma superabundância de forças nervosas, ou seja, de sensibilidade, Aristóteles notou com toda correção que todos os homens excelentes e superiores são melancólicos: πάντες ὅσοι περιττοὶ γεγόνασιν ἄνδρες, ἢ κατὰ φιλοσοφίαν, ἢ πολιτικὴν, ἢ ποίησιν, ἢ τέχνας, φαίνονται μελαγχολικοὶ ὄντες [todos os homens que se destacaram, seja na filosofia, na política, na poesia ou nas artes, parecem ser melancólicos] (*Problemata physica* 30, 1). Sem dúvida é essa a passagem que Cícero tinha em vista em seu relato frequentemente citado: *Aristoteles ait, omnes ingeniosos melancholicos esse* [Aristóteles diz que todos os homens engenhosos são melancólicos] (*Tusculanarum disputationum* I, 33). – A aqui considerada grande diversidade inata das disposições fundamentais foi descrita de maneira bastante galante por *Shakespeare*:

> *Nature has fram'd strange fellows in her time:*
> *Some that will evermore peep through their eyes,*
> *And laugh, like parrots, at a bagpiper;*
> *And others of such vinegar aspect,*
> *That they'll not show their teeth in way of smile,*
> *Though Nestor swear the jest be laughable.* *
>
> *O mercador de Veneza*, ato I, cena 1

* A natureza fez estranhas gentes em seus dias: alguns que sempre olham contentes de seus olhinhos e riem como papagaios de tocadores de gaita de foles, e outros de aspecto tão avinagrado que não mostram seus dentes por meio de sorriso, mesmo que o próprio Nestor jure ser risível o gracejo. (N.A.)

É justamente essa diferença que Platão designa com as expressões δύσκολος e εὔκολος [aborrecido e alegre]. A mesma deixa-se reconduzir à receptividade para afecções agradáveis e desagradáveis, muito distinta nas diferentes pessoas, graças à qual um ainda ri daquilo que leva o outro quase ao desespero: e a receptividade para afecções agradáveis costuma ser tanto mais fraca, quanto mais forte for a receptividade para as desagradáveis, e vice-versa. Diante da mesma possibilidade de uma oportunidade ter um desfecho feliz ou infeliz, o δύσκολος se irritará ou afligirá com o infortúnio, mas não se alegrará com o desfecho feliz; o εὔκολος, em contrapartida, não se irritará ou afligirá com o desfecho infeliz, mas haverá de alegrar-se com o feliz. Quando nove de dez tarefas propostas logram para o δύσκολος, então ele não se alegra com estas, mas irrita-se com a outra, malsucedida; já o εὔκολος é capaz, no caso inverso, de consolar-se e animar-se com o único logro. – Como, porém, é difícil que haja algum mal sem qualquer compensação, resulta também aqui que os δύσκολοι, ou seja, os caracteres sombrios e angustiados, tenham, no todo, de enfrentar mais acidentes e sofrimentos imaginários, mas em compensação também menos acidentes e sofrimentos reais do que os joviais e despreocupados: pois quem vê o lado negro de tudo, sempre temendo o pior e precavendo-se contra ele, não haverá de errar no cálculo com tanta frequência quanto quem sempre empresta às coisas uma coloração e um aspecto alegres. – Quando, entretanto, uma afecção doentia do sistema nervoso ou dos órgãos digestivos favorece a δυσκολία inata, então esta pode atingir o grau extremo em que um mal-estar duradouro gera um fastio em relação à vida, surgindo com isso uma tendência ao suicídio. Então até mesmo os incômodos mais ínfimos podem provocá-lo; sim, nos graus mais elevados desse mal nem mesmo são necessários, sendo o suicídio escolhido apenas devido ao mal-estar persistente, e então executado com uma reflexão tão fria e uma decisão tão firme que o doente, na maioria dos casos já sob supervisão, está sempre atento para utilizar o primeiro instante sem vigilância para, sem hesitação, luta ou arrepio, agarrar esse alívio que agora lhe é natural e bem-vindo. Descrições detalhadas desse estado são dadas por Esquirol, *Des maladies mentales* [Das doenças mentais]. Mas, dependendo das circunstâncias, também o mais saudável e talvez até mesmo o mais alegre dos homens pode decidir-se pelo suicídio, a saber, quando a proporção do sofrimento ou do infortúnio inesquivável que se aproxima sobrepuja o horror da morte. A diferença encontra-se unicamente na distinta magnitude da ocasião externa requerida para tal, a qual se encontra em relação inversa com a δυσκολία. Quanto maior esta for, tanto menor a outra poderá ser, sim, ao final pode mesmo reduzir-se a zero: quanto maior, por outro lado, a εὐκολία e a saúde que a sustenta, tanto mais haverá de encontrar-se na ocasião exterior. De acordo com isso, há incontáveis gradações dos casos entre os dois extremos do suicídio, a saber, aquele surgido puramente da elevação patológica da δυσκολία inata e aquele cometido pelo indivíduo saudável e alegre, por razões completamente objetivas.

Parcialmente aparentada à saúde é a beleza. Embora esse privilégio subjetivo não acrescente de fato imediatamente à nossa felicidade, mas apenas de maneira mediata, por meio da impressão dos outros, ele não deixa de ter grande importância, também para o homem. A beleza é uma carta de recomendação aberta que já de início conquista os corações: por isso é válido especialmente para ela o verso homérico:

> Οὔτοι ἀπόβλητ' ἐστὶ θεῶν ἐρικυδέα δῶρα,
> Ὅσσα κεν αὐτοὶ δῶσιν, ἑκὼν δ' οὐκ ἄν τις ἕλοιτο.
> [Não são de se desprezar as maravilhosas dádivas dos deuses
> Que somente eles distribuem, que ninguém escolhe segundo seu gosto.
>
> (*Ilíada* III, 65 s.)]

O ponto de vista mais geral mostra-nos a dor e o tédio como os dois inimigos da felicidade humana. Além disso, é possível ainda observar que, à medida que nos alegramos por estarmos nos afastando de um deles, aproximamo-nos do outro, e vice-versa; de modo que nossa vida se apresenta efetivamente como uma oscilação mais ou menos forte entre esses polos. Isso deve-se ao fato de ambos se encontrarem em um duplo antagonismo mútuo, um externo ou objetivo e outro interno ou subjetivo. Pois exteriormente a necessidade e a carência geram a dor; segurança e abundância, em contrapartida, geram o tédio. Dessa maneira, vemos a classe popular inferior em uma luta constante contra a necessidade, ou seja, contra a dor; o mundo rico e aristocrático, por outro lado, em uma luta persistente, com frequência realmente desesperada, contra o tédio.* O antagonismo interior ou subjetivo entre dor e tédio, porém, deve-se ao fato de, no indivíduo, a receptividade para uma encontrar-se em proporção inversa com a receptividade para o outro, o que é determinado pela medida de suas capacidades intelectuais. A saber, o embotamento do intelecto encontra-se sempre atrelado ao embotamento da sensibilidade e à falta de receptividade a estímulos, constituição esta que torna a pessoa menos receptiva para dores e aflições de todo tipo: justamente desse embotamento intelectual, porém, nasce, por outro lado, aquele *vazio interior*, impresso em inúmeros semblantes, o qual se revela também na atenção continuamente desperta para todos os acontecimentos do mundo exterior, mesmo os mais ínfimos, e que é a verdadeira fonte do tédio, sempre cobiçando estímulos externos para, de alguma maneira, pôr em movimento o espírito e a mente. Devido a isso, não há pudores na escolha dos mesmos; conforme testemunha a torpeza dos passatempos de que vemos se servir os homens, assim como a espécie de sociabilidade e conversação que exibem, e não menos os muitos porteiros e janeleiros que há por aí. Principalmente desse vazio interior surge o anseio por companhia, dispersão, divertimento e luxo de toda espécie, os quais levam muitos ao desperdício e, logo, à miséria. Não há nada que proteja de maneira mais segura contra esse desvio do que a riqueza *interior*, a riqueza de espírito: pois esta deixa, à medida que se aproxima mais e mais da eminência,

* A *vida nômade*, que designa o patamar mais inferior da civilização, encontra-se novamente, em seu patamar mais elevado, na *vida turística* universalizada. A primeira era fruto da *necessidade*, a segunda nasce do *tédio*. (N.A.)

cada vez menos espaço para o tédio. A atividade inesgotável dos pensamentos, porém, seu jogo constantemente renovado com as diversas aparições do mundo interior e exterior, a força e o impulso para fazer sempre novas combinações das mesmas, situam a cabeça eminente, desconsiderando-se os instantes de abatimento, totalmente fora do domínio do tédio. Agora, a inteligência intensificada, por outro lado, tem como condição imediata uma sensibilidade mais elevada, e enraíza-se em uma maior veemência da vontade, ou seja, das paixões: de sua união com estas forma-se, assim, uma força muito maior de todos os afetos e uma sensibilidade intensificada em relação às dores espirituais e mesmo corpóreas, até maior impaciência diante de todos os empecilhos ou meros estorvos, para cuja elevação a vivacidade de todas as representações, portanto também das repugnantes, fruto da força da fantasia, contribui enormemente. O que foi dito vale proporcionalmente também para todos os patamares intermediários que preenchem o largo espaço do imbecil mais tapado até o maior gênio. Consequentemente, todos, tanto objetiva como subjetivamente, estão tanto mais próximos de uma fonte dos sofrimentos da vida humana, quanto mais afastados estiverem da outra. Em correspondência com isso, suas tendências naturais irão orientá-los a adequar, a esse respeito, o objetivo ao subjetivo tanto quanto for possível, a saber, a tomar maiores precauções contra *aquela* fonte dos sofrimentos para a qual eles têm maior receptividade. O homem de espírito rico ansiará acima de tudo a ausência de dor, de incômodos, o silêncio e o ócio; logo, buscará uma vida calma, modesta, mas sem contratempos, na medida do possível, e, de acordo com isso, tendo travado conhecimento com os assim chamados seres humanos, escolherá o retraimento – no caso de um grande espírito, até mesmo a solidão. Pois quanto mais alguém tiver em si mesmo, tanto menos necessitará de coisas exteriores, e tanto menos podem significar para ele também os demais. Por isso, a eminência do espírito leva à insociabilidade. Sim, se fosse possível substituir a qualidade da companhia pela quantidade, valeria a pena até mesmo viver no vasto mundo: mas, infelizmente, cem néscios empilhados ainda não se igualam a um só homem sensato. – Quem pertence ao outro extremo, em contrapartida, tão logo a necessidade o deixar tomar fôlego, buscará distração e companhia a qualquer preço, e contentar-se-á facilmente com tudo, de nada fugindo tanto quanto de si mesmo. Pois na solidão, onde todos são reconduzidos a si próprios, revela-se o que se tem *em si mesmo*: então, mesmo no luxo, o pateta suspira, oprimido pelo peso inamovível de sua individualidade miserável, enquanto que o bem dotado povoa e aviva o meio mais desértico com seus pensamentos. Por isso é altamente verdadeiro aquilo que diz *Sêneca*: *omnis stultitia laborat fastidio sui* [toda estupidez sofre de seu próprio fastio] (*Epistulae* 9 [§ 22]), como também o dito de Jesus Sirácida [22, 12]: "A vida do néscio é pior do que a morte". Correspondentemente, ver-se-á que, no todo, cada um é sociável na medida em que é pobre de espírito e ordinário de maneira geral.* Pois não se tem muito mais no mundo do que a escolha entre solidão e mediocridade. Os negros devem ser as pessoas mais sociáveis de todas, uma vez que são decididamente inferiores intelectualmente: segundo relatos vindos da América do Norte em jornais franceses (*Le Commerce*, 19 de outubro de 1837), os negros, livres e escravos misturados, encarceram-se em grandes números nos menores espaços, porque não conseguem ver seus rostos negros de nariz achatado suficientemente repetidos.

Assim como o cérebro aparece como o parasita ou pensionista do organismo como um todo, o *ócio* obtido por cada um, uma vez que lhe permite o livre desfrute de sua consciência e de sua individualidade, é o fruto e o rendimento de toda a sua existência, a qual, de resto, é somente fadiga e trabalho. O que, porém, rende o ócio à maioria das pessoas? Tédio e apatia, sempre que faltarem deleites sensíveis ou tolices para preenchê-los. A sua total ausência de valor é revelada pela maneira com a qual passam seus momentos ociosos: ele é justamente o *ozio lungo d'uomini ignoranti* [o tédio dos homens ignorantes (*Orlando furioso* XXXIV, 75)] de Ariosto. As pessoas comuns pensam somente em *passar* o tempo; quem, porém, tem algum talento, quer *utilizá-lo*. – Que as cabeças limitadas

* Aquilo que torna os homens sociáveis é justamente a sua pobreza interior. (N.A.)

estejam tão expostas ao tédio deve-se ao fato de seu intelecto não ser nada além do *meio dos motivos* para sua vontade. Enquanto não está dado nenhum motivo para apreender, então a vontade repousa e o intelecto descansa, já que este, tão pouco quanto aquela, entra em atividade por conta própria: o resultado é uma terrível estagnação de todas as forças no homem, ou seja – tédio. Para enfrentá-lo, apresentam-se agora à vontade motivos pequenos, meramente temporários e arbitrariamente escolhidos, para excitá-la e por meio disso também pôr em atividade o intelecto, que precisa apreendê-los: estes estão, portanto, para os motivos efetivos e naturais, como o dinheiro de papel está para a prata, uma vez que seu valor é assumido arbitrariamente. Tais motivos são os *jogos* com cartas etc., que foram inventados para a finalidade aqui exposta. Se lhe falta também isso, então a pessoa limitada utiliza-se do matraquear e tamborilar com tudo que lhe vier às mãos. Também o charuto é para ela um bem-vindo sucedâneo dos pensamentos. – Por isso, em todos os países, o jogo de cartas tornou-se a ocupação principal de todos os encontros sociais: ele é a medida do valor dos mesmos e a falência declarada de todos os pensamentos. Pois, como não têm pensamentos para trocar, trocam cartas e buscam tomar florins uns dos outros. Ó estirpe lamentável! Para, entretanto, também aqui não ser injusto, não quero suprimir o pensamento que, todavia, seria possível apresentar para desculpar o jogo de cartas, segundo o qual este seria um exercício preparatório para a vida no mundo e nos negócios, na medida em que se aprende com ele a utilizar de maneira astuta as condições dadas de maneira imodificável pelo acaso (as cartas), para fazer com elas o que quer que se tenha interesse em fazer, para cujo fim se adquire também o costume de manter continência, sustentando uma expressão alegre mesmo com um jogo ruim. No entanto, justamente por isso, o jogo de cartas tem, por outro lado, uma influência desmoralizante. Pois o espírito do jogo é, de todas as maneiras, por meio de tudo quanto é truque e artimanha, ganhar do outro o que lhe pertence. Mas o hábito de proceder assim no jogo enraíza-se, passa à vida prática, e chega-se gradualmente a agir da mesma maneira nas ocasiões do "meu" e "teu", e a considerar lícita qualquer vantagem que se tenha momentaneamente à mão, desde que a lei permita utilizá-la. Sim, confirmações disso são dadas diariamente na vida civil. – Uma vez que, como dito, o *ócio* é a flor, ou, muito antes, o fruto da existência de cada um, na medida em que apenas ele o faz possuidor de seu próprio eu, devem ser considerados felizes aqueles que então também obtêm algo de autêntico de si mesmos, enquanto que à grande maioria o ócio não fornece nada além de um rapazote com o qual nada se pode fazer, que se entedia terrivelmente, sendo um peso para si próprio. Alegremo-nos, pois, "ó irmãos queridos, por não sermos filhos da servente, mas da mulher livre" (*Epístola aos Gálatas* 4, 31).

Ademais, assim como o país mais feliz é aquele que requer pouca ou nenhuma importação, também o homem mais feliz é aquele que tem o suficiente em sua riqueza interior e que necessita de pouco ou nada externo para seu entretenimento; já que tal entrada custa muito, torna dependente, traz perigos, causa dissabor, sendo, no final, apenas um mau substituto para os frutos do próprio solo. Pois, de maneira geral, não se pode esperar muito de outros, nem de fora, sob nenhum aspecto. Aquilo que alguém pode ser para outra pessoa tem limites deveras estreitos: no final cada um está só, e então trata-se de *quem* agora está só. Também aqui vale, portanto, aquilo que Goethe (*Dichtung und Wahrheit* [Poesia e verdade] vol. 3, p. 474) proferiu de maneira geral, a saber, que em todas as coisas, ao final, todos são remetidos a si mesmos, ou, como diz *Oliver Goldsmith*:

> *Still to ourselves in every place consigned,*
> *Our own felicity we make or find.*
> [Em toda parte confiados a nós mesmos,
> Felicidade própria achamos ou fazemos.]
>
> (*The Traveller* [O viajante], v. 431ss.)

Por isso, é preciso que cada um seja e faça o melhor e o máximo para si mesmo. Quanto mais ele o for, e, consequentemente, quanto mais encontrar em si mesmo as fontes de seus prazeres, tanto mais feliz será. Com toda razão diz, portanto, Aristóteles: ἡ εὐδαιμονία τῶν αὐτάρκων ἐστί (*Ética a Eudemo* 7, 2 [1238a 12]), traduzido: a felicidade pertence àqueles que se bastam a si próprios. Pois todas as fontes externas da felicidade e do prazer são por natureza altamente incertas, precárias, passageiras e submetidas ao acaso, podendo, portanto, cessar facilmente, mesmo sob as condições mais favoráveis; sim, isso é inevitável, já que não podem estar o tempo todo a nosso alcance. Na velhice chegam a esgotar-se quase todas, necessariamente: pois então deixam-nos o amor, a boa disposição, o gosto por viajar, por cavalgar e a aptidão para a sociedade: até os amigos e os parentes nos são sequestrados pela morte. Então, mais do que nunca, tudo depende daquilo que se possui em si mesmo. Pois isso perdurará pelo mais longo tempo. Mas também em todas as idades essa é e permanece sendo a autêntica e única duradoura fonte da felicidade. Pois por toda parte no mundo não há muito a se buscar: a carência e o sofrimento preenchem-no, e o tédio espreita em todos os cantos por aqueles que deles escaparam. Além disso, via de regra, é a ruindade que nele domina, e a tolice tem nele a preferência da palavra. O destino é cruel e os homens são deploráveis. Em um mundo assim constituído, aquele que tem muito em si mesmo é como a clara, aquecida, alegre sala natalina em meio à neve e ao gelo da noite de dezembro. Por consequência, ter uma individualidade primorosa, rica, e especialmente muito espírito, é sem dúvida a maior sorte do mundo; por mais que resulte diferente do destino mais brilhante. Por isso foi um dito sábio aquele proferido pela rainha Cristina da Suécia, de apenas dezenove anos, acerca de Cartesius [Descartes], o qual lhe fora apresentado por meio de apenas *um* ensaio e relatos orais, e que vivia então havia vinte anos na Holanda, na mais profunda solidão: *Mr. Descartes est le plus heureux de tous les hommes, et sa condition me semble digne d'envie.* [O sr. Descartes é o mais feliz de todos os homens, e sua condição parece-me invejável.] (*Vie de Descartes par Baillet*, livro 7, cap. 10.) Apenas é preciso, como era justamente também o caso de Cartesius, que as condições exteriores sejam tão favoráveis a ponto de se poder também possuir a si próprio e se alegrar consigo mesmo; razão pela qual já o *Kohelet* [Eclesiastes] (7, 2) diz: "A sabedoria é boa com um patrimônio e ajuda a ser capaz de alegrar-se com o sol". Aquele a quem, portanto, graças à natureza ou ao destino, é conferida essa sorte, irá cuidar com esmero e receio para que a fonte interior de sua felicidade lhe permaneça acessível; para o que a independência e o ócio são as condições. Logo, ele irá comprá-los com prazer por meio de moderação e parcimônia; e tanto mais quanto menos estiver, como os outros, voltado para as fontes exteriores dos prazeres. Por isso a perspectiva de cargos, dinheiro, favores e aplausos do mundo não haverá de induzi-lo a abdicar de si mesmo para dedicar-se às vis intenções ou ao mau gosto dos homens.* Eventualmente, ele fará como *Horácio* na *Epístola a Mecenas* (livro I, ep. 7). É uma grande tolice perder *internamente* para ganhar *externamente*, quer dizer, entregar sua paz, seu ócio e sua independência para obter esplendor, posição, pompa, títulos e honrarias. Isto, porém, fez *Goethe*. A mim meu gênio atraiu-me com convicção para a direção oposta.

A verdade, aqui discutida, de que a fonte principal da felicidade humana tem origem no próprio interior, encontra sua confirmação também na observação corretíssima feita por *Aristóteles* na *Ética a Nicômaco* (I, 7 e VII, 13, 14), de que todo prazer pressupõe alguma atividade, isto é, o emprego de alguma força, não podendo subsistir sem ela. Essa doutrina aristotélica, segundo a qual a felicidade de uma pessoa consiste no exercício desimpedido da capacidade em que se destaca, é reproduzida também por Estobeu em sua apresentação da ética peripatética (*Eclogae* [*physicae et*] *ethicae* II, cap. 7, p. 268-278), por exemplo: ἐνέργειαν εἶναι τὴν εὐδαιμονίαν κατ' ἀρετὴν ἐν πράξεσι προηγουμέναις κατ' εὐχήν [a felicidade é a atividade virtuosa em ocasiões que têm o sucesso desejado] (a versão de Heeren é: *felicitatem esse functionem secundum virtutem per actiones successus compotes*). Em geral, ele a apresenta também

* Eles conquistam a prosperidade às custas de seu ócio: mas de que me adianta a prosperidade, se devo entregar por ela justamente aquilo que a torna desejável, isto é, o ócio? (N.A.)

em expressões ainda mais sucintas, também com a explicação de que ἀρετή é qualquer virtuosidade. Ora, o fator determinante para as forças com que a natureza equipou o ser humano é a luta contra a necessidade que o oprime de todos os lados. Quando, porém, essa luta cessa, então as forças desocupadas tornam-se um fardo para ele: logo, ele precisa agora *jogar* com elas, quer dizer, utilizá-las sem finalidade: pois, caso contrário, será imediatamente tomado pela outra fonte do sofrimento humano, o tédio. Por consequência, os grandes e ricos são os mais martirizados por ele, e já Lucrécio fez uma descrição de sua miséria, cujo acerto se tem, ainda hoje, oportunidade diária para reconhecer em toda grande cidade:

> *Exit saepe foras magnis ex aedibus ille,*
> *Esse domi quem pertaesum est, subitoque reventat;*
> *Quippe foris nihilo melius qui sentiat esse.*
> *Currit, agens mannos, ad villam praecipitanter*
> *Auxilium tectis quasi ferre ardentibus instans:*
> *Oscitat extemplo, tetigit cum limina villae;*
> *Aut abit in somnum gravis atque oblivia quaerit;*
> *Aut etiam properans urbem petit, atque revisit.*
> [Frequentemente deixa ele o grande palácio e corre ao ar livre,
> Porque a casa lhe dá asco, até que subitamente retorna;
> Pois sente que lá fora não se encontra absolutamente melhor.
> Ou corre a cavalo em trote acelerado à quinta,
> Como se a casa queimasse e ele acorresse para apagar o fogo;
> Mas assim que penetra a soleira, boceja entediado
> Ou cai no sono e busca esquecer-se a si mesmo,
> Quando não prefere retornar à cidade.]
> [*Sobre a natureza das coisas*] III, 1073 [1060-1067]

Nesses senhores, a força muscular e procriativa terá de bastar durante a juventude. Mas mais tarde permanecem apenas as forças intelectuais: se agora lhes faltam estas ou seu cultivo e o material coletado para sua atividade, então é grande a miséria. Porque agora a *vontade* é a única força inesgotável; de maneira que ela será doravante estimulada por meio da excitação das paixões, por exemplo por jogos arriscados de aposta, que são um vício deveras degradante. – Também de maneira geral, todo indivíduo desocupado escolherá, segundo a espécie de forças nele preponderante, um jogo para ocupá-las: seja o boliche ou o xadrez; caça ou pintura; corrida ou música; carteado ou poesia; heráldica ou filosofia etc. Podemos até mesmo analisar a coisa metodicamente, retornando à raiz de todas as manifestações de força humanas, isto é, às *três forças fisiológicas fundamentais*, as quais haveremos então de observar aqui em seu jogo sem finalidade, no qual aparecem como as fontes de três formas possíveis de prazer, das quais todo ser humano, segundo a força que nele rege, escolherá aquela que lhe é adequada. A saber, primeiramente os prazeres da *força reprodutiva*: estes consistem em comer, beber, digerir, descansar e dormir. Povos inteiros chegam a ser afamados pelos demais por tê-los como seus divertimentos nacionais. Em segundo lugar, os prazeres da *irritabilidade*: estes consistem em caminhar, saltar, lutar, dançar, esgrimar, cavalgar e em jogos atléticos de toda espécie, como também na caça e até mesmo na batalha e na guerra. Em terceiro lugar, os prazeres da *sensibilidade*: estes consistem em contemplar, pensar, sentir, poetar, esculpir, musicar, aprender, ler, meditar, inventar, filosofar etc. – É possível estabelecer diversas considerações acerca do valor, do grau, da duração de cada uma dessas espécies de prazer, as quais deixo ao leitor. A todos, porém, ficará claro que o prazer, o qual é sempre condicionado pelo uso das próprias forças, e, portanto, nossa felicidade, que consiste em seu retorno frequente, será tanto maior, quanto mais nobre for a espécie de força que o condiciona. Ninguém, tampouco, haverá de contestar a primazia que, sob este aspecto, a sensibilidade, cuja preponderância decidida distingue o homem das demais espécies animais, tem sobre as outras duas forças fisiológicas fundamentais, as quais habitam em mesmo grau, ou mesmo em grau mais elevado, nos animais. À sensibilidade pertencem nossas forças cognitivas: por isso a preponderância da mesma capacita para os prazeres consistentes na *cognição*, ou seja, nos assim chamados prazeres *espirituais*, e para tanto maiores, quanto mais decisiva for essa preponderância.* Para o homem normal, comum, uma coisa pode ganhar interesse vivaz apenas se excitar sua *vontade*, isto é, se tiver um interesse pessoal para ele. Mas toda excitação duradoura da *vontade* é de tipo pelo menos misto, ou seja,

---

* A natureza eleva-se progressivamente, primeiramente da ação mecânica e química do reino inorgânico à vegetativa e seu autodeleite apático, de lá para o reino animal, com o qual têm início a inteligência e a consciência, que agora, a partir de seus débeis inícios, aumentam sempre mais, de patamar em patamar, elevando-se, finalmente, por meio do último e maior passo, até o *homem*, em cujo intelecto, portanto, a natureza atinge o ponto culminante e a meta de suas produções, ou seja, onde ela fornece o mais pleno e difícil que ela é capaz de gerar. Mesmo no interior da espécie humana, porém, o intelecto apresenta ainda muitas e notáveis diferenças de nível e chega muito raramente ao mais alto, a inteligência verdadeiramente elevada. Esta, portanto, é o mais difícil e elevado produto da natureza no sentido mais estrito e rigoroso, e, logo, o mais raro e valioso que o mundo tem a oferecer. Em uma tal inteligência aparece a consciência mais clara, a qual, por isso, apresenta para si o mundo de maneira mais nítida e completa do que em qualquer outra parte. Aquele dotado de um intelecto como esse possui, por conseguinte, o bem mais precioso e delicioso do mundo, e tem, portanto, uma fonte de deleites comparada à qual todas as demais são ínfimas; de modo que ele não carece de mais nada vindo do exterior além do ócio para se alegrar imperturbado com essa posse e lapidar o seu diamante. – Pois todos os demais prazeres, isto é, os não intelectuais, são de espécie inferior: eles todos, em conjunto, consistem, em última instância, em movimentações da vontade, isto é, no desejar, esperar, temer e atingir, não importando o seu objeto, processo que jamais se executa sem dores, ao que, com o atingir, aparece ainda via de regra um desapontamento mais ou menos intenso, enquanto que em prazeres intelectuais a verdade se faz cada vez mais clara. No reino da inteligência não domina nenhuma dor, pelo contrário, tudo nele é cognição. Entretanto, todos os prazeres intelectuais são acessíveis a cada um somente por meio da própria inteligência e, portanto, segundo sua medida: pois *tout l'esprit, qui est au monde, est inutile à celui qui n'en a point* [todo espírito que há no mundo é inútil àquele que não o possui (Labruyère, *Les caractères*, cap. "De l'homme")]. Uma desvantagem que efetivamente acompanha esse privilégio, porém, é que, em toda a natureza, a capacidade para a dor se eleva com o grau da inteligência, de maneira que também ela atinge somente aqui o seu patamar mais elevado. (N.A.)

ligada à dor. Um meio de excitação intencional da vontade, e por meio de interesses tão pequenos que possam causar apenas dores momentâneas e leves, mas não dores persistentes e sérias, podendo assim ser considerado como uma mera cócega da mesma, é o carteado, essa ocupação universal das "boas sociedades" de toda parte.* – O homem de capacidade intelectual preponderante, em contrapartida, é capaz, até mesmo carente, de interessar-se vivamente por algo pela via da mera *cognição*, sem qualquer envolvimento da *vontade*. Esse interesse, porém, desloca-o para uma região que é essencialmente alheia à dor, como que a atmosfera dos deuses de vida fácil, θεῶν ῥεῖα ζωόντων [Homero, *Ilíada* VI, 138; *Odisseia* IV, 805]. Por conseguinte, enquanto os demais passam a vida em apatia, estando seus pensamentos voltados completamente para os interesses mesquinhos do bem-estar pessoal e, por meio disso, para misérias de todo tipo, razão pela qual caem vítimas de um tédio insuportável assim que termina a ocupação com tais fins e eles são reconduzidos a si mesmos, sendo apenas o fogo da paixão capaz de trazer algum movimento à massa paralisada, enquanto isso, em

* A *vulgaridade* consiste no fundo na completa preponderância da vontade sobre o intelecto, a qual pode atingir o grau em que o conhecer entra em jogo unicamente a serviço da vontade, cessando completamente a cognição onde esse serviço não é solicitado, isto é, quando não está presente nenhum motivo, grande ou pequeno, configurando-se assim um total vazio de pensamento. Mas o querer sem cognição é a coisa mais comum que há: todo talho de madeira o possui e revela-o ao menos quando cai. Por isso, esse estado configura a vulgaridade. Nele permanecem ativos apenas os instrumentos sensíveis e a mínima ação do entendimento necessária à apreensão de seus dados, devido a que a pessoa vulgar permanece constantemente aberta a todas as impressões, isto é, apreende momentaneamente tudo quanto ocorre ao seu entorno, de modo que mesmo o som mais baixo, sim, qualquer situação, por mais insignificante que seja, excita imediatamente a sua atenção, justamente como ocorre com os animais. Esse estado, como um todo, faz-se visível no rosto e em todo o aspecto exterior – donde surge então a aparência vulgar, cuja impressão é tanto mais desagradável quando, como na maioria dos casos, a vontade que aqui preenche a consciência é baixa, egoísta e uma vontade ruim de maneira geral. (N.A.)

contrapartida, o homem dotado de capacidades intelectuais preponderantes tem uma existência rica em pensamentos, sempre vivaz e significativa: ocupam-no objetos dignos e interessantes assim que lhe é permitido dedicar-se a eles, e ele carrega em si mesmo uma fonte dos mais nobres deleites. Ora são as obras da natureza e a visão da atividade humana que lhe fornecem o estímulo exterior, ora as realizações tão distintas dos grandes talentos de todos os tempos e países, as quais, na verdade, são plenamente fruíveis apenas para ele, já que somente a ele são totalmente compreensíveis e sensíveis. Foi, portanto, realmente para ele que aqueles viveram, a ele voltaram-se de fato; enquanto que os demais apreendem pela metade uma coisa ou outra, como meros ouvintes casuais. No entanto, com isso tudo, ele tem decerto uma necessidade a mais que os outros, a necessidade de aprender, de ver, de estudar, de meditar, de exercitar, consequentemente também a necessidade do ócio: mas justamente porque, como nota corretamente *Voltaire*: *il n'est de vrais plaisirs, qu'avec de vrais besoins* [não há verdadeiros prazeres sem verdadeiras carências (*Précis de l'ecclésiaste* [Compêndio do Eclesiastes], v. 30)], essa necessidade é a condição para que lhe sejam possíveis prazeres de que os demais permanecem privados, aos quais as belezas naturais e artísticas, assim como as obras do espírito de toda sorte, mesmo quando as empilham ao seu entorno, são no fundo apenas como heteras para um ancião. Como consequência disso, um homem assim privilegiado leva, paralelamente à sua vida pessoal, também uma segunda, a saber, uma vida intelectual, que se torna aos poucos sua verdadeira meta, para a qual ele considera aquela primeira apenas como meio; enquanto que para os demais essa existência insípida, vazia e conturbada precisa valer ela mesma como fim. Logo, aquela vida intelectual irá ocupá-lo preferencialmente e, por meio do aumento constante de compreensão e conhecimento, ela obtém uma coerência, uma elevação contínua, uma completude e uma perfeição mais e mais arredondadas, como uma obra de arte em execução; comparada à qual a vida meramente prática dos demais, voltada ao mero bem-estar, capaz apenas de um aumento no comprimento, mas não na profundidade, parece triste, embora precise, como dito, valer para eles como fim em si mesmo, enquanto que para aquele é mero meio.

Pois a nossa vida prática, real, quando não movida pelas paixões, é tediosa e insossa; quando, porém, é por elas movida, torna-se logo penosa: por isso são bem-aventurados apenas aqueles aos quais coube algum excedente intelectual para além da medida exigida pelo serviço à sua vontade. Pois com isso levam, paralelamente à sua vida efetiva, ainda uma vida intelectual, que os ocupa e entretém constantemente, de maneira vivaz, embora *indolor*. O mero *ócio*, quer dizer, o intelecto *desocupado* com o serviço à vontade, é insuficiente para tal; pelo contrário, é exigido um excedente real de *força*: pois apenas este capacita para uma ocupação puramente espiritual, que não está a serviço da vontade: em contrapartida, *otium sine litteris mors est et hominis vivi sepultura* [ócio sem ocupação espiritual é a morte e a sepultura do homem vivo] (Sêneca, *Epistulae* 82). Agora, sempre de acordo com a dimensão maior ou menor desse excedente, há incontáveis patamares dessa vida intelectual a ser levada paralelamente à real, do mero colecionar e descrever insetos, pássaros, moedas, até as mais elevadas proezas da poesia e da filosofia. Tal vida intelectual, porém, protege não apenas contra o tédio, mas também contra suas consequências perniciosas. Pois ela se torna uma proteção contra más companhias e contra os muitos perigos, acidentes, perdas e desperdícios em que se incorre quando se busca a felicidade unicamente no mundo real. Assim, minha filosofia, por exemplo, jamais me rendeu coisa alguma; mas poupou-me de muitas.

O homem normal, em contrapartida, encontra-se, com vistas ao desfrute de sua vida, voltado às coisas *fora dele*, à posse, à posição, a esposa e filhos, amigos, sociedade etc.; sobre elas apoia-se a felicidade de sua vida: por isso esta se esvai quando ele as perde ou se desilude quanto a elas. Podemos dizer, para expressar essa relação, que seu centro de gravidade recai *fora dele*. Justamente por isso, ele tem também desejos e caprichos sempre cambiantes: caso seus meios o permitam, ele comprará logo casas de veraneio, logo cavalos, logo dará festas, logo fará viagens, no geral, porém, viverá em grande luxo; precisamente porque busca, em coisas de toda espécie, uma satisfação *de fora* – como o inválido que espera obter saúde e vigor, cuja fonte verdadeira é a própria força vital, de *consommés* e drogas farmacêuticas. Coloquemos, para não passar imediatamente ao outro extremo, ao lado dele um homem de forças espirituais não exatamente eminentes, mas que ultrapassem a escassa medida comum; assim vêmo-lo exercer eventualmente alguma das belas-artes como amador, ou também uma ciência real como botânica, mineralogia, física, astronomia, história, entre outras, e logo encontrar aí uma grande parte de seu prazer, aí recuperando-se quando estancam aquelas fontes externas ou quando estas não mais o satisfazem. Podemos dizer, nessa medida, que seu centro de gravidade já recai em parte *nele mesmo*. Entretanto, porque o mero amadorismo na arte se encontra ainda muito distante da capacidade criadora, e porque as meras ciências reais permanecem nas relações das aparições entre si, o homem não pode ser totalmente absorvido nessas atividades, sua essência como um todo não pode ser preenchida até o fundo por elas, e, por isso, sua existência não pode entretecer-se com elas de tal maneira que ele perca o interesse por todo o resto. Isso permanece reservado exclusivamente à mais elevada eminência espiritual, a qual se costuma designar com o nome de gênio: pois apenas ela toma a existência e a essência das coisas, em sua totalidade e de maneira absoluta, como seu tema; após o que, então, aspirará exprimir a profunda apreensão das mesmas, de acordo com sua orientação individual, por meio de arte, poesia ou filosofia. Por isso, a ocupação imperturbada consigo, com seus pensamentos e obras, constitui uma necessidade urgente somente a uma pessoa desse gênero; somente a ela a solidão é bem-vinda e o ócio o mais elevado bem, somente a ela todo o restante é prescindível, sim, quando dado, frequentemente apenas um fardo. Apenas de uma tal pessoa podemos dizer, portanto, que seu centro de gravidade recai *completamente em si*. Disso torna-se até mesmo explicável por que as raríssimas pessoas dessa espécie, mesmo quando dotadas do melhor caráter, ainda assim não demonstram aquele interesse íntimo e ilimitado em amigos, família e nação, do qual alguns outros são capazes: pois, em última instância, podem consolar-se de tudo, desde que possuam a si mesmos. Logo encontra-se neles um elemento isolador a mais, o qual é tanto mais eficaz uma vez que os demais, na verdade, jamais lhes são completamente suficientes, razão pela qual são incapazes de ver neles seus completos semelhantes, sim, uma vez que o heterogêneo em tudo e em todos se lhes faz sempre sensível, eles se acostumam gradualmente a caminhar entre os homens como entre entes de outra espécie, e a utilizar, em seus pensamentos acerca dos mesmos, da terceira, e não da primeira pessoa do plural. – Nossas virtudes morais beneficiam principalmente os outros; as virtudes intelectuais, em contrapartida, beneficiam acima de tudo a nós mesmos: por isso aquelas nos fazem queridos por todos – estas, porém, fazem-nos odiados.

A partir desse ponto de vista, o mais feliz parece agora ser aquele que a natureza dotou de grande riqueza intelectual; pois a subjetividade encontra-se mais próxima de nós do que o que é objetivo, cujo efeito, qualquer que seja a sua espécie, é sempre mediado por aquela, e, portanto, apenas secundário. Isso é constatado também pelo belo verso:

> Πλοῦτος ὁ τῆς ψυχῆς πλοῦτος μόνος ἐστὶν ἀληθής,
> Τ'ἆλλα δ' ἔχει ἄτην πλείονα τῶν κτεάνων.
> [Riqueza verdadeira é somente a riqueza da alma,
> Todo o resto traz prejuízo mais que ganho.]
>
> Luciano, *Anthol.* I, 67 [epigrama 12].

Uma tal pessoa dotada de riqueza interior não requer mais nada de fora além de uma dádiva negativa, a saber, o ócio, para poder aprimorar e desenvolver suas capacidades intelectuais e desfrutar de sua riqueza interior, isto é, ela necessita na verdade apenas da permissão para, ao longo de toda sua vida, a cada dia e a cada hora, poder ser somente ela mesma. Se alguém está determinado a imprimir a marca de seu espírito sobre toda a humanidade, então há para ele apenas *uma* felicidade e *uma* infelicidade, a saber, poder desenvolver completamente suas disposições e terminar suas obras – ou então ser impedido de fazê-lo. Todo o resto é insignificante para ele. De acordo com isso, vemos os grandes espíritos de todos os tempos depositarem o mais elevado valor no ócio. Pois o ócio de cada um tem tanto valor quanto ele mesmo. Δοκεῖ δὲ ἡ εὐδαιμονία ἐν τῇ σχολῇ εἶναι [a felicidade parece consistir no ócio] (*videtur beatitudo in otio esse sita*), diz *Aristóteles* (*Ética a Nicômaco* X, 7), e Diógenes Laércio ([*Vidas e doutrinas dos filósofos ilustres*] II, 5, 31) relata que Σωκράτης ἐπῄνει σχολὴν, ὡς κάλλιστον κτημάτων (*Socrates otium ut possessionum omnium pulcherrimam laudabat*) [Sócrates louvava o ócio como a mais bela posse]. A isso corresponde também que Aristóteles (*Ética a Nicômaco* X, 7, 8, 9) considere a vida filosófica a vida mais feliz. Pertence a este ponto até mesmo aquilo que ele diz na *Política* (IV, 11): τὸν εὐδαίμονα βίον εἶναι τὸν κατ᾽ ἀρετὴν ἀνεμπόδιστον, o que, traduzido meticulosamente, quer dizer: "poder exercer desimpedidamente a própria excelência, qualquer que venha a ser, é a verdadeira felicidade", o que, portanto, vai ao encontro do dito de *Goethe* no *Wilhelm Meister*: "Quem nasceu com um talento, para um talento, encontra nele sua mais bela existência". – Agora, possuir ócio, no entanto, não é estranho apenas ao destino comum, mas também à natureza comum do ser humano: pois sua determinação natural é passar seu tempo a arranjar o necessário à sua existência e de sua família. Ele é um filho da necessidade, não uma inteligência livre. Correspondentemente, para o homem comum o ócio torna-se logo um fardo e finalmente uma tortura, caso não seja capaz de preenchê-lo com toda espécie de metas artificiais e fingidas, por meio de jogos, passatempos e toda forma de fixação: pela mesma razão, o ócio também representa para ele um perigo, pois diz-se, com razão: *difficilis in otio quies* [difícil é no ócio a tranquilidade]. Por outro lado, entretanto, um intelecto que ultrapasse em muito a medida comum é também anormal, e, portanto, antinatural. Se, porém, ele está dado, então a felicidade daquele dele dotado requer justamente o ócio, que aos outros é ora maçante, ora pernicioso; já que sem este ele será um pégaso jugado, e logo também infeliz. No entanto, caso ocorra que ambas as condições antinaturais, a exterior e a interior, coincidam, isso configura um grande golpe de sorte: pois agora aquele assim favorecido levará uma vida de espécie mais elevada, a saber, uma vida eximida de ambas as fontes opostas do sofrimento humano, a necessidade e o tédio ou a ação preocupada com a existência e a incapacidade de suportar o ócio (isto é, a própria existência livre), males que o homem, no mais, apenas evade por meio de sua neutralização e suspensão mútua.

Entretanto, contra tudo isso é de se considerar, por outro lado, que os grandes dotes espirituais trazem consigo, graças à preponderante atividade nervosa, uma sensibilidade sobremaneira elevada à dor em todas as suas formas; que, mais além, o temperamento apaixonado que a condiciona e simultaneamente a grande vivacidade e perfeição de todas as representações dela inseparável trazem consigo uma violência incomparavelmente maior dos afetos por elas suscitados, havendo, no entanto, mais afetos penosos do que agradáveis; finalmente, também, que os grandes dotes espirituais alienam seu possuidor dos demais homens e de suas atividades, já que, quanto mais ele tem em si mesmo, tanto menos poderá encontrar neles, e cem coisas em que estes encontram grande satisfação são insípidas e indesfrutáveis para aquele; por meio de que então a lei da compensação, universalmente válida, permanece talvez também aqui em vigor; ora, já foi até mesmo dito com frequência suficiente e não sem verossimilhança que o homem intelectualmente mais limitado seria no fundo o mais feliz; embora ninguém o inveje por essa felicidade. Não quero me antecipar ao leitor na decisão definitiva dessa questão, já que até mesmo *Sófocles* proferiu dois ditos diametralmente opostos acerca dela:

> Πολλῷ τὸ φρονεῖν εὐδαιμονίας πρῶτον ὑπάρχει.
> *(Sapere longe prima felicitatis pars est.)*
> [Ter entendimento é o elemento primeiro da felicidade.]
> *Antígona*, 1328.

e, por outro lado:

Εν τῷ φρονεῖν γὰρ μηδὲν ἥδιστος βίος.
(Nihil cogitantium jucundissima vita est.)
[Pois na ausência de entendimento consiste a vida mais agradável.]

[*Ajax*, 550.]

Igualmente em desacordo entre si estão os filósofos do Antigo Testamento: "A vida do néscio é pior que a morte!" (τοῦ γὰρ μῶρου ὕπερ θάνατου ζωὴ πονηρά; Jesus Sirácida 22, 12) e: "Onde há muita sabedoria, lá há muita aflição" (ὁ προστίθεις γνῶσιν προσθήσει ἄλγημα; Eclesiastes 1, 18). Entretanto, não quero, porém, deixar de mencionar que o homem que, por consequência da medida estreita e rigorosamente normal de suas forças intelectuais, *não tem nenhuma necessidade espiritual*, é designado por uma expressão exclusivamente própria à língua alemã, partida da vida estudantil, mas posteriormente utilizada em um sentido mais elevado, embora ainda análogo ao sentido original que o opõe ao filho das musas, como um *filisteu*. Pois este é e permanece sendo o ἄμουσος ἀνήρ [homem sem musa]. Agora, a partir de um ponto de vista mais elevado, eu definiria os filisteus como pessoas que estão continuamente ocupadas com uma realidade irreal. Apenas que tal definição, já transcendental, não seria adequada ao ponto de vista popular em que me situei nesta dissertação, e portanto talvez tampouco totalmente compreensível a todos os leitores. Aquela primeira definição, em contrapartida, permite mais facilmente uma ilustração mais específica e designa suficientemente o essencial da coisa, a raiz de todas as propriedades que caracterizam o *filisteu*. Ele é, portanto, *um homem sem necessidades espirituais*. Ora, disso segue um bom número de consequências: primeiramente, *com vistas a ele mesmo*, que ele permanece sem *prazeres* espirituais, segundo o princípio já mencionado: *il n'est de vrais plaisirs, qu'avec de vrais besoins* [não há verdadeiros prazeres sem verdadeiras carências]. Nenhum impulso desinteressado à cognição e à compreensão vivifica sua existência, tampouco algum impulso a prazeres verdadeiramente estéticos, uma vez que estes são intimamente aparentados àquelas.

Aquilo dos prazeres de tal espécie que, ainda assim, lhe for ocasionalmente imposto pela moda ou pela autoridade, será por ele despachado da maneira mais rápida possível, como uma espécie de trabalho forçado. Prazeres reais são para ele unicamente os sensíveis: com eles é capaz de satisfazer-se. Consequentemente, o ápice de sua existência consiste em desfrutar ostras e champanhe, e a meta de sua vida consiste em obter tudo que acrescente ao bem-estar corporal. Feliz dele se isso lhe der o suficiente com o que se ocupar! Pois caso esses bens lhe estejam dados já de partida, então ele cairá inevitavelmente vítima do tédio, contra o qual então é intentado tudo imaginável: baile, teatro, sociedade, carteado, jogo de azar, cavalos, mulheres, bebida, viagens etc. E mesmo tudo isso é insuficiente para combater o tédio naquele em que a ausência de necessidades espirituais torna impossíveis os prazeres espirituais. Por isso é também própria ao filisteu uma característica seriedade apática e seca, que se aproxima da animalidade. Nada o alegra, nada o excita, nada ganha seu interesse. Pois os prazeres sensíveis esgotam-se logo; a sociedade, constituída por filisteus como ele, torna-se logo tediosa; também o carteado torna-se por fim cansativo. Em todo caso permanecem-lhe ainda os prazeres da vaidade, à sua maneira, os quais consistem em exceder outros em riqueza ou posição ou influência e poder, que então o louvam por isso; ou também ao menos em tratar com aqueles que têm eminência em tais propriedades, para banhar-se à luz do reflexo de seu esplendor (*a snob*). – Da característica fundamental do filisteu aqui apresentada segue, *em segundo lugar, com vistas aos demais*, que, já que não possui nenhuma necessidade espiritual, mas apenas necessidades físicas, ele buscará aqueles que estão em posição de aliviar estas, e não os que poderiam aliviar aquelas. Portanto, das exigências que ele faz aos outros, a menor de todas será a de capacidades espirituais de alguma forma superiores; muito pelo contrário, quando ele as encontrar, haverão de provocar antipatia, mesmo ódio nele; pois ele experimenta com isso apenas uma sensação de penosa inferioridade, e ainda uma inveja abafada e secreta, a qual ele oculta com o maior zelo, procurando dissimulá-la até mesmo de si próprio, justamente com o que, porém, esta acaba por crescer até se tornar uma fúria reprimida. Jamais, portanto, terá ele a ideia de medir o valor ou a estima que confere aos outros segundo tais qualidades; pelo contrário, eles serão reservados exclusivamente à posição e à riqueza, ao poder e à influência, os quais, a seu ver, são as únicas qualidades verdadeiras, em que também ele desejaria sobressair. – Tudo isso, porém, segue do fato de ele ser um homem *sem necessidades espirituais*.

Um grande sofrimento de todos os filisteus é que *idealidades* não lhes conferem nenhum divertimento, necessitando, ao contrário, para escapar ao tédio, sempre de *realidades*. Pois estas, em parte, logo se esgotam, e passam, em vez de divertir, a cansar; em parte trazem consigo desgraças de toda espécie; enquanto que, em contrapartida, as idealidades são inesgotáveis e em si inocentes e inofensivas. –

Em toda esta reflexão acerca das qualidades pessoais que contribuem à nossa felicidade considerei, ao lado das qualidades físicas, principalmente as intelectuais. Agora, a maneira pela qual também a excelência moral nos torna imediatamente felizes já foi apresentada por mim anteriormente, em meu escrito *Sobre o fundamento da moral*, § 22, p. 275, ao qual remeto, portanto, o leitor.

Capítulo III

Daquilo que se tem

Com beleza e correção o grande mestre da felicidade *Epicuro* dividiu as carências humanas em três classes. Primeiramente as naturais e necessárias: são aquelas que, quando não satisfeitas, causam dor. Consequentemente pertencem a este ponto apenas *victus et amictus* [alimentação e vestimenta]. Elas são facilmente satisfeitas. Em segundo lugar, as carências naturais, mas não necessárias: é a carência de satisfação sexual; embora Epicuro não o pronuncie no relato de Laércio (assim como reproduzo aqui a sua doutrina em geral de maneira um tanto mais corrigida e retocada). A satisfação dessa carência já é mais difícil. Em terceiro lugar, as carências nem naturais, nem necessárias: são as do luxo, da exuberância, da pompa e do esplendor: elas são infinitas e sua satisfação é muito difícil (veja-se *Diógenes Laércio* livro X, cap. 27, § 149 e 127; também Cícero, *De finibus* [*bonorum et malorum*] [Sobre os limites do bem e do mal] I, cap. 14 e 16).

Determinar o limite de nossos desejos razoáveis com vista à posse é difícil, se não impossível. Pois a satisfação de cada um nesse quesito não repousa sobre uma grandeza absoluta, mas sobre uma que é meramente relativa, a saber, sobre a relação entre suas reivindicações e sua posse: razão pela qual esta última, quando considerada por si só, é tão vazia de sentido quanto o numerador de uma fração sem o denominador. Um homem não carece absolutamente dos bens que jamais vieram à sua mente reivindicar, pelo contrário, ele é totalmente satisfeito também sem eles; enquanto que um outro, que possui cem vezes mais que ele, se sente infeliz por lhe faltar um bem que ele reivindica para si. Cada um tem também nesse aspecto um horizonte próprio daquilo que lhe é possivelmente atingível: suas reivindicações têm a mesma amplitude desse horizonte. Quando algum objeto do interior desse horizonte se apresenta a ele de tal maneira que ele possa confiar em sua obtenção, ele se sente feliz; infeliz, em contrapartida, quando surgem dificuldades que lhe tomam essa perspectiva. Aquilo que está fora de seu campo de visão não tem nenhum efeito sobre ele. Por isso as grandes posses dos ricos não inquietam os pobres, nem tampouco, por outro lado, o muito que possui consola o rico quando este fracassa em suas intenções. A riqueza é como a água do mar: quanto mais dela se bebe, tanto mais sede se tem. – O mesmo vale para a fama. – Que, após termos perdido alguma riqueza ou prosperidade, assim que a primeira dor tenha sido superada, nosso ânimo habitual não resulta muito distinto do que era anteriormente, deve-se ao fato de, após o destino ter reduzido o fator de nossa posse, nós mesmos reduzimos agora o fator de nossas reivindicações na mesma medida. Essa operação, porém, é o que há de efetivamente doloroso em um infortúnio: uma vez realizada, a dor vai se reduzindo cada vez mais, e por fim já não é mais sentida em absoluto: a ferida cicatriza. Inversamente, em um golpe de sorte, o compressor de nossas reivindicações é elevado, e estas expandem-se: nisso consiste o contentamento. Mas também ele não dura além do tempo da realização completa dessa operação: acostumamo-nos com a medida ampliada das reivindicações e tornamo-nos indiferentes à posse que lhe corresponde. Isso já é afirmado na passagem homérica da *Odisseia* (XVIII, 130-137), a qual conclui:

> Τοῖος γὰρ νόος ἐστὶν ἐπιχθονίων ἀνθρώπων,
> Οἷον ἐφ᾽ ἦμαρ ἄγει πατὴρ ἀνδρῶν τε θεῶν τε.
> [Pois a mentalidade dos homens que habitam a terra é
> Como o dia que nos foi dado pelo pai dos homens e dos deuses.]

A fonte de nossa insatisfação encontra-se em nossas tentativas sempre renovadas de impulsionar o fator de nossas reivindicações às alturas, concomitantemente com a imobilidade do outro fator, que o impede. –

Em um gênero tão carente e consistente de carências como é o humano, não é de se admirar que a *riqueza* seja valorizada, sim, honrada, mais e de maneira mais franca do que todo o resto, sendo até mesmo o poder visto apenas como um meio para a riqueza; tampouco que, com o fim de adquiri-la, todo o resto é posto de lado ou atropelado, como por exemplo a filosofia pelos professores de filosofia.

É frequentemente censurado que os desejos das pessoas estejam voltados principalmente ao dinheiro e que elas o amem acima de tudo. Entretanto é natural, mesmo inevitável, amar aquilo que, como um Proteu incansável, está pronto a cada instante para transformar-se nos objetos de nossos desejos tão cambiáveis e de nossas necessidades tão diversas. Pois todo outro bem pode satisfazer apenas *um* desejo, *uma* carência: refeições são boas apenas para quem tem fome, vinho para o são, medicamentos para o enfermo, uma pele para o inverno, mulheres para a juventude etc. Eles são, por consequência, todos apenas ἀγαθά πρός τὶ [bens para um fim determinado], quer dizer, apenas relativamente bons. Somente o dinheiro é o bem absoluto: porque não vai ao encontro de apenas *uma* carência *in concreto*, mas *da* carência em geral, *in abstracto*. –

A *fortuna disponível* deve ser considerada como uma fortificação contra os muitos males e acidentes possíveis; não como uma permissão ou mesmo uma obrigação de buscar os prazeres do mundo. Pessoas que não têm a princípio nenhuma riqueza, mas que finalmente chegam à posição de, por meio de seus talentos, quaisquer que sejam, ganhar muito, caem quase sempre na ilusão de que seu talento seria o capital fixo e o ganho com ele os juros. Por isso, não põem de lado parte do que é ganho, para assim reunir um capital permanente; mas gastam à medida que ganham. Com isso, porém, cairão na maioria das vezes em pobreza; porque seus ganhos se interrompem ou cessam, uma vez que ou o próprio talento se esgota, tendo sido de espécie passageira, como por exemplo o talento para quase todas as belas-artes, ou então porque só tinha validade sob condições e conjunturas específicas que deixaram de ser. É possível, entretanto, que trabalhadores manuais possam perdurar da maneira descrita; porque as capacidades para seus trabalhos não se perdem facilmente, sendo também substituídas pela força dos aprendizes, e porque aquilo por eles fabricado é objeto de necessidade, encontrando, portanto, sempre um escoamento; razão pela qual também o provérbio: "um ofício confere um piso dourado" é correto. Mas não é esse o caso com os artistas e *virtuosi* de toda espécie. Justamente por isso são bem pagos. Mas, pela mesma razão, aquilo que ganham deve tornar-se seu capital; enquanto que eles, presunçosamente, tomam-no por meros juros, indo com isso ao encontro de sua ruína. – Por outro lado, pessoas que possuem uma fortuna herdada sabem ao menos imediatamente, com toda a correção, o que é capital e o que são juros. A maioria deles haverá, portanto, de buscar assegurar o capital, não gastá-lo de modo algum, sim, se possível pôr à parte pelo menos um oitavo dos juros para o caso de interrupções futuras. Eles permanecem, portanto, na maioria dos casos, em abastança. – Toda essa observação não se aplica aos comerciantes: pois para eles o próprio dinheiro é um meio para maiores ganhos, como que um instrumento de manufatura; razão pela qual eles, mesmo quando todo o dinheiro foi ganho por eles mesmos, buscam mantê-lo e multiplicá-lo com o uso. Por isso a riqueza não é tão própria a nenhuma profissão quanto a esta.

No geral, porém, encontrar-se-á via de regra que aqueles que já lutaram com a necessidade efetiva e com a carência as temem desproporcionalmente menos, sendo assim mais propensos ao desperdício do que aqueles que as conhecem apenas de ouvir dizer. Aos primeiros pertencem todos aqueles que, por meio de golpes de sorte de alguma espécie ou de talentos especiais, não importando de que gênero, saíram rapidamente da pobreza para a prosperidade: os outros, em contrapartida, são aqueles que nasceram e permaneceram na prosperidade. Estes são em geral mais preocupados com o futuro e portanto mais econômicos do que aqueles. Poder-se-ia concluir daí que a necessidade não seria algo tão ruim quanto parece vista de longe. Mas a verdadeira razão para tal haverá de ser muito antes que, àquele que nasceu com riqueza hereditária, ela parece ser algo imprescindível, como o elemento da única vida possível, tanto quanto o ar; razão pela qual ele a guarda como sua vida, sendo, consequentemente, ordeiro, cuidadoso e econômico na maioria dos casos. Àquele que nasce em pobreza hereditária, em contrapartida, ela lhe parece ser o estado natural; a riqueza, porém, que, de alguma maneira, lhe veio depois, é vista por ele como algo supérfluo, que serve apenas para o usufruto e para o desperdício; já que, uma vez que esta se foi, se passa tão bem quanto antes sem ela, estando-se ainda por cima livre de uma preocupação. Ocorre, então, conforme diz Shakespeare:

> *The adage must be verified,*
> *That beggars mounted run their horse to death.*
> (O adágio há de verificar-se, que mendigos montados fazem o cavalo correr até a morte.)
>
> *Henrique VI* parte 3, ato 1.

A isso soma-se decerto ainda que tal gente carrega, menos na cabeça do que no coração, uma confiança firme e desmesurada em parte no destino, em parte nos próprios meios, os quais já os ajudaram a sair da necessidade e da pobreza, não tomando assim suas profundezas, como bem parece ao rico de nascença, como sem fundo, mas pensando, pelo contrário, que, uma vez atingido o fundo, haver-se-á de ser novamente elevado às alturas. – Dessa peculiaridade humana é também de se explicar porque mulheres que eram moças pobres são frequentemente mais exigentes, desperdiçando muito mais do que aquelas que trouxeram um dote valioso; uma vez que na maioria dos casos as moças ricas não trazem apenas fortuna, mas também mais zelo do que as pobres, sim, um impulso herdado para mantê-la. Quem, entretanto, quiser afirmar o contrário, encontra para si uma autoridade na primeira sátira de Ariosto. Em compensação, o dr. Johnson concorda com minha opinião: *A woman of fortune being used to the handling of money, spends it judiciously: but a woman who gets the command of money for the first time upon her marriage, has such a gust in spending it, that she throws it away with great profusion* [uma mulher de fortuna, estando acostumada a manejar o dinheiro, gasta-o judiciosamente; mas uma mulher que dispõe de dinheiro pela primeira vez após seu casamento tem um tal gosto em gastá-lo que ela o desperdiça com grande profusão] (cf. Boswell, *Life of Johnson* [Vida de Johnson], ano 1776, idade 67). Em todo caso, porém, quero aconselhar aquele que se casa com uma moça pobre a não deixá-la herdar o capital, mas apenas uma pensão, e cuidar especialmente para que a riqueza dos filhos não lhe caia em mãos.

Não creio de modo algum ser indigno de minha pena aconselhar aqui o cuidado para com a manutenção dos bens ganhos e herdados. Pois possuir de nascença tanto que, mesmo que fosse apenas para sua própria pessoa e sem família, se possa viver confortavelmente em verdadeira independência, quer dizer, sem trabalhar, é um privilégio inestimável: pois isso significa isenção e imunidade da carência e da fadiga ligadas à vida humana, ou seja, a emancipação da servidão universal, essa sina natural dos filhos da terra. Somente sob essa proteção do destino é-se nascido como verdadeiramente livre: pois somente assim é-se realmente *sui juris* [independente], senhor de seu tempo e de suas forças, podendo dizer todas as manhãs: "O dia é meu". Também, justamente por isso, a diferença entre aquele que tem uma pensão de mil e aquele que tem uma de cem mil táleres é infinitamente menor do que entre o primeiro e aquele que nada tem. Mas a riqueza de nascença adquire seu mais alto valor quando cabe àquele que, dotado de forças espirituais de espécie mais elevada, persegue aspirações que não se consolidam bem com o lucro: pois com isso ele se encontra duplamente dotado pelo destino e pode agora viver para seu gênio; à humanidade, porém, ele haverá de pagar cem vezes a sua dívida, prestando-lhe um serviço que nenhum outro seria capaz de prestar, trazendo algo à existência que a beneficia em sua totalidade e que redunda em sua honra. Um outro que estiver em uma situação assim privilegiada haverá de se fazer merecido por meio de aspirações filantrópicas. Quem, em contrapartida, não presta nenhum desses serviços, nem mesmo em certa medida, nem tenta prestá-lo, sim, que nem sequer se abra a possibilidade para tal por meio do aprendizado profundo de alguma ciência – alguém assim é, possuindo uma riqueza herdada, um mero larápio desprezível. Tampouco haverá de ser feliz: pois a isenção da necessidade entrega-o ao outro polo da miséria humana, o tédio, que o martiriza de tal maneira que ele seria muito mais feliz se a necessidade lhe tivesse dado com o que se ocupar. Justamente esse tédio, porém, haverá de desencaminhá-lo com facilidade para extravagâncias que lhe tomam esse privilégio, do qual não era digno. Com efeito, há incontáveis pessoas que se encontram em carência apenas porque, quando tinham dinheiro, o gastaram para obter uma redução meramente momentânea do tédio que os oprimia.

Agora, a coisa é bem diferente quando a finalidade é erguer-se no serviço ao Estado, onde o favor, os amigos, as conexões precisam ser ganhos, para, por meio deles, de pouco em pouco, obter promoções, chegando talvez a ocupar até mesmo os postos mais elevados: pois aqui, no fundo, é melhor ter vindo ao mundo sem qualquer riqueza. Especialmente àquele que não é aristocrata, sendo entretanto dotado de algum talento, haverá de ser uma verdadeira vantagem e altamente recomendável que seja um pobre-diabo. Pois o que todos buscam e o que todos mais amam, já na mera conversação, e tanto mais no serviço, é a inferioridade do outro. Ora, apenas um pobre-diabo está convencido e penetrado de sua total, profunda, decidida e completa inferioridade e de sua total insignificância e desvalor, no grau que é aqui exigido. Apenas ele, portanto, faz reverências frequentes e demoradas o suficiente, e apenas as suas mesuras atingem os completos noventa graus: apenas ele tolera tudo sorrindo; apenas ele reconhece a completa falta de valor do mérito; apenas ele exalta publicamente como obras-primas, a plenos pulmões ou também com letras garrafais, as estultícias literárias daqueles que lhe são superiores ou de outra maneira influentes; apenas ele sabe mendigar: consequentemente apenas ele pode, em tempo, isto é, na juventude, chegar a ser um iniciado naquela verdade oculta que Goethe nos revelou nas palavras:

> Ao que é ominoso
> Não se deve opor:

Pois é poderoso,
Seja o que for.

Divã ocidental-oriental

Em contrapartida, aquele que tem desde o princípio o necessário para viver, haverá, na maioria dos casos, de comportar-se de maneira revoltosa: ele está acostumando a caminhar *tête levée* [de cabeça erguida], não aprendeu nada de todas essas artes, insiste ainda por cima talvez em obter certos talentos, cuja ineficácia, se comparada ao *médiocre et rampant* [medíocre e rastejante], ele deveria muito antes compreender; afinal, ele está em condições de notar a inferioridade daqueles que lhe são superiores, e se essa consciência chega à indignidade, então ele se torna recalcitrante ou desconfiado. Com isso não se avança no mundo: ele poderá, muito antes, acabar dizendo com o atrevido Voltaire: *nous n'avons que deux jours à vivre: ce n'est pas la peine de les passer à ramper sous des coquins méprisables* [temos apenas dois dias para viver: não vale a pena passá-los rastejando diante de patifes desprezíveis (*Oeuvres*, ed. Beuchot 26, p. 116)]: – infelizmente, diga-se de passagem, esse *coquin méprisable* é um predicado para o qual há no mundo um número diabólico de sujeitos. Vê-se assim que o

Haud facile emergunt, quorum virtutibus obstat
Res angusta domi,
[Não é fácil ascender para aqueles cujas virtudes são obstruídas
pelos escassos recursos de sua casa,
(*Sátiras* III, 164)]

de Juvenal vale mais para a via das virtuosidades do que para a da gente mundana. –

Não contei mulher e filhos dentre as coisas *que se tem*; já que se é muito antes tido por eles. Antes poderiam ser contados aqui os amigos: entretanto, também na amizade o possuidor precisa ser na mesma medida a posse do outro.

Capítulo IV

Daquilo que se representa

Isto, a saber, nossa existência na opinião alheia, por consequência de uma fraqueza especial de nossa natureza, recebe via de regra uma apreciação excessiva; embora já o discernimento mais ligeiro pudesse ensinar que, tomada em si mesma, ela não é essencial à nossa felicidade. É, pois, difícil explicar a intensa alegria interior de cada um sempre que nota sinais da opinião favorável de outros e que sua vaidade é adulada de alguma maneira. Tão inevitável como o ronronar de um gato que é afagado, um doce encanto pinta-se no rosto da pessoa louvada, especialmente no campo de sua pretensão, mesmo que o louvor seja evidentemente mentiroso. Frequentemente os sinais da aprovação alheia consolam-na quanto à infelicidade real ou à escassez com a qual fluem para ela as duas fontes principais de nossa felicidade tratadas até aqui: e inversamente é impressionante o quanto que cada ofensa à sua ambição em qualquer sentido, grau ou respeito, todo menosprezo, toda humilhação, toda irreverência, ofendem a pessoa infalivelmente e frequentemente lhe causam dor profunda. Na medida em que o sentimento da honra repousa sobre essa característica, ela é capaz de ter consequências benéficas para o bom comportamento de muitos, como um sucedâneo de sua moralidade; mas sobre a própria *felicidade* do homem, especialmente sobre a paz de espírito e a independência, tão essenciais a ela, essa característica tem um efeito mais molesto e desvantajoso do que profícuo. Por isso é aconselhável, de nosso ponto de vista, impor-lhe limites e, por meio da reflexão apropriada e da avaliação correta do valor dos bens, moderar, na medida do possível, essa grande sensibilidade em relação à opinião alheia, tanto nos casos em que é adulada, como nos casos em que é ferida: pois ambos pendem do mesmo fio. Caso contrário, fica-se escravo da opinião e do juízo alheios:

> *Sic leve, sic parvum est, animum quod laudis avarum*
> *Subruit ac reficit.*
> [Tão leve, tão insignificante é aquilo que, àquele que cobiça o louvor,
> Oprime e reconforta.
>
> (Horácio, *Epístolas* II, 1, 179 s.)]

Por conseguinte, uma avaliação correta do valor daquilo que se é em e *para si* mesmo, oposto àquilo que se é apenas aos olhos de *outros*, haverá de contribuir muito para a nossa felicidade. Ao primeiro pertence todo o preenchimento do tempo de nossa própria existência, o conteúdo interno da mesma, portanto, todos os bens que foram considerados por nós sob os títulos "o que se é" e "o que se tem". Pois o lugar em que tudo isso tem sua esfera de ação é a própria consciência. Em contrapartida, o lugar daquilo que nós somos *para outros* é a consciência alheia: é a representação sob a qual lá aparecemos, juntamente com os conceitos que são sobre ela aplicados.* No entanto, isso é algo que não está absolutamente dado imediatamente para nós, mas apenas de maneira mediata, a saber, na medida em que a conduta alheia para conosco é por isso determinada. E mesmo isso entra em consideração apenas na medida em que tem influência sobre alguma coisa por meio da qual aquilo que somos *em e para nós mesmos* pode ser modificado. Para além disso, é-nos indiferente o que se passa na consciência alheia enquanto tal, e também nós haveremos de nos tornar aos poucos indiferentes em relação a isso na medida em que obtivermos um conhecimento suficiente da superficialidade e futilidade dos pensamentos, da limitação dos conceitos, da mesquinhez da mentalidade,

---

* As classes mais altas, em seu brilho e esplendor, em sua pompa, magnificência e representatividade de toda espécie, podem dizer: "Nossa felicidade encontra-se totalmente fora de nós mesmos: seu lugar são as cabeças dos outros". (N.A.)

do absurdo das opiniões e do número de equívocos presentes na grande maioria das cabeças, e ainda aprendermos, com a própria experiência, com que menosprezo se fala ocasionalmente de cada um, tão logo não seja necessário temê-lo ou se creia que a pessoa em questão não virá a ouvi-lo; mas especialmente após termos ouvido uma só vez como uma meia dúzia de cabeças de vento fala com desdém do maior dos homens. Dar-nos-emos conta, então, de que aquele que dá grande valor à opinião das pessoas dispensa-lhes uma honra excessiva.

Em todo caso, vê-se reduzido a recursos miseráveis aquele que não encontra sua felicidade nas duas classes de bens já tratadas, mas que tem de buscá-la nesta terceira classe, ou seja, não naquilo que ele é efetivamente, mas naquilo que é na representação alheia. Pois, de maneira geral, nossa natureza animalesca é a base de nosso ser e consequentemente também de nossa felicidade. Por isso a saúde é o mais essencial para nosso bem-estar, ao lado dela, porém, os meios para nosso sustento, ou seja, um meio de subsistência que não nos cause preocupação. Honra, esplendor, posição, fama, por mais que alguns os valorizem, são incapazes de competir com aqueles bens essenciais ou de substituí-los: muito antes, caso necessário, seriam entregues em troca daqueles, sem hesitação. Por isso contribuirá com nossa felicidade se obtivermos a tempo o conhecimento simples de que cada um vive em primeira instância e efetivamente em sua própria pele, e não na opinião alheia, e que, consequentemente, o nosso estado real e pessoal, conforme determinado por saúde, temperamento, capacidades, rendimento, esposa, filhos, amigos, moradia etc. é cem vezes mais importante para nossa felicidade do que aquilo que outros venham a pensar de nós. A ilusão oposta torna infeliz. Se se exclama com ênfase: "A honra está acima da vida", isso significa, na verdade: "Existência e bem-estar nada são; pelo contrário, aquilo que os outros pensam de nós, eis a questão". Em todo caso, esse dito pode valer como uma hipérbole à qual subjaz a prosaica verdade de que, para nosso progresso e nossa subsistência entre os homens, a honra, isto é, a sua opinião de nós, é com frequência inevitavelmente necessária; o que retomarei mais adiante. Quando, em contrapartida, se vê como quase tudo pelo que as pessoas anseiam incansavelmente durante toda a sua vida, com esforço incessante e entre mil perigos e moléstias, tem como finalidade última a elevação na opinião alheia, na medida em que não apenas postos, títulos e ordens, mas também riqueza e mesmo ciência* e arte são no fundo desejados principalmente por isso, sendo o objetivo final para o qual se trabalha o de obter maior respeito dos demais; isso comprova infelizmente apenas o tamanho da tolice humana. Depositar valor excessivo sobre a opinião alheia é uma ilusão equívoca de domínio universal: quer radique em nossa própria natureza, quer tenha surgido como consequência da sociedade e da civilização; em todo caso exerce sobre todas as nossas ações uma influência totalmente desmedida e hostil à nossa felicidade, a qual podemos acompanhar desde lá, onde se revela na consideração amedrontada e servil do *qu'en dirait-on?* [que dirão?], até lá, onde introduz o punhal de Vergínio no coração de sua filha** ou induz os homens a sacrificarem tranquilidade, riqueza, saúde e mesmo a vida pela fama. Essa ilusão oferece, aliás, um pretexto cômodo àquele que quer dominar ou governar os homens de alguma forma; por isso a diretiva de manter vivo e afinar o sentimento de honra ocupa uma posição central em toda espécie de técnica de adestramento humano: mas com vistas à própria felicidade do ser humano, a qual é aqui a nossa intenção, a coisa é bem diferente, e é muito antes de se extrair daí a advertência de não depositar demasiado valor sobre a opinião alheia. Se, conforme ensina a experiência cotidiana, isso ainda assim ocorre, se a maioria das pessoas deposita o maior valor justamente sobre a opinião alheia de si, ocupando-se mais com isso do que com aquilo que, por se passar *em sua própria consciência*, lhes está dado imediatamente;

---

* *Scire tuum nihil est, nisi te scire hoc sciat alter.* [Nada é aquilo que sabes, se também outros não souberem que tu o sabes. (Pérsio, *Saturae* [Sátiras] I, 27)]. (N.A.)

** Segundo Tito Lívio (*Ab urbe condita* III, 44-48), Lúcio Vergínio, um centurião romano, assassinou a própria filha quando Ápio Claudio, um decênviro, abusando de seu poder, tentou tomá-la para si. (N.T.)

se, pois, invertendo a ordem natural, aquilo lhes pareça ser a parte real, e isto a parte meramente ideal de sua existência, se, portanto, eles fazem do que é derivado e secundário o elemento principal, afligindo-se mais com a imagem de sua essência na cabeça alheia do que com essa essência mesma; então essa valorização imediata daquilo que não nos está absolutamente dado de maneira imediata é aquela tolice que foi chamada de *vaidade*, *vanitas*, para designar com isso o vazio e a falta de conteúdo desse anseio. Também é fácil notar, a partir do que foi dito acima, que a vaidade, assim como a avareza, pertence ao esquecimento do fim em favor dos meios.

De fato, o valor que depositamos sobre a opinião alheia e a nossa constante preocupação com relação a ela ultrapassam, via de regra, quase toda finalidade racional, de maneira que isso pode ser visto como uma espécie de mania universalmente propagada, ou mesmo inata. Em tudo que fazemos ou deixamos de fazer, a opinião alheia é considerada antes de quase todo o resto, e, com um exame mais preciso, veremos que praticamente metade de todas as aflições e angústias que jamais sentimos surgiram da preocupação com ela. Pois a opinião alheia encontra-se no fundo de toda a nossa autoestima, tão frequentemente ofendida, porque tão morbidamente sensível, de todas as nossas vaidades e presunções, como também de nossa ostentação e jactância. Sem essa preocupação viciosa, o luxo não chegaria a ser um décimo do que é. Todo e qualquer orgulho, *point d'honneur* [questão de honra] e *puntiglio* [obstinação], por mais distintos que possam ser o seu gênero e a sua esfera, repousa sobre ela – e que sacrifícios não exige a todo tempo! Essa preocupação mostra-se já na criança, e então em todas as idades, porém da maneira mais intensa na velhice; porque então, com o esgotamento da capacidade para prazeres sensíveis, a vaidade e a arrogância têm somente a avareza com que dividir o domínio. É possível observá-la da maneira mais nítida nos franceses, entre os quais ela é totalmente endêmica, vindo frequentemente à tona na ambição mais insossa por honrarias, na mais ridícula vaidade nacional e na mais desavergonhada fanfarronice; com o que então seu anseio se frustra a si mesmo, uma vez que se fizeram com isso objeto de chacota das demais nações, tendo *grande nation* se tornado um apelido provocativo. Mas, para explicitar de maneira especial o absurdo da preocupação excessiva com a opinião alheia de que falamos aqui, podemos apresentar um exemplo deveras superlativo dessa tolice radicada na natureza humana, especialmente favorecido pelo efeito de luzes da coincidência, em grau raro, das condições com o caráter adequado, já que nele a força desse insólito mecanismo se deixa medir em toda sua dimensão. Trata-se da seguinte passagem, extraída do *Times* de 31 de março de 1846, que contém o relato detalhado da então recente execução de *Thomas Wix*, um artesão que assassinara o seu mestre por motivos de vingança:

> Na manhã determinada para a execução, o digníssimo capelão do presídio acudiu cedo junto a ele. Apenas que *Wix*, embora comportando-se calmamente, não demonstrava qualquer interesse em suas admoestações: muito antes, a única coisa que tinha em mente era que tivesse sucesso em portar-se com grande bravura diante daqueles que assistiriam ao seu ignominioso fim. – – – E nisso também logrou. No pátio que tinha de atravessar até o cadafalso do patíbulo instalado junto à prisão, disse: "Pois bem, então, como disse o Doutor Dodd, logo haverei de saber o grande segredo!". Embora com os braços atados, ele subia a escada até o cadafalso sem a menor ajuda: uma vez chegado lá, fez reverências, à esquerda e à direita, aos que assistiam, as quais então também foram respondidas e recompensadas com o grito retumbante de aclamação da multidão ali reunida etc.

Eis aqui um exemplar magnífico da ambição por honra: com a morte em sua forma mais terrível diante dos olhos, juntamente com a eternidade por detrás dela, não se preocupar com nada além da impressão deixada na multidão amontoada de curiosos e a opinião que se deixará em suas cabeças! – E no entanto também *Lecomte*, executado no mesmo ano na França por atentado de assassínio do rei, estava especialmente irritado por não poder aparecer em vestimentas decentes diante da câmara de Paris durante seu processo, e mesmo em sua execução foi para ele um grande aborrecimento que não lhe tivessem permitido se barbear antes dela. Que tampouco outrora tenha sido diferente vemos a partir daquilo que *Mateo Alemán* menciona na introdução (*declaración*) anteposta ao seu famoso romance *Guzmán de Alfarache*, a saber, que muitos criminosos transtornados, nas últimas horas, as quais eles deveriam dedicar exclusivamente à redenção de sua alma, não o fazem, para elaborar e memorizar um pequeno sermão que querem passar à escada do patíbulo. – Mas em tais traços podemos refletir-nos a nós mesmos: pois casos colossais fornecem sempre a mais clara ilustração. Todas as nossas preocupações, aflições, mortificações, irritações, angústias, nossos esforços etc. dizem na verdade respeito, talvez na maioria dos casos, à opinião alheia, e são tão absurdos quanto os desses pobres pecadores. Não menos têm origem grande parte de nossa inveja e de nosso ódio na mencionada raiz.

É evidente, portanto, que dificilmente algo poderia contribuir tanto com nossa felicidade, da qual a maior parte repousa sobre paz de espírito e contentamento, quanto a contenção e a moderação desse móvel à sua medida racionalmente justificável, a qual haverá de ser talvez a quinquagésima parte da presente, ou seja, a remoção desse espinho continuamente atormentador de nossa carne. Isso, porém, é muito difícil: pois estamos a lidar com uma perversão natural e inata. *Etiam sapientibus cupido gloriae novissima exuitur* [também o sábio livra-se por último da ambição pela glória], diz Tácito (*Historiae* IV, 6). O único meio para nos livrarmos dessa tolice universal seria reconhecê-la nitidamente como tal e esclarecer-se, para tal fim, acerca do quão equivocadas, disparatadas, errôneas e absurdas a maioria das opiniões nas cabeças dos homens costumam ser, sendo, portanto, em si, indignas de qualquer atenção; em seguida, de quão pouca influência a opinião alheia pode realmente ter sobre nós na maioria das coisas e dos casos; mais além, de quão desfavorável ela geralmente é, na maior parte das vezes, de maneira que quase qualquer um haveria de irritar-se doentiamente se ouvisse tudo quanto é dito dele e em que tom dele é falado; finalmente, de que até mesmo a própria honra tem um valor meramente mediato e não imediato etc. Se lográssemos uma tal conversão da tolice generalizada, então a consequência seria um aumento incrivelmente grande em termos de paz de espírito e alegria, assim como uma conduta mais firme e segura, um comportamento muito mais franco e natural. A influência tão extremamente benéfica que um modo de vida recolhido tem sobre nossa paz de espírito repousa em grande parte sobre o fato de este nos subtrair ao viver constantemente diante dos olhos alheios, e consequentemente à contínua consideração de sua eventual opinião, devolvendo-nos, com isso, a nós mesmos. Igualmente, evadiríamos muita infelicidade real, à qual somos atraídos unicamente por esse anseio puramente ideal, mais corretamente: por essa tolice incurável, e guardaríamos também muito mais cuidado para com os bens sólidos, assim como também desfrutaríamos deles de maneira mais imperturbada. Mas, como dito, χαλεπὰ τὰ καλά [o bem é difícil].

A tolice de nossa natureza aqui descrita gera três rebentos principais: a ambição, a vaidade e o orgulho. A diferença entre estes dois últimos repousa sobre o fato de o *orgulho* ser a convicção já firme do próprio valor superior em algum sentido; a *vaidade*, em contrapartida, é o desejo de despertar nos outros tal convicção, na maioria das vezes acompanhada da esperança velada de poder, por consequência disso, também convencer-se a si mesmo. Por conseguinte, o orgulho é a estima partida *de dentro*, e consequentemente direta, de si mesmo; a vaidade, em contrapartida, é o anseio de obter essa estima *de fora*, ou seja, de maneira indireta. Em consonância com isso, a vaidade torna loquaz; o orgulho, calado. Mas o vaidoso deveria saber que a opinião elevada dos demais, pela qual ele anseia, é muito mais fácil de obter por meio de um calar persistente do que pela fala, mesmo que se tivesse as mais belas coisas a dizer. – Não é orgulhoso quem quer, mas, quando muito, quem quer pode afetar orgulho; no entanto, como ocorre com todos que interpretam um papel, ele haverá logo de ser desmascarado. Pois apenas a firme convicção interior, inabalável, de qualidades superiores e do valor especial torna realmente orgulhoso. Agora, essa convicção pode ser equivocada ou também repousar sobre qualidades meramente exteriores e convencionais – isso não afeta o orgulho, se estas apenas estiverem efetiva e seriamente presentes. Uma vez que o orgulho tem sua raiz na *convicção*, ele se encontra, como todo conhecimento, independente de nosso *arbítrio*. Seu pior inimigo, quer dizer, seu maior empecilho, é a vaidade, já que esta corteja a aprovação alheia para apoiar a alta estima de si sobre ela, cuja firmeza é o pressuposto do orgulho.

Agora, por mais que o orgulho seja geralmente censurado e difamado, suspeito, entretanto, que isso tenha partido principalmente daqueles que nada têm de que possam se orgulhar. Diante do descaramento e da impertinência da maioria das pessoas, aquele que possui quaisquer qualidades faz muito bem em manter-se consciente delas para não deixá-las cair em esquecimento completo: pois quem, ignorando-as com benevolência, comporta-se igual àqueles, a este irão de imediato tomar ingenuamente como tal. Quero, porém, recomendá-lo ao máximo àqueles cujas qualidades são da espécie mais elevada, isto é, reais, e portanto puramente pessoais, uma vez que estas não são, como ordens e títulos, trazidas à lembrança a todo momento pela ação dos sentidos: pois, caso contrário, verão o *sus Minervam* [o porco (instrui) Minerva (segundo Cícero, *Acadêmicas* I, 5, 18)] exemplificado com frequência suficiente. "Graceja com o escravo, e ele logo te mostrará o traseiro" – é um excelente provérbio árabe, e tampouco é de se repudiar o *sume superbiam, quaesitam meritis* [assume a soberba que adquiriste com mérito (*Odes* III, 30, 14)] de Horácio. A virtude da modéstia, porém, é uma invenção considerável para os canalhas; já que segundo ela cada um deve falar de si como se também ele fosse um, o que nivela de maneira esplêndida, pois então gera-se a aparência de que não há mais absolutamente nada além de canalhas.

A espécie mais banal de orgulho, porém, é o orgulho nacional. Pois ele denuncia naquele dele acometido a ausência de qualidades *individuais* das quais pudesse se orgulhar, já que, caso contrário, ele não recorreria àquilo que partilha com tantos outros milhões. Aquele que possui qualidades pessoais significativas irá muito antes reconhecer da maneira mais nítida os erros de sua própria nação, já que estes lhe são constantemente visíveis. Mas todo pateta deplorável que nada tem no mundo de que possa se orgulhar recorre ao último meio, isto é, ter orgulho da nação à qual pertence: nisso ele se restabelece e está agora agradecido e pronto para defender, πὺξ καὶ λάξ [com mãos e pés], todos os erros e tolices que lhe são próprios. Por isso, dentre cinquenta ingleses, por exemplo, mal se haverá de encontrar um que concorde quando se falar com o devido desprezo da estúpida e degradante beatice de sua nação: esse um, porém, costuma ser um homem inteligente. – Os alemães estão livres do orgulho nacional e fornecem por meio disso uma prova da sinceridade de que têm fama; a prova oposta, porém, dão aqueles dentre eles que pretendem ter tal orgulho e o afetam de maneira ridícula, como fazem em geral os "irmãos alemães" e os democratas, que bajulam o povo para seduzi-lo. Diz-se, é verdade, que os alemães inventaram a pólvora: eu, porém, não posso aderir a essa opinião. E Lichtenberg [*Vermischte Schriften* [Escritos mistos], Göttingen: 1844, vol. II, p. 122] pergunta: "Por que dificilmente alguém que não o é se faz passar por alemão, mas, pelo contrário, geralmente, quando quer se passar por algo, se passa por francês ou inglês?". Além do mais, a individualidade prepondera de longe sobre a nacionalidade, e, em qualquer pessoa, aquela merece mil vezes mais consideração do que esta. No caráter nacional, já que com ele se trata da multidão, jamais haverá muito que louvar de maneira sincera. Muito antes, apenas a limitação, a perversão e a ruindade humanas aparecem sob formas distintas em cada país, e a isto chama-se o caráter nacional. Desgostosos com *um* deles, louvamos o outro, até que o mesmo nos ocorra também com este. – Cada nação faz troça da outra, e todas têm razão. –

O objeto deste capítulo, ou seja, aquilo que *representamos* no mundo, o que somos aos olhos de outros, deixa-se agora, conforme já mencionado anteriormente, dividir em *honra, posição* e *fama.*

A *posição*, por mais importante que seja aos olhos da grande multidão e dos filisteus, e por maior que seja a sua utilidade no mecanismo da máquina estatal, deixa-se despachar, para a nossa finalidade, com poucas palavras. Trata-se, na verdade, de um valor convencional, isto é, simulado: seu efeito é uma estima simulada e a coisa toda é uma comédia para a grande multidão. – Ordens são notas promissórias, retiradas sobre o depósito da opinião pública: seu valor repousa sobre o crédito do sacador. Entretanto, mesmo sem se considerar o muito dinheiro que economizam ao Estado como substituto de recompensas pecuniárias, são uma instituição utilíssima; pressupondo-se que sua distribuição ocorra com inteligência e justiça. Pois a grande multidão tem olhos e ouvidos, mas não muito mais que isso, sobretudo um juízo escasso e mesmo pouca memória. Alguns méritos encontram-se totalmente fora da esfera de sua compreensão, outros entende e recebe com júbilo quando surgem, esquecendo-os, porém, logo em seguida. Nesses casos, acho completamente adequado que, por meio da cruz ou da estrela, se relembre a multidão a toda hora e por toda parte: "este homem não é vosso igual: ele tem méritos!". Por meio da distribuição injusta, desajuizada ou excessiva, porém, as ordens perdem esse valor; razão pela qual um príncipe deveria ser tão cauteloso em sua distribuição como um comerciante na assinatura das notas promissórias. A inscrição *pour le mérite* [pelo mérito] sobre uma cruz é um pleonasmo: toda ordem deveria ser *pour le mérite – ça vas sans dire* [é desnecessário dizê-lo]. –

Muito mais difícil e extensa do que a discussão da posição é a da *honra*. Primeiramente teríamos de defini-la. Agora, se eu eventualmente dissesse, com esse intuito: a honra é a consciência moral exterior e a consciência moral é a honra interior – isso haveria talvez de agradar a alguns; seria, no entanto, mais uma explicação reluzente do que clara e exaustiva. Por isso digo: a honra é objetivamente a opinião de outros acerca de nosso valor e subjetivamente o nosso temor ante essa opinião. Nessa última propriedade ela possui frequentemente um efeito deveras benéfico, embora também de modo algum puramente moral – no homem de honra.

A raiz e a origem do sentimento de honra e vergonha que reside em toda pessoa não totalmente corrompida, como também do alto valor que se confere à primeira, encontram-se no seguinte. O ser humano, quando só, é capaz de muito pouco e é um Robinson abandonado: apenas em comunidade com os demais é que ele se torna muito e capaz de muitas coisas. Ele se inteira dessa situação assim que sua consciência começa a se desenvolver em alguma medida, e logo instaura-se nele o desejo de valer como um membro apto da sociedade humana, ou seja, como alguém capaz de agir *pro parte virili* [por conta própria], e por meio disso autorizado a tomar parte nos privilégios da sociedade humana. Agora, para sê-lo, ele precisa primeiramente prestar aquilo que se exige e se espera de todos em toda parte, e então também aquilo que é exigido e esperado dele na posição específica que ocupa. Ao mesmo tempo, porém, ele reconhece que com isso não se trata de sê-lo em sua própria opinião, mas na dos demais. Disso surge seu anseio zeloso pela *opinião* favorável de outros e o elevado valor que deposita sobre ela: ambos revelam-se com a originalidade de um sentimento inato, o qual é chamado de sentimento de honra e, em certas situações, vergonha (*verecundia*). É esse sentimento que cora sua face assim que ele crê subitamente perder sua posição na opinião alheia, mesmo quando se sabe inocente, e até lá onde a falta descoberta diz respeito a uma obrigação apenas relativa, porque arbitrariamente assumida: e, por outro lado, nada fortalece mais o seu ânimo do que a certeza obtida ou renovada acerca da opinião favorável de outros; e isso porque esta lhe promete a proteção e o auxílio das forças unidas de todos, as quais são um muro protetor infinitamente maior contra os males da vida do que as suas próprias.

Das diferentes relações em que o ser humano pode se encontrar com os demais e com vistas às quais eles podem lhe conferir confiança, ou seja, uma certa boa opinião acerca dele, surgem diversas *espécies de honra*. Essas relações são principalmente o meu e o teu, em seguida, os serviços a que nos comprometemos, finalmente a relação sexual: a elas correspondem a honra civil, a honra do cargo e a honra sexual, cada uma das quais tem por sua vez suas subespécies.

A esfera mais abrangente pertence à *honra civil*: ela consiste na pressuposição de que respeitaremos incondicionalmente os direitos de cada um e que, portanto, jamais nos serviremos de meios injustos ou ilícitos para nossa vantagem. Ela é a condição para a participação em todas as relações pacíficas. Ela se perde por meio de uma única ação manifesta e fortemente contrária a ela, consequentemente também por meio de toda condenação criminal; embora apenas sob a pressuposição da justiça da mesma. Sempre, porém, a honra repousa, em última instância, sobre a convicção da imutabilidade do caráter moral, graças à qual uma única ação má garante a mesma qualidade moral para todas as seguintes, tão logo surjam condições semelhantes: isso é atestado também pela expressão inglesa *character* como sinônimo de fama, reputação, honra. Justamente por isso a honra perdida não pode ser restabelecida; a não ser que a perda tenha se devido a um engano, como uma calúnia ou uma falsa impressão. Por isso há leis contra a calúnia, contra libelos, também contra injúrias: pois a injúria, o mero insulto, é uma calúnia sumária sem o fornecimento de razões: o que é possível expressar bem em grego: ἔστι ἡ λοιδορία διαβολὴ σύντομος [a injúria é uma calúnia sumária] – o que, entretanto, não se encontra em passagem alguma da literatura. Não há dúvida de que aquele que insulta deixa claro, por meio disso, que ele nada tem de real e verdadeiro para apresentar contra o outro; já que, se o tivesse, ele o teria dado como premissa e confiado a conclusão aos ouvintes, em vez de dar a conclusão e ficar devendo as premissas: apenas que ele conta com a suposição de que isso ocorre somente por amor à concisão. – A honra civil recebe, é verdade, o seu nome da classe burguesa*; sua validade, porém, estende-se por todas as classes sem distinção, até às mais elevadas: nenhuma pessoa pode dela evadir-se, e trata-se com ela de um assunto muito sério, o qual todos devem se guardar de tratar com leviandade. Quem rompe lealdade e credibilidade, perde-as para sempre, não importando o que faça e quem venha a ser, e não faltarão os amargos frutos que essa perda traz consigo.

A *honra* possui, em certo sentido, um caráter *negativo*, a saber, em oposição à *fama*, que tem um caráter *positivo*. Pois a honra não é a opinião de qualidades especiais que pertencem unicamente a um dado sujeito, mas apenas daquelas a serem

* No alemão, *bürgerlich* significa tanto "civil" como "burguês". (N.T.)

via de regra pressupostas, as quais, portanto, não lhe devem faltar. Dessa maneira, ela diz apenas que o sujeito em questão não constitui uma exceção; enquanto que a fama diz que ele a constitua. A fama precisa, pois, ser primeiramente obtida: a honra, em contrapartida, apenas não pode ser perdida. Em correspondência com isso, a ausência da fama é obscuridade, algo negativo; a ausência da honra, porém, é a ignomínia, algo positivo. – Essa negatividade, porém, não pode ser confundida com passividade: a honra tem muito antes um caráter plenamente ativo. Pois ela parte unicamente de seu *sujeito*, repousa sobre aquilo que *ele* faz ou deixa de fazer, e não sobre aquilo que outros fazem e que vai contra ele: ela é, portanto, τῶν ἐφ' ἡμῖν [dependente de nós]. Esta é, como veremos a seguir, uma marca que distingue a verdadeira honra da honra cavalheiresca ou da pseudo-honra. Apenas por meio de calúnia é possível um ataque exterior contra a honra: o único antídoto é a sua refutação com a devida publicidade e o desmascaramento do caluniador.

O respeito à idade parece dever-se ao fato de a honra dos jovens, embora aceita como pressuposta, ainda não ter sido posta à prova, consistindo, portanto, em crédito. Nos mais velhos, porém, foi preciso demonstrar que eram capazes de manter sua honra ao longo da vida. Pois nem a idade em si, que também os animais atingem, alguns deles até muito maior, nem tampouco a experiência, como mero conhecimento mais detalhado do curso do mundo, são razão suficiente para o respeito que os mais jovens têm para com os velhos, o qual, porém, é exigido em toda parte: a mera fraqueza da idade avançada exigiria mais consideração do que respeito. É notável, porém, que o ser humano tenha um certo respeito inato, e portanto realmente instintivo, por cabelos brancos. Rugas, marcas menos seguras da idade, não despertam de modo algum esse respeito: jamais se fala de rugas honoráveis, mas sempre apenas de honoráveis cabelos brancos.

O valor da honra é apenas mediato. Pois, conforme já discutido no início deste capítulo, a opinião alheia sobre nós só pode ter um valor na medida em que determine ou possa vir a determinar a sua ação em relação a nós. No entanto, esse é o caso, enquanto vivermos com ou entre os homens. Pois, uma vez que, no estado civilizado, devemos a segurança e a posse unicamente à sociedade, uma vez que nele necessitamos também dos outros em todas as empreitadas, os quais precisam ter confiança em nós para que travem relações conosco, sua opinião de nós é-nos de alto valor, embora sempre mediato: um valor imediato, porém, não posso lhe conceder. Em concordância com isso diz também *Cícero*: *de bona autem fama Chrysippus quidem et Diogenes, detracta utilitate, ne digitum quidem, ejus causa, porrigendum esse dicebant. Quibus ego vehementer assentior* [da boa fama, porém, diziam Crisipo e Diógenes que, para além da utilidade, não se deve mover por ela nem um dedo. Com eles concordo veementemente] (*De finibus bonorum et malorum* III, 17). Igualmente fornece *Helvétius*, em sua obra-prima *De l'esprit* (disc. III, cap. 13), uma extensa discussão acerca dessa verdade, cujo resultado é: *nous n'aimons pas l'estime pour l'estime, mais uniquement pour les avantages qu'elle procure* [nós não amamos a estima pela estima, mas unicamente pelas vantagens que ela traz]. Ora, como o meio não pode valer mais do que o fim, então a palavra de ordem: "a honra está acima da vida" é, conforme dito, uma hipérbole.

Até aqui tratamos da honra civil. A *honra do cargo* é a opinião geral dos demais de que um homem que ocupa um cargo possua efetivamente todas as qualidades exigidas para tal e que ele também execute, em todos os casos, suas obrigações oficiais com pontualidade. Quanto maior e mais importante for a esfera de ação de um homem no Estado, ou seja, quanto mais elevado e influente for o posto que ocupa, tanto maior precisa ser a opinião acerca das capacidades intelectuais e qualidades morais que o tornam apto para tal: consequentemente, ele tem um grau tanto maior de honra, cuja expressão está em seus títulos, suas ordens etc., como também na conduta subordinada de outros em relação a ele. – Segundo a mesma medida, o grau específico da honra é sempre determinado pelo cargo, embora este seja modificado por meio da capacidade da multidão de julgar acerca da importância desse cargo. Sempre, porém, concede-se mais honra àquele que possui e executa obrigações especiais do que ao cidadão comum, cuja honra repousa principalmente sobre qualidades negativas.

Mais além, a honra do cargo exige que quem pretende ocupar um cargo mantenha a respeitabilidade do mesmo para seus colegas e sucessores, justamente por meio daquela realização pontual de suas obrigações, tampouco deixando impune os ataques ao próprio cargo e a si, na medida em que o desempenha – isto é, afirmações de que ele não ocuparia seu cargo pontualmente ou de que o próprio cargo não redundaria no bem comum –, mas, pelo contrário, demonstrando, por meio de sanções legais, que tais ataques eram injustos.

Subespécies da honra do cargo são a honra do funcionário público, do médico, do advogado, de todo docente público, sim, de todo graduado, isto é: de todo aquele que, por meio de uma declaração pública, é considerado qualificado para um certo serviço intelectual, tendo, justamente por isso, se comprometido a sê-lo; ou seja, em uma palavra: a honra de todos os publicamente comprometidos enquanto tais. Por isso pertence a este ponto também a verdadeira *honra militar*: ela consiste na exigência de que quem se tenha comprometido com a defesa da pátria comum possua efetivamente as qualidades necessárias para tal, ou seja, acima de tudo a coragem, a valentia e a força, e que esteja seriamente preparado para defender sua pátria até a morte e para jamais, por nada neste mundo, abandonar a bandeira à qual jurou uma vez. – Tomei aqui a *honra do cargo* em um sentido mais extenso do que o normal, no qual ela significa o devido respeito dos cidadãos pelo próprio posto.

A *honra sexual* me parece carecer de uma consideração mais aproximada e de uma recondução à sua raiz, a qual haverá simultaneamente de confirmar que toda honra repousa em última instância sobre critérios de utilidade.

A *honra sexual* decompõe-se, segundo sua natureza, nas honras feminina e masculina, e consiste, de ambos os lados, em um *esprit de corps* [espírito solidário] subentendido. A primeira é de longe a mais importante de ambas, porque na vida feminina a relação sexual é o elemento principal. – A *honra feminina*, portanto, é a opinião geral de que uma moça não se tenha oferecido a nenhum homem, e de que uma mulher se tenha oferecido apenas ao homem que lhe foi confiado. A importância dessa opinião deve-se ao seguinte. O gênero feminino exige e espera tudo do masculino, a saber, tudo aquilo que deseja e precisa: o masculino exige do feminino em primeira instância e imediatamente apenas uma coisa. Por isso, foi preciso instituir que o gênero masculino só poderia obter aquela uma coisa do feminino em troca da aceitação do cuidado com tudo, inclusive com as crianças que surgissem da relação: sobre essa instituição repousa o bem-estar de todo o gênero feminino. Para impô-la, ele deve necessariamente manter-se unido e demonstrar *esprit de corps*. Dessa maneira, opõe-se, como um todo e em fileiras cerradas, ao gênero masculino em sua totalidade como o inimigo comum, o qual, por meio da preponderância de suas forças corporais e intelectuais, se encontra, por natureza, em posse de todos os bens terrenos, e que precisa ser vencido e conquistado para que, por meio de sua posse, se obtenha a posse dos bens terrenos. Para esse fim, a máxima de honra de todo o gênero feminino é que os homens fiquem absolutamente privados de todo coito extraconjugal, para que cada um deles seja forçado ao matrimônio, que é uma espécie de capitulação, e todo o gênero feminino se veja provido. Esse objetivo, porém, só pode ser atingido completamente por meio da observância estrita da máxima acima descrita: por isso todo o gênero feminino vigia com verdadeiro *esprit de corps* a manutenção da mesma entre todos os seus membros. Por consequência, toda jovem que trai o gênero feminino como um todo por meio do coito extraconjugal é expelida do mesmo e coberta de vergonha, já que a universalização desse modo de agir minaria seu bem-estar: ela foi desonrada. Nenhuma mulher pode mais tratar com ela: ela é evitada como se estivesse empesteada. A adúltera sofre o mesmo destino, pois ela não manteve perante o homem a capitulação por ele contraída, o que, porém, é um exemplo que desencoraja os homens a contrair a mesma, enquanto que a salvação do gênero feminino repousa sobre ela. Mas, para além disso, graças à grave quebra de palavra e à traição de seu ato, a adúltera perde, juntamente com a honra sexual, ao mesmo tempo também a honra civil. Por isso costuma-se dizer em uma expressão, na intenção de escusar: "uma garota transviada", mas não: "uma mulher transviada", e o sedutor pode recuperar a honra daquela por meio do matrimônio; mas não o adúltero a desta, após o divórcio. – Se, agora, graças a essa clara compreensão da coisa, reconhecemos como fundamento do princípio da honra feminina um *esprit de corps* salutar, sim, necessário, porém bem calculado e apoiado sobre interesses; então poderemos certamente atribuir-lhe a maior importância para a existência feminina, e, portanto, um grande valor relativo, embora nenhum valor absoluto que vá para além da vida e de suas finalidades, a ser comprado com essa vida mesma. Por isso não se poderá aplaudir os atos exagerados de Lucrécia e Vergínio, que degeneram ao ponto de trágicas farsas. É justamente por isso que o final de *Emilia Galotti* tem algo de tão indignante que se deixa o teatro em completo desgosto. Em contrapartida, apesar da honra sexual, não se pode deixar de simpatizar com a Klärchen de *Egmont*.* Esse levar ao extremo do princípio da honra feminina pertence, como tantos outros casos, ao esquecimento do fim em favor dos meios: pois, com tal exagero, atribui-se um valor absoluto à honra sexual; enquanto que ela, ainda mais do que todo outro tipo de honra, possui apenas um valor relativo, sim, seria possível dizer: um valor meramente convencional, se virmos, no *De concubinatu* de Tomásio, como em quase todos os países e tempos até a reforma luterana o concubinato foi uma relação reconhecida e legalmente permitida, na qual a concubina permanecia honrada; para não mencionar a Mylitta babilônica** (Heródoto [*Historiae*] I, 199) etc.

* Segundo Tito Lívio (*Ab urbe condita* [Desde a fundadação da cidade], I, 57 ss.), Lucrécia, na ausência de seu esposo, teria sido violada por Sexto Tarquino, filho do imperador Tarquino, sob ameaça de matá-la, juntamente com um escravo seu, e acusá-la de ter sido morta ao cometer um adultério. Lucrécia relatou o fato a seu pai e a seu esposo, suicidando-se em seguida. – *Emilia Galotti* é um drama de G. E. Lessing, baseado na história de Vergínio (veja-se a nossa nota à p. 56). – Klärchen é a amante de Egmont no drama homônimo de Goethe. (N.T.)

** Deusa à qual as jovens deviam sacrificar sua virgindade prostituindo-se a um estranho. (N.T.)

De fato, há também relações civis que tornam impossível a forma exterior do matrimônio, especialmente em países católicos, onde não ocorrem divórcios; assim como no caso de senhores regentes, os quais, segundo minha opinião, agem de maneira muito mais moral ao manter uma amante do que quando contraem um matrimônio morganático, cuja descendência, com a eventual extinção da legítima, poderia reivindicar seus direitos; com o que, por mais improvável que seja, se produz como consequência de tal matrimônio a possibilidade de uma guerra civil. Além do mais, um tal matrimônio morganático, isto é, contraído apesar de todas as relações externas, é, no fundo, uma concessão feita às mulheres e aos padres, duas classes às quais, sempre que possível, é preciso guardar-se de conceder algo. Mais além, é de se considerar que todos no país podem casar com a mulher de sua escolha, a não ser um, que é privado desse direito natural: esse pobre homem é o príncipe. Sua mão pertence à nação, e é dada em casamento segundo as razões estatais, quer dizer, para o bem da nação. Ora, mas ele também é um ser humano e também quer seguir alguma vez a inclinação de seu coração. Por isso é tão injusto e ingrato quanto retrógrado querer vedar ou censurar ao príncipe a manutenção de uma amante – compreenda-se, contanto que não lhe seja concedida nenhuma influência sobre a regência. Também de sua parte uma tal amante é em certo sentido uma exceção com vistas à honra sexual, uma eximida da regra geral: pois ela apenas se entregou a um homem que a ama e que ela ama, mas com o qual jamais poderia se casar. – No geral, porém, os muitos sacrifícios sangrentos que são feitos ao princípio da honra feminina – o infanticídio e o suicídio das mães – dão testemunho de sua origem não puramente natural. Decerto, uma jovem que se entrega de maneira ilegítima incorre por meio disso numa traição contra o seu gênero como um todo: entretanto, essa fidelidade só é assumida tacitamente, e não jurada. E, como normalmente ela mesma cai com isso em desvantagem de maneira mais imediata, então a tolice em tal ato é infinitamente maior do que a sua maldade.

A honra do gênero masculino é provocada pelas mulheres como o *esprit de corps* a elas oposto, o qual exige que cada um que contraiu uma capitulação tão vantajosa para a outra parte, o matrimônio, agora cuide para que ela seja mantida, para que esse pacto mesmo não perca sua firmeza, rompendo-se por meio de um afrouxamento da observância, e os homens, tendo tudo entregue, nem mesmo estejam seguros de possuir a única coisa que em troca disso negociaram, a saber, a posse exclusiva da mulher. De acordo com isso, a honra do homem exige que ele castigue o adultério de sua esposa, e que a puna pelo menos com o divórcio. Caso ele o tolere conscientemente, será coberto de desonra pela comunidade masculina: esta, entretanto, não é nem de longe tão drástica quanto aquela que atinge a mulher por meio da perda da honra sexual, mas muito antes apenas uma *levioris notae macula* [mácula de pouca importância]; pois a relação sexual ocupa para o homem uma posição subordinada, uma vez que ele participa de muitas outras mais importantes. Os dois grandes poetas dramáticos da modernidade tomaram cada um duas vezes essa honra masculina como tema: Shakespeare no *Otelo* e no *Conto de inverno*, e Calderón no *El medico de su honra* (O médico de sua honra) e em *A secreto agravio secreta venganza* (A secreto agravo, secreta vingança). Ademais, essa honra exige apenas a punição da mulher, não a de seu amante, a qual é apenas um *opus supererogationis* [uma obra que excede a exigência]: por meio de que se confirma a sua origem, conforme indicado, no *esprit de corps* dos homens. –

A honra, conforme a descrevi até aqui em suas classes e princípios, encontra validade universal em todos os povos e tempos; se bem que seja possível apontar algumas modificações locais e temporais nos princípios da honra feminina. Entretanto, há ainda mais uma classe de honra, completamente distinta daquelas universais e válidas por toda parte, da qual nem gregos nem romanos tinham um conceito, e de que tampouco chineses, hindus ou maometanos têm conhecimento até os dias de hoje. Pois ela surgiu somente na Idade Média e naturalizou-se apenas na Europa cristã, sim, mesmo aqui apenas em uma fração minúscula da população, a saber, nas classes mais elevadas da sociedade e entre aqueles que as procuram imitar. Trata-se da *honra cavalheiresca* ou *point d'honneur*. Como seus princípios diferem totalmente dos da honra discutida até aqui, chegando a ser em parte opostos a eles, uma vez que aquelas primeiras formas de honra fazem o *homem honrado* e esta, em contrapartida, o *homem de honra*, quero apresentar aqui em especial os seus princípios como um código ou um espelho da honra cavalheiresca.

1) A honra *não* consiste na opinião alheia de nosso valor, mas unicamente nas *manifestações* de tal opinião; é indiferente se a opinião manifesta é real ou não, e tanto menos se ela tem uma razão. Logo, por consequência da vida que levamos, os outros podem entreter uma opinião ruim de nós, desprezar-nos profundamente; contanto que ninguém se atreva a manifestá-lo abertamente, a honra não é absolutamente afetada. Inversamente, porém, mesmo que, por nossas propriedades e ações, forcemos os outros a nos concederem grande estima (pois isso não depende de seu arbítrio), basta que qualquer um – e que fosse o pior e mais estúpido – profira seu menosprezo acerca de nós, e nossa honra está imediatamente ferida, sim, ela está para sempre perdida, caso não seja reparada. – Uma prova supérflua de que não se trata aqui absolutamente da *opinião* alheia, mas unicamente da *manifestação* desta, é que infâmias podem ser *retiradas*, se necessário, pode-se pedir perdão por elas, com o que então passa a ser como se jamais tivessem ocorrido: se com isso a opinião que a gerou igualmente se modificou e por que isso teria ocorrido não interessa: apenas a manifestação é anulada e tudo fica bem. Não se trata aqui, portanto, de merecer respeito, mas de extorqui-lo.

2) A honra de um homem não repousa sobre aquilo que ele *faz*, mas sobre aquilo que ele *sofre*, que lhe vai de encontro. Se, de acordo com os princípios da honra universalmente válida discutida primeiramente, esta depende unicamente daquilo que *ele mesmo* diz ou faz; a honra cavalheiresca, em contrapartida, depende daquilo que qualquer outro diz ou faz. Ela encontra-se, portanto, nas mãos, sim, dependurada na ponta da língua de cada um, e pode, se este tomar a oportunidade, perder-se para sempre a cada momento, caso o atingido não a arranque de volta para si por meio de um processo

de restituição a ser mencionado em seguida, o que, entretanto, pode ocorrer somente mediante perigo de perder a vida, a saúde, a liberdade, as posses, e a paz de espírito. Por isso, o modo de agir de um homem pode ser o mais correto e nobre, sua mente pode ser a mais limpa e sua inteligência a mais eminente; sua honra, entretanto, pode perder-se a cada instante, a saber, assim que alguém – que apenas não tenha ainda ferido essa lei de honra, mas que, no mais, pode ser o velhaco mais desprezível, a besta mais estúpida, um larápio, um jogador, um endividado, enfim: uma pessoa indigna de seu olhar – decidir *insultá-lo*. Na maioria dos casos, será até mesmo precisamente um sujeito dessa espécie que haverá de decidir fazê-lo, justamente porque, como bem observou *Sêneca*, *ut quisque contemtissimus et ludibrio est, ita solutissimae linguae est* [quanto mais desprezível e ridículo alguém for, tanto mais solta será sua língua] (*De constantia* 11); também uma pessoa desse gênero haverá de irritar-se mais facilmente com aquele descrito primeiramente, pois os opostos se odeiam e a visão de qualidades superiores costuma gerar o rancor velado nos indignos; por isso mesmo diz Goethe:

> Te queixas de inimigos?
> Haverá de ser amigo
> A quem tua existência
> É velada advertência?
>
> *Divã ocidental-oriental*

Vê-se o quanto justamente as pessoas da espécie por último ilustrada têm a agradecer a esse princípio de honra, já que ele as nivela com aqueles que no mais lhes seriam sob todos os aspectos inatingíveis. – Se agora um desses insultou, quer dizer, atribuiu ao outro uma propriedade ruim, então isso vale em princípio como um juízo objetivamente verdadeiro e fundamentado, um decreto válido, sim, que permanece verdadeiro e válido caso não seja imediatamente apagado com sangue: ou seja, o insultado permanece (aos olhos de todas as "pessoas de honra") aquilo que o insultador (e fosse ele o pior de todos os filhos da terra) lhe chamou: pois ele (este é o *terminus technicus*) "o engoliu". Consequentemente, as "pessoas de honra" haverão agora de desprezá-lo por completo, fugir dele como de um empesteado, negando-se, por exemplo, em voz alta e publicamente, a participar de uma sociedade à qual ele tenha acesso etc. – Creio poder reconduzir com segurança a origem desse sábio ponto de vista ao fato de que (segundo os *Beiträge zur deutschen Geschichte, besonders des deutschen Strafrechts* [Contribuições à história alemã, especialmente do direito penal alemão] de C.G. von Wächter, 1845) na Idade Média, até o século XV, em processos criminais, não era o acusador que deveria comprovar a culpa, mas o acusado que precisava comprovar sua inocência. Isso podia ocorrer por meio de um juramento purgativo, para o qual, entretanto, ele necessitava de conjurantes (*consacramentales*), os quais juravam estar convencidos de que era incapaz de fazer aquilo de que era acusado. Caso não os tivesse ou o acusador não os aceitasse, então dava-se o juízo divino, o qual consistia normalmente no duelo. Pois o réu era agora um "vituperado" e precisava purificar-se. Vemos aqui a origem do conceito de vitupério e de todo o processo da coisa como ocorre ainda hoje entre as "pessoas de honra", apenas sem o elemento do juramento. Com isso explica-se também a obrigatória, alta indignação com a qual "pessoas de honra" recebem a censura da mentira, exigindo por ela vingança sangrenta, o que parece deveras peculiar, dada a cotidianidade das mentiras, mas que, especialmente na Inglaterra, se avolumou até tornar-se uma superstição profundamente enraizada. (Na verdade, cada um que ameaça castigar a censura da mentira com a morte precisaria não ter mentido em toda a sua vida.) Com efeito, naqueles mesmos processos criminais da Idade Média, a forma mais curta era que o acusado respondesse ao acusador: "isso é mentira", com o que se partia imediatamente para o juízo divino; por isso está escrito que, segundo o código de honra cavalheiresco, a censura da mentira precisa ser revidada imediatamente com a apelação às armas. – Isso quanto ao insulto. Agora, há algo ainda pior que o insulto, algo tão assustador que por sua mera menção neste código da honra cavalheiresca devo pedir desculpas às "pessoas de honra", pois sei que têm calafrios e ficam de cabelos em pé só de pensar nisso, já que se trata do *sumum malum*, o maior dos males que há no mundo, pior que a morte e a danação. Pois pode ocorrer, *horribile dictu* [é horrível dizê-lo], que um dê no outro uma bofetada ou uma pancada. Isso é um acontecimento terrível, e implica numa morte tão completa da honra que, se todos os demais ferimentos da honra já devem ser remediados por meio de derramamento de sangue, este exige, para que seja plenamente sanado, um homicídio completo.

3) A honra nada tem a ver com o que a pessoa venha a ser em e para si mesma, nem com a pergunta de se sua constituição moral jamais pode se modificar ou com qualquer pedantismo desse gênero; pelo contrário, quando ferida ou temporariamente perdida, ela pode ser recuperada rápida e completamente, basta aplicar depressa um único antídoto universal: o duelo. Caso, porém, o ofensor não pertença às categorias partidárias do código de honra cavalheiresca, ou caso já tenha alguma vez agido contra o mesmo; então, sobretudo quando a ofensa da honra tiver ocorrido por meio de uma ação, mas também se for meramente verbal, é possível executar uma operação segura, na qual, caso se esteja armado, se o apunhale na hora, no máximo uma hora mais tarde; com o que a honra é recuperada. Além disso, porém, caso, por preocupação quanto aos possíveis transtornos acarretados por esse método, se queira evitar esse passo, ou se se estiver simplesmente inseguro quanto a se o ofensor se submete às leis da honra cavalheiresca ou não, tem-se o recurso paliativo da *avantage*. Esta consiste em, caso o outro tenha sido grosseiro, ser ainda mais perceptivelmente grosseiro: caso isso não seja mais possível por meio de insultos, então parte-se para a pancadaria, e há de fato também aqui uma progressão na salvação da honra: bofetadas são curadas por meio de pauladas; estas, por meio de chicotadas: mesmo contra esta última a cusparada é recomendada por alguns como segura. Apenas quando não se adota esses meios a tempo é que se faz necessário avançar para operações sangrentas. Esse método paliativo tem, na verdade, o seu fundamento na máxima seguinte.

4) Assim como ser insultado é uma desonra, insultar é uma honra. Por exemplo: a verdade, o direito e a razão encontram-se do lado de meu oponente – eu, porém, insulto-o; então tudo isso perde qualquer validade e o direito e a honra estão do meu lado: ele, em contrapartida, perdeu momentaneamente a sua honra – até que ele a repare, não por meio de direito e razão, mas de tiros e golpes de espada. Daí segue que a grosseria é uma qualidade que substitui ou supera todas as demais no *point d'honneur*; o mais grosseiro tem sempre razão: *quid multa?* [Para que todo o resto?] Não importa que estupidez, insolência, maldade alguém tenha cometido – por meio de uma grosseria ela será apagada enquanto tal e imediatamente legitimada. Caso, em uma discussão ou em qualquer conversa, eventualmente alguém demonstre um conhecimento mais correto do assunto, um amor mais rigoroso à verdade, um juízo mais são, mais entendimento que nós, ou deixe notar em si qualquer preponderância intelectual que nos obscureça; então podemos suspender imediatamente todas as superioridades desse tipo e a nossa própria carência por elas evidenciada e agora, invertendo a situação, nos fazermos superiores; basta tornarmo-nos ofensivos e grosseiros. Pois uma grosseria vence todo argumento e eclipsa todo espírito: se, portanto, o oponente não vier a entrar nesse jogo e a revidar com uma grosseria ainda maior, com o que entramos na nobre disputa da *avantage*; então permanecemos vencedores e a honra fica do nosso lado: verdade, conhecimento, intelecto, espírito, espirituosidade devem fazer as malas, derrotados pela divina grosseria. Por isso, as "pessoas de honra", assim que alguém manifesta uma opinião que desvie da sua ou que apenas revele mais inteligência do que elas são capazes de demonstrar, imediatamente se preparam para montar esse cavalo de batalha; e se, em uma controvérsia, acaso lhes faltar o contra-argumento, então procuram dizer uma grosseria, já que esta, sendo mais fácil de encontrar, presta o mesmo serviço: com isso, partem vitoriosos. Vê-se já com quanta razão se confere ao princípio de honra a fama de enobrecer o tom na sociedade. – Essa máxima, por sua vez, repousa sobre a seguinte, que é a verdadeira máxima fundamental e a alma de todo o código.

5) No que diz respeito à honra, a mais elevada instância à qual se pode apelar em todas as diferenças com qualquer um é a da violência física, ou seja, da animalidade. Pois toda grosseria é na verdade uma apelação à animalidade, na medida em que declara incompetentes a luta das forças intelectuais ou do direito moral, substituindo-as pela luta das forças físicas, a qual, no caso da espécie humana, definida por *Franklin* como um *tool-making animal* (animal produtor de ferramentas), é executada no duelo, com as armas que lhe são apropriadas, acarretando uma decisão irrevogável. – Esta máxima fundamental é sabidamente designada pela expressão *tomar a justiça nas próprias mãos* [*Faustrecht*], a qual é análoga à expressão *desvario* [*Aberwitz*] e, portanto, irônica como esta: a honra cavalheiresca deveria, portanto, de acordo com ela, chamar-se "honra de punho".* –

6) Vimos anteriormente que a honra civil é altamente escrupulosa no que diz respeito ao meu e ao teu, à obrigação contraída e à palavra dada; o código aqui considerado, em contrapartida, mostra nesses aspectos a mais nobre liberalidade. A saber, apenas *uma* palavra não pode ser quebrada, a palavra de honra, ou seja, a palavra antes da qual se disse: "pela minha honra!" – donde surge a pressuposição de que toda outra palavra pode ser quebrada. Até mesmo na quebra dessa palavra de honra é possível ainda, em caso de necessidade, salvar a honra por meio do antídoto universal, o duelo, no caso com aqueles que afirmam termos dado palavra de honra. – Mais além: há apenas *uma* dívida que deve ser paga incondicionalmente – a dívida do jogo, a qual, em conformidade com isso, também leva o nome de "dívida de honra". Por todas as

---

* A expressão *Faustrecht* (literalmente "direito de punho") tem o sentido de "tomar a justiça nas próprias mãos", uma contradição, já que fazê-lo implica numa suspensão da justiça e do direito. Daí Schopenhauer compará-la com o termo *Aberwitz*, que é composto do radical *Aber-*, uma partícula que indica ênfase (como p. ex. em *Aberglaube*, "*super*stição", ou *abermalig*, "*re*petido"), e da desinência *-witz*, "perspicácia", "espirituosidade", a qual, no entanto, significa "desvario", "insensatez". (N.T.)

demais dívidas pode-se trapacear tanto judeus como cristãos: isso não afeta absolutamente a honra cavalheiresca.* –

* Esse seria, pois, o código. E tão bizarros e grotescos revelam-se, quando trazidos para conceitos nítidos e proferidos com clareza, esses princípios que ainda nos dias de hoje são via de regra cultivados na Europa cristã por todos aqueles que pertencem à assim chamada boa sociedade e ao assim chamado bom-tom. Sim, muitos deles, nos quais esses princípios são inoculados desde a mais tenra juventude por meio de discursos e exemplos, creem neles com mais firmeza do que em qualquer catecismo, nutrem para com eles o mais profundo e sincero respeito, estão a cada instante prontos, com toda seriedade, a sacrificar sua felicidade, sua paz, sua saúde e sua vida por eles, creem que esses princípios radicam na natureza humana e que são, portanto, inatos, dotados de segurança *a priori*, acima de todo exame. Não pretendo, com isso, ofender seus corações, mas isso confere pouca honra à sua inteligência. Por isso, esses princípios não haverão de ser menos adequados a nenhuma classe do que justamente àquela que é determinada a representar a inteligência sobre a Terra, a ser o sal da Terra, e que agora deve se preparar para esse grande ofício, isto é, os jovens estudantes, os quais, na Alemanha, infelizmente nutrem esses princípios mais do que qualquer outra classe. Em vez de (como certa vez, quando eu ainda pertencia a ela, o mau filosofastro Johann Gottlieb Fichte, o qual os eruditos alemães ainda consideram com toda sinceridade um filósofo, fez em uma *declamatio ex cathedra*) enumerar a essa juventude, educada no helênio e no lácio, as desvantagens ou a imoralidade das consequências dos mencionados princípios, tenho apenas o seguinte a lhes dizer: vós, cuja juventude obteve como tutoras a língua e a sabedoria do helênio e do lácio, e sobre cujos espíritos se teve a inestimável preocupação de fazer incidir precocemente os raios iluminados dos sábios e nobres da bela Antiguidade, vós quereis, em posse disso, tornar esse código da insensatez e da brutalidade a norma de vosso modo de viver? – Vede-o, tal qual, trazido a conceitos nítidos, se encontra aqui diante de vós em sua deplorável tacanhez, e convertei-o em pedra de toque não de vossos corações, mas de vosso entendimento. Se este não o repudiar – então vossas cabeças não são apropriadas para trabalhar no campo onde as condições necessárias incluem um juízo enérgico, que rompa o laço do preconceito com facilidade, um entendimento correto e adequado, capaz de distinguir em sua pureza o verdadeiro e o falso mesmo lá, onde a diferença se encontra profundamente oculta, não estando evidente como aqui: nesse caso, portanto, meus caros, buscai sobreviver no mundo de outra maneira honesta, tornai-vos soldados ou aprendei um ofício, pois assim tereis a subsistência garantida. – (N.A.)

Agora, que esse estranho, bárbaro e ridículo código de honra não tenha surgido da essência da natureza humana ou de uma visão saudável das relações humanas, pode ser reconhecido à primeira vista por um olhar livre de preconceitos. Além disso, porém, esse fato é confirmado pelo campo deveras restrito de sua validade: pois ele se limita exclusivamente à Europa, e apenas desde a Idade Média, e também aqui somente entre os nobres, militares e aqueles que procuram imitá-los. Pois nem gregos, nem romanos, nem os ilustradíssimos povos asiáticos de tempos antigos e recentes sabem qualquer coisa dessa honra e de seus princípios. Nenhum deles conhece qualquer honra além daquela analisada em primeiro lugar. Entre todos eles, portanto, o homem vale por aquilo que sua ação manifesta acerca dele, e não por aquilo que qualquer língua solta resolve dele dizer. Entre todos eles o que alguém diz ou faz pode, decerto, aniquilar a sua *própria* honra, mas não a de um outro. Uma pancada é entre eles todos nada mais que uma pancada, que pode ser ainda mais perigosa se dada por qualquer cavalo ou jumento: dependendo das circunstâncias haverá de provocar a ira, também poderá ser vingada no mesmo instante: mas com a honra nada tem a ver, e de modo algum haver-se-á de registrar as pancadas ou os insultos, juntamente com as "satisfações" tiradas ou cujas oportunidades foram perdidas. Nenhum desses povos perde para os da Europa cristã em termos de valentia e desprezo à vida. Ora, gregos e romanos eram heróis completos: mas nada sabiam do *point d'honneur*. O duelo não era para eles coisa de nobres, mas de venais gladiadores, de escravos abandonados e de criminosos condenados, os quais, juntamente com animais selvagens, eram açulados uns contra os outros para entretenimento do povo. Com a introdução do cristianismo, os jogos de gladiadores foram suspensos: na era cristã, entretanto, entrou em seu lugar, por meio do juízo divino, o duelo. Se aqueles eram um cruel sacrifício à curiosidade mórbida geral, então este é um sacrifício cruel ao preconceito generalizado; porém, não como no caso dos gladiadores, um sacrifício de criminosos, escravos e prisioneiros, mas de homens livres e nobres.

Que esse preconceito era completamente estranho aos antigos é testemunhado por uma quantidade de traços para nós conservados.

Quando, por exemplo, um chefe teutônico desafiou [Caio] *Mário* a um duelo, o herói respondeu-lhe que "se ele estivesse enfastiado da vida podia enforcar-se"; ofereceu-lhe, entretanto, um gladiador veterano com o qual poderia se bater (Freinsheim, *Supplementorum Livianorum ad Christinam reginam decas*, livro LXVIII, cap. 12). Em Plutarco (*Temístocles* 11) lemos que o comandante Euribíades, em desavença com Temístocles, ergueu o cajado para bater nele; mas este não desembainhou com isso a espada, pelo contrário, disse o seguinte: πάταξον μὲν οὖν, ἄκουσον δέ – "bate-me, mas ouve-me". Com que indignação, porém, haverá o leitor "de honra" de sentir a falta do relato de que o corpo de oficiais ateniense tivesse declarado imediatamente não mais querer servir a um tal Temístocles! – É totalmente correto, portanto, aquilo que diz um escritor francês recente: *si quelqu'un s'avisait de dire que Démosthène fut un homme d'honneur, on sourirait de pité; – – – Cicéron n'était pas un homme d'honneur non plus* [se ocorresse a alguém dizer que Demóstenes teria sido um homem de honra, sorriríamos compassivamente; – Cícero tampouco foi um homem de honra] (*Soirées littéraires* [Saraus literários] de Charles Durand. Rouen 1828, vol. 2, p. 300). Ademais, a passagem de Platão (*Leis* IX, últimas seis páginas, assim como XI, p. 131, ed. Bipontini) sobre a αἰκία, ou seja, os maus tratos, demonstra suficientemente que os antigos não tinham qualquer noção do ponto de vista da honra cavalheiresca acerca de tais coisas. *Sócrates* foi maltratado repetidas vezes por consequência de suas frequentes polêmicas, o que ele suportava com serenidade: quando certa vez recebeu um pontapé, ele o tolerou com paciência e disse àquele que se admirava com isso: "Haveria eu, caso um jumento me desse um coice, de prestar queixas contra ele?" (Diógenes Laércio II, 21). Quando outra vez alguém lhe disse: "Não te insulta e injuria aquele homem?", sua resposta foi: "Não: pois o que ele diz não condiz com aquilo que sou" (*ibid.* 36). – Estobeu (*Florilegium*, ed. Gaisford, vol. I, p. 327-330) conservou-nos uma longa passagem de *Musônio*, da qual se vê como os antigos encaravam as injúrias: eles não conheciam nenhum outro desagravo além do jurídico; e homens sábios desdenhavam também este.

Que os antigos não conheciam outro desagravo para uma bofetada recebida além da jurídica, é nitidamente visível a partir do *Górgias* de Platão (p. 86 ed. Bipontini), onde também se encontra (p. 133) a opinião de Sócrates a respeito. O mesmo consta também no relato de Gélio ([*Noctes Atticae* – Noites áticas] XX, 1) sobre um certo Lúcio Verácio, o qual exercia a petulância de, sem motivo, distribuir bofetadas aos cidadãos romanos que encontrava pela rua, acompanhado de um escravo com um saco de moedas de cobre, o qual, então, para evitar todas as complicações a respeito, pagava imediatamente àquele assim surpreendido a indenização legal de 25 asses. *Crates*, o famoso cínico, recebera do músico Nicódromo uma bofetada tão violenta que seu rosto ficou inchado e ensanguentado: ao que ele afixou à testa uma tabuinha com a inscrição Νικόδρομος ἐποίει [foi Nicódromo que o fez] (*Nicodromus fecit*), com o que o flautista foi coberto de grande vergonha por ter exercido tal brutalidade contra um homem reverenciado por toda Atenas como um deus local (Apuleio, *Florida*, p. 126, ed. Bipontini; Diógenes Laércio VI, 89). – De *Diógenes* de Sínope possuímos uma carta a Melesipo sobre o fato de ter sido espancado por filhos bêbados de cidadãos atenienses, na qual diz que isso pouco importa (*Casauboni notae ad Diogenem Laertium* [Notas de Causaboni a respeito de Diógenes Laércio] VI, 33). – Sêneca, no livro *De constantia sapientis* [Da constância dos sábios], do capítulo 10 até o final, tomou a ofensa, *contumelia*, como objeto de uma consideração minuciosa, para demonstrar que o sábio não lhe dá atenção. No capítulo 14 ele diz: *"At sapiens colaphis percussus, quid faciet?" quod Cato, cum illi os percussum esset: non excanduit, non vindicavit injuriam: nec remisit quidem, sed factam negavit.* ["Mas que deve o sábio fazer quando esmurrado?" – Aquilo que fez Catão, quando lhe deram uma bofetada: ele não se exaltou, não vingou a injúria, tampouco desculpou-a, mas simplesmente negou o fato].

"Sim", exclamais, "esses eram sábios!" – E vós sois néscios? Pois bem, estou de acordo. –

Vemos, assim, que todo o princípio da honra cavalheiresca era totalmente desconhecido aos antigos, justamente porque em tudo eles se mantinham fiéis ao ponto de vista ingênuo, natural das coisas, não se deixando, portanto, convencer de tais práticas grotescas, sinistras e monstruosas. Por isso eram incapazes também de considerar um golpe no rosto algo mais do que é – uma pequena lesão física; enquanto que para os modernos se tornou uma catástrofe e um tema para tragédias, como por exemplo no *Cid* de Corneille, ou também em um drama burguês alemão mais recente*, chamado *O poder das relações*, mas que deveria chamar-se *O poder do preconceito*; e uma única bofetada aplicada na assembleia nacional de Paris ecoa pela Europa inteira. Às pessoas "de honra", porém, que devem estar incomodadas com as recordações clássicas e os exemplos da Antiguidade acima expostos, recomendo, como antídoto, a leitura da história do senhor *Desglands* na obra-prima de *Diderot*, *Jaques le fataliste*, como um modelo literário da moderna honradez cavalheiresca, com o qual poderão recrear-se e edificar-se.

A partir do que foi exposto fica suficientemente claro que o princípio cavalheiresco de honra não pode de modo algum ser primordial, fundado sobre a própria natureza humana. É, pois, um princípio artificial, e não é difícil encontrar sua origem. Ele é evidentemente filho daquele tempo em que os punhos eram mais bem treinados que as cabeças, e em que os padres mantinham a razão acorrentada, ou seja, da louvada Idade Média e de sua cavalaria. Pois nessa época não se deixava apenas o bom Deus prover para si, mas também julgar para si. Por isso casos de difícil resolução legal eram decididos por meio de ordálias ou juízos divinos: ora, estes consistiam, com poucas exceções, em duelos, e de modo algum apenas entre cavaleiros, mas também entre cidadãos – conforme atestado por um belo exemplo do *Henrique VI* de Shakespeare (Parte 2, ato 2, cena 3). Também era possível, em toda sentença judicial, apelar ao duelo como a instância mais elevada, a saber, como o juízo de Deus. Com isso, a força e a agilidade físicas, ou seja, a natureza animal, substituíam na verdade a razão no papel de juiz, e o que decidia quanto à justiça ou injustiça não era o que alguém fazia, mas o que lhe sucedia – exatamente como no

* De Ludwig Robert. (N.T.)

princípio de honra cavalheiresca ainda hoje válido. Quem ainda duvida dessa origem da instituição do duelo, que leia o excelente livro de John G. Mellingen, *The History of Duelling* [A história do duelo] (1849). Sim, mesmo hoje em dia encontram-se, entre os que vivem de acordo com o princípio da honra cavalheiresca, os quais conhecidamente não costumam ser exatamente os mais instruídos e refletidos, alguns que realmente consideram o resultado do duelo uma decisão divina da disputa que o provocou, certamente de acordo com uma opinião herdada pela tradição.

Desconsiderando-se essa origem do princípio da honra cavalheiresca, a sua tendência primária é a de querer, com a ameaça de violência física, forçar a manifestação exterior daquele respeito que se considera muito penoso ou supérfluo obter efetivamente. Isso é mais ou menos como se alguém, aquecendo o termômetro com as mãos, quisesse demonstrar com a elevação do mercúrio que seu quarto está bem aquecido. Visto mais de perto, o cerne da questão é o seguinte: assim como a honra civil, tendo em vista o trato pacífico com os demais, consiste na opinião destes de que nós merecemos completa *confiança* por respeitarmos incondicionalmente os direitos de cada um; a honra cavalheiresca consiste na opinião de que somos *temíveis* porque estamos dispostos a defender incondicionalmente os nossos próprios direitos. Como é difícil contar com a justiça dos homens, o princípio segundo o qual é mais essencial ser temido do que desfrutar de confiança não haveria de ser completamente falso caso vivêssemos no estado natural, em que cada um tem de proteger-se a si mesmo e de defender seus direitos imediatamente. Mas no estado civilizado, em que o Estado assumiu a proteção de nossa pessoa e de nossa propriedade, esse princípio não encontra mais qualquer aplicação, e encontra-se assim na mesma condição que os fortes e as atalaias dos tempos do direito de tomar a justiça nas próprias mãos, inútil e abandonado entre campos bem cultivados e estradas movimentadas ou mesmo vias férreas. Por isso, também a honra cavalheiresca, que mantém esse mesmo princípio, passou a dedicar-se a tais agravos pessoais que o Estado castiga apenas com leveza ou nem mesmo castiga, segundo o princípio: *de minimis lex* *non curat* [a lei não cuida de insignificâncias], já que são ofensas insignificantes e em parte meras zombarias. A honra cavalheiresca, porém, elevou-se com vistas a elas a uma sobrestima do valor da própria pessoa totalmente inadequada à natureza, à constituição e ao destino da humanidade*, elevando-o até uma espécie de santidade, considerando, consequentemente, o castigo do Estado para pequenas ofensas ao mesmo completamente insuficiente, e assumindo a aplicação da pena, que é executada sempre sobre o corpo e a vida do ofensor. É evidente que no fundo disso tudo encontram-se a mais desmedida altivez e a mais revoltante soberba, as quais, esquecendo por completo o que o ser humano realmente é, atribuem-lhe uma integridade incondicional e irrepreensibilidade.** Apenas que todo aquele que tem a intenção de impô-las com violência, proclamando

* O que significa, em geral: ofender a alguém? – Significa: confundir essa pessoa quanto à opinião elevada que tem de si mesmo. (N.A.)

** A honra cavalheiresca é filha da altivez e da nescidade. (A verdade a ela oposta é expressa da maneira mais precisa nas seguintes palavras de *El principe constante* [de Calderón]: "*Esa es la herencia de Adan*" [Essa é a herança de Adão]). É bastante notável que esse superlativo de toda altivez se encontre única e exclusivamente entre os membros daquela religião que faz da extrema humildade uma obrigação para seus devotos, já que nem tempos mais antigos nem outras partes do mundo conhecem esse princípio da honra cavalheiresca. Entretanto, não se pode atribuí-lo à religião, mas muito antes ao feudalismo, no qual cada nobre se via como um pequeno soberano que não reconhecia nenhum juiz humano acima de si, aprendendo assim a atribuir uma completa integridade e santidade à sua pessoa, de maneira que qualquer atentado contra ela, ou seja, cada pancada ou cada insulto, lhe parecia um crime castigável com a morte. Por isso o princípio de honra e os duelos eram originalmente assunto unicamente da nobreza e, consequentemente, em tempos posteriores, dos oficiais, aos quais depois vez ou outra as demais classes elevadas, para não parecerem de menor valor, aderiam, embora jamais completamente. Se também os duelos partiram das ordálias, estas não são, entretanto, a razão, mas a consequência e a aplicação do princípio de honra: quem não reconhece um juiz humano apela ao divino. As ordálias elas mesmas, porém, não são próprias ao cristianismo, tendo presença bastante forte também no hinduísmo, mas mais em tempos mais antigos: embora haja também agora sinais delas. – (N.A.)

a máxima: "quem me insultar ou me der uma pancada que seja, haverá de morrer" – merece, na verdade, já por isso, ser exilado do país. Apresentam-se então toda sorte de embelezamentos para essa arrogância desmedida. De duas pessoas intrépidas, diz-se, nenhuma haverá de ceder, de modo que se iria do mais leve encontrão ao insulto, daí à pancadaria e finalmente ao homicídio; por isso seria melhor, por conveniência, pular os passos intermediários e sacar logo as armas. O modo de ação mais específico aqui foi então fixado em um sistema rígido e pedante, dotado de leis e regras, a palhaçada mais séria do mundo, um verdadeiro templo da nescidade. Mas o próprio princípio é falso: quando se trata de questões de pouca importância (as importantes permanecem sempre a critério dos tribunais), uma de duas pessoas intrépidas haverá certamente de ceder, a saber, a mais astuta, e meras opiniões deixam-se estar, simplesmente. A prova disso é dada pelo povo, ou antes por todas as numerosas classes que não são partidárias do princípio de honra cavalheiresca, nas quais, portanto, as desavenças seguem seu curso natural: entre essas classes o homicídio é cem vezes mais raro do que naquela fração que cultiva esse princípio, a qual monta talvez a apenas um milésimo da coletividade; e mesmo uma pancadaria é raridade. – No entanto, é afirmado que o bom-tom e os costumes refinados da sociedade teriam como último sustentáculo esse princípio de honra com seus duelos, uma vez que estes seriam a muralha defensora contra as erupções da crueza e da descortesia. Ocorre, porém, que em Atenas, em Corinto e em Roma era com toda certeza possível encontrar boa sociedade, sim, mesmo muito boa, e também costumes refinados e bom-tom, sem que esse espantalho da honra cavalheiresca estivesse por detrás deles. É certo também que, diferente daqui, lá as mulheres não presidiam a sociedade, o que, além de conferir à conversação um caráter frívolo e trivial, banindo toda conversa de conteúdo, certamente também contribui muito para que em nossa boa sociedade a coragem pessoal obtenha uma posição acima de qualquer outra qualidade; enquanto que na verdade ela é bastante subordinada, uma mera virtude de sargento, sim, em que até mesmo animais nos superam, razão pela qual se diz, por exemplo: "coragem de leão". Inclusive, em contradição com a afirmação dada acima, o princípio de honra cavalheiresca chega frequentemente a ser o asilo seguro, assim como em grande escala da desonestidade e da ruindade, também em pequena da descortesia, da desconsideração e da rispidez, uma vez que uma grande quantidade de maus hábitos altamente importunos é tolerada em silêncio, apenas porque ninguém tem vontade de arriscar o pescoço por sua repreensão. – Em concordância com tudo isso, vemos o duelo florescer grandiosamente e ser praticado com seriedade sanguinária justamente naquela nação que demonstrou carência de verdadeira honradez em questões políticas e financeiras: como as coisas vão com isso em suas relações privadas pode ser inquerido àqueles que têm experiência no assunto. No que diz respeito, porém, à sua urbanidade e formação social, ela é famosa como modelo negativo.

Vemos, assim, que todos esses pretextos não se sustentam. Pode-se urgir com mais razão que, assim como um cão ao qual é rosnado rosna de volta, um adulado adula de volta, seria também próprio à natureza humana revidar todo encontro inamistoso com inimizade e sentir-se amargurado e irritado com sinais de desprezo ou de ódio; daí já dizer Cícero: *habet quendam aculeum contumelia, quem pati prudentes ac viri boni difficillime possunt* [a injúria deixa um aguilhão que é dificílimo aos homens prudentes e bons suportar (*In Verrem* [Contra Verres] III, 41, 95)] – como também em parte alguma do mundo (excetuando-se algumas seitas piedosas) insultos ou mesmo pancadas são suportados com serenidade. A natureza, no entanto, não leva absolutamente a algo além de uma retribuição adequada à situação, e menos ainda a castigar com a morte a acusação de mentira, estupidez ou covardia, e o antigo princípio alemão: "uma bofetada merece um punhal" é uma superstição cavalheiresca repugnante. Em todo caso, a retribuição ou revidação de ofensas é objeto da ira, mas de modo algum da honra e da obrigação, como faz parecer a honra cavalheiresca. É, muito antes, inquestionável que toda recriminação somente é capaz de ferir na medida em que é certeira; o que também se faz visível no fato de que a mínima insinuação certeira fere muito mais profundamente do que a mais pesada acusação, quando totalmente infundamentada. Quem, portanto, estiver realmente consciente de não merecer uma recriminação, pode desprezá-la descansadamente, e assim haverá de agir. O princípio de honra, em contrapartida, exige que se demonstre uma sensibilidade que absolutamente não se tem, vingando com sangue ofensas que não atingem. É preciso, porém, que aquele que se apressa em sufocar cada uma dessas manifestações contestadoras para que não se façam ouvir, tenha ele mesmo uma opinião fraca de seu próprio valor. Consequentemente, a verdadeira autoestima responderá a injúrias com verdadeira indiferença, e onde, por falta da mesma, esse não for o caso, a astúcia e a educação haverão de instruir a salvar a aparência de tê-la, ocultando a ira. Se, portanto, apenas se estivesse livre da superstição do princípio de honra cavalheiresca, de modo que ninguém mais pudesse supor tomar algo da honra de outrem ou recuperar a própria por meio de insultos, nem tampouco que toda injustiça, toda crudeza ou grosseria pudesse ser imediatamente legitimada por meio da prontidão para tirar satisfação, isto é, para se bater por ela; então logo se universalizaria a noção de que, quando se parte para difamações e insultos, aquele vencido nessa batalha é o vencedor, e de que, como diz *Vicenzo Monti*, as injúrias fazem como as procissões religiosas, que retornam sempre para o local de onde partiram. Ademais, não seria mais, como agora, suficiente que alguém trouxesse uma grosseria a público para ter razão; por conseguinte, a inteligência e o entendimento haveriam de manifestar-se então de maneira totalmente diferente do que agora, onde têm sempre de considerar primeiro se não vão de alguma maneira contra as opiniões da limitação e da estupidez, que se alarmam e amarguram já com seu mero surgimento, podendo com isso levar a cabeça em que aqueles vivem a ser arremessada contra o crânio achatado em que estas residem, como em um jogo de dados. Logo, a superioridade espiritual haveria então de obter o devido primado na sociedade de que usufruem agora, mesmo que de maneira encoberta, a superioridade física e a coragem de hussardos, e, consequentemente, as pessoas mais excelentes já teriam uma razão a menos do que agora para se retirarem da sociedade. Uma mudança dessa espécie, portanto, traria consigo o *verdadeiro* bom-tom e abriria caminho para a sociedade realmente boa, na forma em que sem dúvida existiu em Atenas, Corinto e Roma. E àquele que desejar ver uma prova da mesma sugiro a leitura do "Banquete" de Xenófanes.

A última defesa do código cavalheiresco, porém, será sem dúvida a seguinte: "Ai, mas então alguém poderia – Deus esteja conosco! – dar uma pancada no outro!" – ao que eu poderia responder brevemente que, entre os 999/1000 da sociedade que não reconhecem esse código, esse foi o caso com frequência suficiente, sem que jamais alguém tenha morrido disso, enquanto que entre os seguidores do mesmo toda pancada se torna via de regra fatal. Mas quero analisar a questão mais de perto. Esforcei-me com bastante frequência por encontrar, seja na natureza animal ou na natureza racional do homem, alguma razão sustentável ou ao menos plausível, que não consistisse em meros modos de dizer, mas que fosse reconduzível a conceitos nítidos, para a convicção, tão firme em uma parte da sociedade humana, do horror de uma pancada, porém em vão. Uma pancada é e permanece sendo um pequeno mal físico que qualquer ser humano pode causar ao outro, o qual, porém, não comprova nada além de que ele seja mais forte ou mais ágil, ou que o outro não estava atento. A análise não leva a nenhum resultado além desse. E logo vejo o mesmo cavaleiro, ao qual uma pancada de mão humana parece ser o maior dos males, receber uma pancada dez vezes mais forte de seu cavalo e, claudicando, tentando disfarçar a dor, assegurar que isso não teve qualquer importância. Pensei então que o problema estaria na mão humana. Mas vejo o nosso cavaleiro receber desta espadadas e golpes de sabre em combate e assegurar se tratar de algo insignificante, sem importância alguma. Então noto que mesmo pancadas com a lâmina espalmada não são nem de longe tão ruins quanto pauladas, de modo que há não muito tempo os cadetes eram expostos àquelas, mas não a estas: e o golpe com a lâmina espalmada chega a ser usado para nomear cavaleiros, sendo a maior honra de todas. Aí acabam-se as minhas razões psicológicas e morais, e não me resta nada além de considerar a coisa um velho e enraizado preconceito, um exemplo a mais de tantas coisas de que se pode convencer as pessoas. Isso é confirmado também pelo fato conhecido de que na China pancadas com a vara de bambu são um castigo civil muito comum, mesmo para funcionários de todas as classes; o que nos mostra que a natureza humana, e mesmo a altamente civilizada, não se manifesta lá da mesma maneira.* Um olhar livre de preconceitos sobre a natureza humana chega a ensinar que a pancadaria é tão natural ao ser humano como a mordida aos animais predadores e o chifrar aos cornados: ele é um animal espancador. Por isso também nos indignamos quando nos relatam o raro fato de uma pessoa ter mordido a outra; em contrapartida, que se dê e receba pancadas é um acontecimento tão natural quanto fácil de ocorrer. Que a educação mais elevada também prefira se abster da mesma por meio de autocontrole também é facilmente explicável. Mas ludibriar uma nação ou também apenas uma classe a crer que uma pancada seja uma desgraça terrível que deve ter assassinato e homicídio como consequência é uma crueldade. Há demasiados males verdadeiros no mundo para que não seja permitido aumentá-los ainda mais com males imaginários que levem a outros verdadeiros: isso, porém, é o que faz esse preconceito estúpido e maldoso. Eu preciso, pois, desaprovar inclusive que os governos e corpos legisladores o favoreçam ao insistir com fervor na abolição de todos os castigos físicos nos âmbitos civil e militar. Eles creem agir com isso no interesse da humanidade, enquanto que o caso é justamente o contrário, já que com isso trabalham na fixação dessa ilusão antinatural e monstruosa, que já fez tantas vítimas. Em todos os delitos, com exceção dos mais graves, o castigo corporal é o primeiro que vem à mente das pessoas, e portanto o mais natural: quem não foi receptivo a razões, haverá de sê-lo ao castigo corporal; e que aquele que não pode ser castigado por meio de multa, por não

---

* *Vingt ou trente coups de canne sur le derrière, c'est, pour ainsi dire, le pain quotidien des Chinois. C'est une correction paternelle du mandarin, laquelle n'a rien d'infamant, et qu'ils reçoivent avec action de grâces* [Vinte ou trinta golpes de vara sobre o traseiro são, por assim dizer, o pão cotidiano dos chineses. É uma correção paternal do mandarim, a qual nada tem de vergonhoso, e que eles recebem com gratidão]. – *Lettres édifiantes et curieuses* [Cartas edificantes e curiosas], edição de 1819, vol. 11, p. 454. (N.A.)

possuir propriedade, e a quem não se pode tomar a liberdade por se necessitar de seus serviços, seja castigado com uma surra moderada, é tão conveniente quanto natural. Tampouco são apresentadas quaisquer razões contra tal castigo, mas sempre meros discursos sobre a "dignidade humana", os quais não se apoiam sobre conceitos nítidos, mas justamente sobre a degradante superstição acima exposta. Que esta esteja no fundo da coisa tem uma confirmação quase ridícula no fato de que há pouco, em alguns países, o castigo corporal militar foi substituído pela *Lattenstrafe**, a qual, exatamente como aquele, consiste na provocação de uma dor corporal, embora supostamente não seja degradante para a honra e indignante.

Com um tal fomento da mencionada superstição faz-se o jogo do princípio de honra cavalheiresca e com isso também do duelo, enquanto que por outro lado se fazem ou se pretendem fazer esforços por acabar com ele por meio de leis.** Por consequência disso, para

---

* A *Lattenstrafe* (literalmente "castigo de estacas") consistia no aprisionamento, descalço e seminu, em uma pequena cela revestida de estacas pontiagudas. (N.T.)

** A verdadeira razão pela qual os governos aparentemente anseiam pela supressão do duelo e, embora seja evidente que, especialmente nas universidades, isso seria muito fácil, se portam como se apenas não conseguissem fazê-lo, parece-me ser a seguinte: o Estado não está em condições de pagar completamente os serviços de seus oficiais e funcionários civis com dinheiro; por isso deixa a outra metade de sua recompensa consistir na honra, a qual é representada por títulos, uniformes e ordens. Agora, para manter alto o valor dessa remuneração ideal de seus serviços, esse sentimento de honra precisa ser alimentado, aguçado, em todo caso exagerado em certa medida, de todos os modos possíveis: como, porém, a honra civil, por ser compartilhada com todos, não basta para essa finalidade, a honra cavalheiresca é tomada como meio auxiliar e mantida da maneira descrita. Na Inglaterra, onde a remuneração de militares e civis é muito mais elevada do que no continente, esse meio auxiliar não é necessário: por isso lá, especialmente nos últimos vinte anos, o duelo foi quase que completamente exterminado, ocorre hoje com muita raridade e é então ridicularizado como uma nescidade; a grande *Anti-Duelling-Society*, que conta com uma boa quantidade de lordes, almirantes e generais entre seus membros, certamente contribuiu muito para tal, e o Moloque precisa arranjar-se sem os seus sacrifícios. (N.A.)

escândalo de todos, esse fragmento do direito de tomar a justiça nas próprias mãos, herdado pelo século XIX dos mais rudes tempos da Idade Média, paira ainda sobre ele: já é hora de ser expulso, coberto de injúrias e vergonha. Pois hoje nem mesmo é permitido açular cães ou galos uns contra os outros (pelo menos na Inglaterra as rinhas são punidas); mas pessoas são açuladas umas contra as outras para lutas mortais, contra a sua vontade, pela ridícula superstição do absurdo princípio da honra cavalheiresca e seus obtusos representantes e administradores, os quais lhes impõem a obrigação de lutar como gladiadores por uma bagatela qualquer. Aos nossos puristas alemães sugiro, portanto, que se substitua a palavra "duelo", a qual provavelmente não vem do latim *duellum*, mas do espanhol *duelo*, sofrimento, lamentação, queixa, pela nomenclatura "rinha de cavaleiros". O pedantismo com o qual a nescidade é levada a cabo fornece, com efeito, material para risadas. No entanto, é revoltante que esse princípio e seu código absurdo fundem um Estado dentro do Estado, o qual, reconhecendo unicamente o direito de tomar a justiça nas próprias mãos, tiraniza as classes a ele submissas ao sustentar uma sagrada corte vêmica, diante da qual qualquer um, com pretextos muito fáceis de se provocar, pode convocar a qualquer outro como meirinho para submeter a si e ao outro a um juízo de vida ou morte. Naturalmente, este se converte em refúgio para que os mais abjetos, desde que pertençam àquelas classes, possam ameaçar, sim, eliminar deste mundo os mais nobres e os melhores, os quais, enquanto tais, devem ser-lhes necessariamente odiosos. Uma vez que hoje em dia a justiça e a polícia praticamente fizeram com que nenhum patife qualquer possa gritar para nós na estrada: "a bolsa ou a vida!", o bom senso deveria também finalmente impedir que, em meio a relações pacíficas, qualquer patife possa gritar para nós: "a honra ou a vida!". E das classes mais elevadas deveria ser tomado um peso das costas, o qual consiste em que cada um, a cada instante, possa se tornar responsável, com corpo e vida, pela crudeza, grosseria, estupidez ou maldade de algum outro que decidir manifestá-las contra ele. É vergonhoso que, quando dois jovens e inexperientes cabeças quentes se enfrentam com palavras, eles devam expiá-lo com seu sangue, sua saúde ou sua vida. É possível medir a terrível tirania desse Estado dentro do Estado e a dimensão do poder dessa superstição a partir do caso frequente de pessoas cuja honra cavalheiresca ferida era impossível de restituir devido à posição superior ou inferior ou a qualquer outra condição inconveniente do ofensor, que, desesperadas com a situação, tomaram a própria vida, encontrando assim um fim tragicômico. – Como, na maioria das vezes, o falso e o absurdo terminam se desvelando porque, quando levados ao extremo, engendram uma contradição como sua eflorescência, esta última aparece também aqui sob a forma da mais gritante antinomia, a saber: ao oficial é proibido o duelo; mas, caso se recuse a duelar, ele é punido com destituição.

Quero, porém, dado que já cheguei até aqui, seguir ainda mais além na parrésia. Vista à luz e sem preconceitos, a distinção, feita tão importante e tomada em tão alta estima, entre matar o inimigo em luta aberta, travada com armas iguais, ou por meio de uma emboscada, repousa unicamente sobre o fato de que, como dito, aquele Estado dentro do Estado não reconhece nenhum outro direito além do do mais forte, ou seja, o "direito de punho", e, elevando-o à condição de juízo divino, baseou nele o seu código. Pois no primeiro caso não se provou nada além de que se é ou mais forte ou mais ágil. A justificação que se busca na insistência em defender a luta aberta pressupõe, portanto, que o *direito do mais forte* seja efetivamente um *direito*. Na verdade, porém, a circunstância de que o outro não saiba se defender bem me dá certamente a possibilidade, mas de modo algum o direito de matá-lo; pelo contrário, este último, ou seja, a minha justificativa *moral*, pode basear-se unicamente nos *motivos* que tenho para tomar-lhe a vida. Suponhamos, agora, que existissem realmente motivos suficientes; então não há absolutamente qualquer razão para torná-los dependentes *também* da questão de qual de nós sabe atirar ou esgrimar melhor; pelo contrário, é indiferente a maneira pela qual eu lhe tomo a vida, se pela frente ou pelas costas. Pois o direito do mais forte não tem mais peso moral que o direito do mais astuto, empregado no assassinato insidioso: aqui o "direito do punho" tem o mesmo peso que o "direito da cabeça"; e note-se que também no duelo ambos são válidos, já que toda finta na esgrima é perfídia. Se me considero moralmente justificado para tomar a vida de alguém, então é estupidez deixar isso depender agora de se essa pessoa sabe porventura atirar ou esgrimar melhor do que eu – caso em que ela, que já me prejudicara, então haverá ainda de tomar-me a vida. Que ofensas não devem ser vingadas por meio de duelos, mas por assassinato insidioso, é a visão de *Rousseau*, à qual ele alude cautelosamente na 21ª nota ao quarto livro de *Emílio* (p. 173, ed. Bipontini), considerada tão misteriosa. Mas ele se encontra tão enredado na superstição cavalheiresca que a mera recriminação de ser mentiroso lhe parece ser justificação para um assassinato insidioso; enquanto que ele deveria saber que todo homem merece essa recriminação incontáveis vezes ao longo de sua vida, sim, ele mesmo no mais alto grau. É, porém, evidente que o preconceito que torna a justificação de matar o ofensor condicionada pela luta aberta com armas iguais considera o direito do mais forte um direito efetivo e o duelo um juízo divino. O italiano, em contrapartida, que, inflamado de ira, assalta seu ofensor com a faca onde o encontrar, sem mais, age pelo menos de maneira consequente e natural: ele é mais astuto, mas não pior que o duelista. Quiséramos dizer que justifico matar meu inimigo no duelo pelo fato de que ele também se esforça por me matar, então é de se objetar que eu, com o meu desafio, o pus em situação de autodefesa. Esse intencional pôr-se reciprocamente em situação de autodefesa é no fundo apenas a busca por um pretexto plausível para o assassinato. Antes deixava-se clara a justificativa com a máxima: *volenti non fit injuria* [a quem consente não se faz injúria], na medida em que se apostara a vida de comum acordo nesse jogo: mas é de se objetar a isso que o *volenti* não é bem correto, já que a tirania do princípio de honra cavalheiresca e de seu código absurdo é o meirinho que arrastou ambos ou pelo menos um dos dois paladinos para diante dessa sangrenta corte vêmica.

Estendi-me acerca da honra cavalheiresca, porém com boa intenção e porque o único Hércules contra os monstros morais e intelectuais deste mundo é a filosofia. São principalmente duas coisas que distinguem o estado social dos tempos modernos daquele da Antiguidade, para desvantagem do primeiro, uma vez que lhe conferiram um traço sisudo, taciturno, sinistro, livre do qual a Antiguidade aparece alegre e ingênua, como a aurora da vida. São estas: o princípio de honra cavalheiresca e a doença venérea – *par nobile fratrum!* [um nobre par de irmãos! (Horácio, *Sátiras* II, 3, 243.)] Juntos envenenaram νεῖκος καὶ φιλία [o ódio e o amor] da vida. Pois a doença venérea tem influência muito mais ampla do que poderia parecer à primeira vista, a qual não é de modo algum meramente física, mas também moral. Desde que a aljava de Amor carrega também setas envenenadas, um elemento de estranhamento, hostilidade, sim, algo de diabólico penetrou a relação dos gêneros entre si, graças ao qual esta se encontra perpassada por uma desconfiança soturna e amedrontada; e a influência mediata de uma tal modificação no fundamento de toda comunidade humana estende-se mais ou menos também sobre as demais relações sociais, cuja discussão aqui haveria de me desviar demais do assunto presente. – Análoga, embora de espécie totalmente distinta, é a influência do princípio de honra cavalheiresca, essa séria palhaçada, estranha aos antigos, que torna a sociedade moderna rígida, sisuda e amedrontada, já porque a mais sutil manifestação é escrutada e ruminada. Mas mais do que isso! Esse princípio é um minotauro universal, ao qual precisam ser levados em tributo, todos os anos, não como na Antiguidade, de um, mas de todos os países um número de filhos de casas nobres. Por isso já é hora de se fazer um ataque audaz contra esse espantalho, como ocorreu aqui. Que ambos os monstros dos tempos modernos encontrem seu fim no século XIX! Não queremos perder a esperança de que os médicos ainda consigam exterminar o primeiro por meio da profilaxia. Acabar com o *espantalho*, porém, é tarefa para o filósofo, por meio de correção dos conceitos, já que até agora os governos não conseguiram fazê-lo por meio da manipulação de leis, além de o mal só poder ser atacado na raiz pela primeira via. Se, entretanto, os governos estiverem realmente sérios quanto à erradicação da instituição do duelo, devendo-se o pouco sucesso de seu empenho de fato apenas à sua incapacidade; então quero sugerir-lhes uma lei cujo sucesso lhes garanto, a qual não recorre a operações sangrentas, nem ao cadafalso ou à forca ou à prisão perpétua. Trata-se muito antes de um pequeno, facílimo método homeopático: quem desafiar a um outro ou se apresentar para lutar receberá de um cabo, *à la chinoise* [ao modo chinês], doze pauladas à luz do dia e diante do corpo da guarda; os padrinhos e as testemunhas receberão cada um seis. Quanto às eventuais consequências de duelos realmente realizados, permaneceria o procedimento criminal usual. Talvez alguém dotado de sentimentos cavalheirescos haverá de objetar que após a execução de tal pena alguns "homens de honra" seriam capazes de suicidar-se com um tiro, ao que eu respondo: é melhor que um néscio como esse mate a si mesmo com um tiro do que a outros. – No fundo, porém, sei muito bem que os governos não estão seriamente empenhados em acabar com os duelos. Os salários dos funcionários civis, e mais ainda os dos oficiais (desconsiderando-se as posições mais elevadas), encontram-se muito abaixo do valor de seus serviços. De maneira que a outra metade lhes é paga com a honra. Esta é primeiramente representada por títulos e ordens, em sentido mais lato pela honra do cargo em geral. Ora, para essa honra do cargo o duelo é uma útil montaria de reserva; razão pela qual tem sua escola preparatória já nas universidades. As vítimas do mesmo pagam, assim, o déficit dos salários com seu sangue. –

Por questão de completude é de se mencionar aqui ainda a *honra nacional*. Ela é a honra de um povo todo enquanto parte da comunidade de povos. Já que nesta não há outro foro além do da violência, de maneira que cada membro da mesma tem de defender seus direitos por conta própria, então a honra de uma nação consiste não apenas na opinião adquirida de que ela seja confiável (crédito), mas também na de que ela seja temível: por isso ela não pode jamais deixar impune a usurpação de seus direitos. Ela unifica, portanto, o princípio da honra civil com o da cavalheiresca. –

Entre as coisas que se *representa*, ou seja, que se é aos olhos do mundo, foi contado acima na última posição a *fama*: ainda nos resta, pois, tomá-la em consideração. – Fama e honra são irmãs gêmeas; porém assim como os Dióscuros, dos quais Pólux era imortal e Castor mortal: a fama é a irmã imortal da honra mortal. É claro que isso vale apenas para a fama do gênero mais elevado, a fama verdadeira e autêntica: pois há sem dúvida também muita fama efêmera. – Ademais, a honra diz respeito apenas àquelas qualidades que são exigidas de todos que se encontrem nas mesmas circunstâncias, a fama apenas àquelas que não se pode exigir de ninguém; a honra diz respeito àquelas que todos podem atribuir a si publicamente, a fama àquelas que ninguém pode atribuir a si mesmo. Enquanto que a nossa honra tem a mesma extensão que a notícia que se tem de nós, a fama, ao contrário, antecipa-se à notícia que se tem de nós e a leva tão longe quanto ela mesma for. Todos têm direito à honra; à fama, somente os excepcionais: pois a fama é obtida apenas por meio de êxitos excepcionais. Estes, por sua vez, são *atos* ou *obras*, segundo os quais se abrem dois caminhos para a fama. Para a via dos *atos* capacita principalmente o coração grande; para a das *obras*, a grande cabeça. Cada um desses caminhos tem suas próprias vantagens e desvantagens. A principal diferença é que o atos são passageiros, as obras, perenes. Dos atos permanece apenas a memória, que se torna cada vez mais fraca, deturpada e indiferente, tendo até mesmo de se apagar gradualmente, caso a história não a acolher, transmitindo-a assim, petrificada, à posteridade. As obras, em contrapartida, são elas mesmas imortais e podem, especialmente as escritas, sobreviver a todos os tempos. Mesmo o ato mais nobre tem apenas uma influência temporária; a obra genial, em contrapartida, vive e age, benéfica e sublime, através de todos os tempos. De Alexandre, o Grande, vivem o nome e a lembrança: mas Platão e Aristóteles, Homero e Horácio ainda existem eles mesmos, vivendo e agindo imediatamente. Os vedas e seus Upanixades existem: mas de todos os atos que ocorreram em seu tempo não nos restou nenhuma notícia.* – Uma outra desvantagem dos atos é sua dependência da ocasião, a qual precisa primeiramente fornecer a possibilidade para sua execução; donde decorre o fato de sua fama não proceder unicamente de seu valor interno, mas também da situação, a qual lhes confere importância e esplendor. Além disso, quando, como na guerra, os atos são puramente pessoais, a fama é dependente do depoimento de poucas testemunhas oculares: estas nem sempre existem, e ademais nem sempre são justas e imparciais. Em contrapartida, os atos têm a vantagem de, enquanto práticos, se encontrarem no campo da faculdade geral do juízo humano; razão pela qual, sendo apenas os dados transmitidos corretamente, se lhes é feito justiça de maneira imediata, a não ser que seus motivos sejam reconhecidos corretamente ou avaliados com justiça apenas mais tarde: pois para entender qualquer ato é preciso conhecer seu motivo. Com as obras ocorre o contrário: sua gênese não depende da ocasião, mas unicamente do autor, e, enquanto durarem, permanecerão sendo aquilo que são em e para si mesmas. A elas cabe, em contrapartida, a dificuldade de julgar, e esta é tanto maior quanto mais elevadas forem: frequentemente faltam juízes competentes

---

* Por isso é um mau elogio quando, como é moda hoje em dia, se pretende honrar obras intitulando-as como atos: pois obras são de espécie essencialmente mais elevada. Um ato é sempre apenas uma ação segundo um motivo, portanto algo singular, passageiro e pertencente ao elemento universal e originário do mundo, a vontade. Uma grande ou bela obra, em contrapartida, é algo permanente, por ser de significação universal, e é fruto da inteligência inocente, pura, que emana como um perfume deste mundo da vontade.

Uma vantagem da fama do ato é que ele ocorre via de regra de maneira imediata, com uma forte explosão, frequentemente tão forte que é ouvida em toda a Europa; enquanto que a fama das obras surge lenta e gradualmente, primeiro em silêncio, então sempre mais alta, atingindo frequentemente sua força completa somente após cem anos: mas então ela permanece, pois as obras permanecem, chegando às vezes a atravessar milênios. O ato, em contrapartida, após terminada a primeira explosão, enfraquece pouco a pouco, tornando-se conhecido a sempre menos pessoas, até que finalmente passa a levar apenas na história uma existência fantasmagórica. (N.A.)

ou também imparciais e honestos. Por outro lado, porém, a fama das obras não é decidida por *uma* instância, mas é possível a apelação. Pois enquanto, como dito, dos atos apenas a memória chega à posteridade, e da maneira como os contemporâneos a transmitem; as obras, em contrapartida, chegam elas mesmas até lá, e, descontando-se alguns eventuais fragmentos faltantes, assim como são: aqui não há, portanto, nenhuma deturpação dos dados, e também a eventual influência negativa das circunstâncias quando de seu surgimento é posteriormente anulada. Muito antes ocorre com frequência que somente o tempo traga, de pouco em pouco, os poucos juízes realmente competentes, os quais, eles mesmos já exceções, julgam acerca de exceções ainda maiores: eles dão sucessivamente seus importantes votos, de maneira que, por vezes somente após séculos, se constitui um juízo completamente justo, o qual nenhum outro tempo vindouro é capaz de derrubar. Tão segura, sim, inevitável é a fama das obras. Que, porém, seu autor a vivencie, depende de circunstâncias externas e do acaso: isso é tanto mais raro quanto mais elevada e difícil a sua espécie. Em concordância com isso diz Sêneca (*Epistulae* 79), com beleza incomparável, que a fama segue o mérito de maneira tão infalível quanto a sombra segue o corpo, embora, é certo, assim como esta, por vezes à frente, outras atrás dele, e acrescenta, após essa explicação, o seguinte: *etiamsi omnibus tecum viventibus* silentium livor indixerit, *venient qui sine offensa, sine gratia judicent* [mesmo que *a inveja tenha cerrado os lábios* de todos que contigo viveram: haverão de vir aqueles que julguem sem favor ou desfavor], donde se vê, diga-se de passagem, que a arte de oprimir o mérito por meio do silêncio e do ignorar malicioso para ocultar ao público o que é bom em favor do que é ruim já era comum entre os velhacos da época de Sêneca, tanto quanto entre os da nossa, e que *a inveja cerrava os lábios* daqueles tanto quanto os destes. – Via de regra, a fama costuma surgir tanto mais tarde quanto mais houver de durar; assim como tudo que há de excelente amadurece devagar. A fama que quer se tornar póstuma é como um carvalho que brota de sua semente e cresce com grande lentidão; a fama fácil, efêmera, por outro lado, é como as plantas anuais, que crescem rapidamente, e a falsa fama como a erva daninha que brota velozmente e definha com igual rapidez. Isso deve-se na verdade ao fato de que, quanto mais alguém pertence à posteridade, isto é, à humanidade em geral e como um todo, tanto mais estranho será à sua própria época; porque aquilo que uma pessoa desse gênero produz não é dedicado à sua época em especial, ou seja, não pertence a ela enquanto tal, mas apenas na medida em que constitui uma parte da humanidade, e por isso não está tingido com suas cores locais: consequentemente, porém, é fácil que essa época a deixe passar por si como algo estranho. Ela valoriza muito mais aqueles que servem às questões de seus curtos dias ou ao humor do instante e que, portanto, pertencem unicamente *a ela*, vivem e morrem com ela. De acordo com isso, a história da arte e da literatura ensinam sempre que os mais altos serviços do espírito humano foram via de regra acolhidos com desfavor, permanecendo assim até que surgissem espíritos de espécie mais elevada que se sentissem tocados por eles e os trouxessem ao prestígio, no qual mais tarde se mantiveram por meio da autoridade assim adquirida. Tudo isso deve-se em última instância ao fato de que cada um só é capaz de entender e avaliar aquilo que lhe é homogêneo. Ora, mas o trivial é homogêneo ao trivial, o ordinário ao ordinário, o obscuro ao confuso, o descerebrado ao disparatado, e a todos agradam as próprias obras mais que todas as outras, por serem completamente homogêneas a eles. Por isso cantava já o antigo e fabuloso Epicarmo [Segundo Diógenes Laércio III, 16]:

> Θαυμαστὸν οὐδέν ἐστί, μὲ ταῦθ' οὕτω λέγειν,
> Καὶ ἀνδάνειν αὑτοῖσιν αὑτοὺς καὶ δοκεῖν
> Καλῶς πεφυκέναι· καὶ γὰρ ὁ κύων κυνί
> Κάλλιστον ἐὶμεν φαίνεται καὶ βοῦς βοΐ,
> Ὄνος δὲ ὄνῳ κάλλιστον, ὗς δε ὑΐ.

o que, para que ninguém o perca, quero traduzir para a nossa língua:

Não admira que eu fale em meu sentido
E que aqueles, presunçosos, estejam na ilusão
De que são dignos de louvor: assim o cão parece ao cão
A mais bela criatura, assim como o boi ao boi,
Também o jumento ao jumento e ao porco, o porco.

Assim como mesmo o braço mais forte, quando arremessa um corpo leve, é incapaz de conferir-lhe o movimento necessário para voar longe e atingir com ímpeto o seu alvo, caindo, débil, logo em seguida, por ter lhe faltado em conteúdo material próprio para acolher a força externa – o mesmo ocorre com belos e grandes pensamentos, sim, com obras-primas do gênio, quando não há nada além de cabeças pequenas, débeis ou oblíquas para acolhê-los. Para lamentar essa situação uniram-se em coro as vozes dos sábios de todos os tempos. Jesus Sirácida [*Eclesiastes* 22, 8-9], por exemplo, diz: "Quem fala com um néscio fala com um dormente. Quando o assunto acaba, ele diz: que foi?" – E Hamlet [Shakespeare, *Hamlet* IV, 2]: *A knavish speech sleeps in a fools ear* (Um discurso ardiloso dorme no ouvido de um néscio). E Goethe:

A palavra mais feliz é escarnecida
Quando o ouvinte é um ouvido oblíquo.

Divã ocidental-oriental IV, 1]

e outra vez:

Nada geras, sequer um bocejo.
Não te aflijas!
Pedra no brejo
Não faz ondinhas.

[*Sprichwörtlich* [Proverbial]]

E Lichtenberg [*Aphorismen*, ed. Leitzmann, D 396 e F III]: "Se o choque entre uma cabeça e um livro produz um som oco;

dever-se-á isso sempre ao livro?" – e outra vez: "Tais obras são espelhos: quando um macaco as vê, não pode um apóstolo encará-lo de volta". Sim, o belo e tocante lamento de Gellert a respeito merece também ser trazido novamente à lembrança:

Que amiúde os dotes grandes
Possuam menos admirantes
E do mundo a parte maior
Tome por bom o que é pior;
É a mais comum das chagas.
Mas como a peste é combatida?
Eu bem duvido que essa praga
Possa da Terra ser varrida.

Um meio só no mundo há
Mas um penoso por demais:
Os néscios têm de se ilustrar;
Mas ai! não o farão jamais.
Nada sabem valorizar.
Seu olho vê, não entenderam:
Só louvam sempre o que é vulgar,
Porque o bom não conheceram.

[Christian Fürchtegott Gellert, *Die beiden Hunde* [Os dois cães]]

A essa incapacidade intelectual das pessoas, graças à qual, como diz Goethe [*Os anos de aprendizado de Wilhelm Meister*, livro 7, cap. 9], o que é excelente é reconhecido e apreciado ainda mais raramente do que encontrado, junta-se agora, como em toda parte, também sua ruindade moral, que se manifesta aqui como inveja. Pois por meio da fama que alguém adquire, ele se eleva ainda mais acima de todos de sua espécie: estes são, portanto, rebaixados na mesma medida, de modo que todo mérito excepcional obtém sua fama às custas daqueles que não o têm.

Quando damos honra a outros
Rebaixamos a nós mesmos.

Goethe, *Divã ocidental-oriental* V, 7

Disso explica-se por que, qualquer que seja o gênero em que o excelente aparecer, toda a tão numerosa mediocridade se associa imediatamente e conspira para não admiti-lo, sim, para, onde for possível, sufocá-lo. Sua palavra de ordem secreta é: *à bas le mérite!* [abaixo o mérito!] Mas nem sequer aqueles que possuem eles mesmos mérito e já obtiveram a fama pelo mesmo assistirão com prazer ao surgimento de uma nova fama, por meio de cujo esplendor o de sua própria fama brilha tanto menos. Por isso diz Goethe:

Se hesitado tivera
Até que me dessem vida,
Não estaria na terra –
Lição que é aprendida
Se virdes o quanto se aferra
Quem, só para afirmar-se,
Bem gostaria negar-me.

[*Xênia mansa*, V]

Enquanto, pois, a *honra* encontra via de regra juízes justos, não sendo combatida pela inveja, sim, sendo acreditada de antemão a cada um, pela *fama* é preciso lutar, a despeito da inveja, e os louros são distribuídos por um tribunal de juízes decididamente desfavoráveis. Pois podemos e queremos dividir a honra com todos; a fama, em contrapartida, é reduzida ou dificultada por cada um que a obtém. – Ademais, a dificuldade de obter fama por meio de obras encontra-se em proporção inversa com o número de pessoas que compõe o público de tais obras – por razões evidentes. Por isso essa dificuldade é muito maior em obras que prometem instrução do que nas que prometem divertimento. Ela atinge o grau máximo nas obras filosóficas, porque a instrução que prometem é de um lado incerta e, de outro, sem utilidade material; além de aparecerem primeiramente para um público composto de meros rivais. – Fica claro, a partir dessa exposição das dificuldades que se opõem à obtenção da fama, que, se aqueles que concluem obras dignas de fama não o fizessem por amor a essas obras mesmas e por seu próprio prazer, mas necessitassem do estímulo da fama, a humanidade teria obtido poucas obras imortais, ou mesmo nenhuma. Sim, aquele que deve produzir o bom e o correto e evitar o que é ruim precisa até mesmo opor-se ao juízo da multidão e de seus porta-vozes e, logo, desdenhá-los. A isso deve-se a correção da observação, salientada especialmente por *Osório* (*De gloria*), de que a fama foge daqueles que a buscam e persegue aqueles que a desprezam: pois aqueles acomodam-se ao gosto de seus contemporâneos, estes opõem-se a eles.

Por mais difícil que seja obter fama, tanto mais fácil é mantê-la. Também aqui ela se encontra em oposição à honra. Esta é até mesmo creditada a cada um de antemão: é preciso apenas mantê-la. Nisso, porém, consiste a tarefa: pois ela é irreparavelmente perdida por meio de uma só ação indigna. A fama, em contrapartida, não pode, na verdade, jamais ser perdida: pois o ato ou a obra por meio de que foi obtida mantém-se firme para sempre, e sua fama permanece para seu autor, mesmo que ele não lhes acrescente nada de novo. Se, porém, a fama realmente se perder, se seu autor sobreviver a ela, então ela era falsa, isto é, imerecida, fruto de uma superestima momentânea; isso quando não se trata de uma fama como a que Hegel teve e que Lichtenberg [*Vermischte Schriften* [Escritos mistos], IV, p. 15] descreveu:

> divulgada por uma junta amistosa de candidatos e propagada pelo eco de cabeças vazias: – – – mas a posteridade, como haverá de sorrir quando um dia bater nas coloridas construções verbais, nos belos ninhos de modas passadas e moradas de acordos mortos, e encontrar tudo, tudo vazio, nem mesmo o menor pensamento que pudesse dizer com confiança: *entre!*

Na verdade, a fama baseia-se sobre aquilo que alguém é em comparação com os demais. Por isso ela é essencialmente relativa, e, logo, só pode ter um valor igualmente relativo. Ela desapareceria completamente se os outros fossem aquilo que o famoso é. Somente o valor que é conservado sob todas as condições pode ser considerado absoluto, o que neste caso é o valor daquilo que se é imediatamente e para si mesmo: consequentemente, o valor e a felicidade do grande coração e da grande cabeça devem estar aqui. Ou seja, não a fama, mas aquilo pelo qual se a merece é valioso. Pois isso é como que a substância, enquanto que a fama é apenas um acidente: sim, esta tem sobre o famoso principalmente o efeito de um sintoma externo, por meio do qual ele obtém a confirmação da própria alta estima que tem de si mesmo; de modo que se pode dizer que, assim como a luz não é absolutamente visível se não for refletida por um corpo, também toda excelência torna-se realmente certa de si somente por meio da fama. Apenas que ela não é nem mesmo um sintoma inequívoco, já que há também fama sem mérito e mérito sem fama; razão pela qual uma expressão de Lessing resulta tão adequada: "Algumas pessoas são famosas, e outras merecem sê-lo". Também seria uma existência miserável aquela cujo valor ou desvalor repousasse sobre a maneira como aparece aos olhos de outros: tal seria, porém, a vida do herói e do gênio, caso seu valor consistisse na fama, quer dizer, na aprovação alheia. Pelo contrário, a realidade é que cada ente vive e existe por causa de si, e portanto também em primeira instância em si e para si. – Aquilo que se é, não importando o modo pelo qual seja, é-se primeira e principalmente para si mesmo: e se aqui não se tem muito valor, então não se é absolutamente muita coisa. A impressão de sua pessoa nas cabeças de outros, em contrapartida, é algo secundário, derivado e submisso ao acaso, que remete ao primeiro, àquilo que se é, apenas de maneira altamente mediada. Além disso, as cabeças da multidão são um teatro demasiado miserável para que a verdadeira felicidade pudesse ter seu lugar nele. Pelo contrário, lá só é possível encontrar uma felicidade quimérica. Pois que sociedade mista se encontra unida nesse templo da fama universal: generais, ministros, charlatães, saltimbancos, dançarinos, cantores, milionários e judeus: sim, as qualidades deles todos são lá avaliadas com muito mais franqueza, encontram muito mais *estime sentie* [estima sentida] do que as intelectuais, especialmente as de espécie elevada, as quais obtêm da grande maioria apenas uma *estime sur parole* [estima sobre o crédito da palavra]. Com vistas ao eudemonismo, portanto, a fama nada mais é que o mais raro e delicioso bocado para nosso orgulho e nossa vaidade. Estes, porém, estão presentes em quantidade desmedida na maioria das pessoas, embora elas os ocultem, talvez até mesmo de maneira mais forte naqueles que são de alguma maneira adequados para obter a fama, tendo assim, na maioria das vezes, de carregar em si por longo tempo a consciência insegura de seu valor superior, antes que chegue a oportunidade de pô-lo à prova e então experimentar o reconhecimento do mesmo: até então sentem-se como se fossem vítimas de uma injustiça secreta.* Em geral, porém, conforme discutido no início deste capítulo, o valor que as pessoas depositam sobre a opinião alheia é totalmente desproporcional e irracional; de maneira que *Hobbes* expressou a coisa, embora de maneira um tanto enérgica, mas talvez também correta, nas palavras: *omnis animi voluptas, omnisque alacritas in eo sita est, quod quis habeat quibuscum conferens se, possit magnifice sentire de se ipso* [todo gozo da alma e toda alegria depende de ter pessoas em comparação com as quais se possa ter uma alta estima de si mesmo] (*Do cidadão* I, 5). Disso explica-se o alto valor que geralmente se dá à fama e os sacrifícios que se faz na mera esperança de um dia obtê-la:

> *Fame is the spur, that the clear spirit doth raise*
> *(That last infirmity of noble minds)*
> *To scorn delights and live laborious days.*
> [A fama é a espora capaz de elevar o espírito lúcido
> (Essa última enfermidade de mentes nobres)
> A desprezar delícias e viver dias de labuta.
> (John Milton, *Lycidas*, 70)]

como também:

---

* Já que nosso maior prazer consiste em ser *admirado*, os admiradores, porém, mesmo quando há plena razão para tal, apenas consentem com relutância em admirar; então o mais feliz é aquele que, não importando como, se tornou capaz de admirar-se a si mesmo com franqueza. Basta que os outros não o confundam quanto a essa estima. (N.A.)

...how hard it is to climb
The heights where Fame's proud temple shines afar.
[Como é difícil escalar
As alturas de onde o orgulhoso templo da fama resplandece à distância.
(Beattie, *The minstrel* [O menestrel], I)]

Com isso explica-se também, finalmente, por que a mais vaidosa de todas as nações vive com as palavras *la gloire* na boca, sem hesitar em vê-las como o motor principal para grandes atos e obras. – Ocorre, porém, que, como a fama é indiscutivelmente apenas secundária, o mero eco, a imagem, a sombra, o sintoma do mérito, e como, em todo caso, aquilo que é admirado precisa ter mais valor do que a admiração; a verdadeira causa da felicidade não pode estar na fama, mas tão somente naquilo por meio de que se a obtém, isto é, no próprio mérito, ou, para falar com precisão, no ânimo e nas capacidades dos quais partiu, sejam morais ou intelectuais. Pois é necessário que cada um seja o melhor que é para si mesmo: o que disso se espelha nas cabeças de outros e o que a pessoa é em sua opinião é algo secundário, podendo ter somente um interesse subordinado para ela. Quem, portanto, apenas *merecer* a fama, mesmo sem obtê-la, possui já o elemento que é de longe o principal, e aquilo de que carece é algo pelo qual pode se consolar com o próprio mérito. Pois o que torna alguém invejável não é que ele seja considerado um grande homem pela multidão desajuizada e frequentemente enganada, mas que ele o seja; tampouco é uma grande felicidade que a posteridade o conheça, mas que nele se criem pensamentos que mereçam ser conservados e refletidos através de séculos. Além do mais, isso é algo que não lhe pode ser tomado: é τῶν ἐφ' ἡμῖν [algo que depende de nós]; a fama, porém, é τῶν οὐκ ἐφ' ἡμῖν [algo que não depende de nós].* Fosse a própria admiração o elemento principal, então o admirado não seria digno dela. Esse é efetivamente o caso na fama falsa, isto é, desmerecida. Desta fama precisa alimentar-se o seu possuidor, sem ter realmente

* Expressões estoicas. (N.T.)

aquilo do qual ela deve ser o sintoma, o mero resplendor. Mas até mesmo essa própria fama há de ser frequentemente arruinada para ele, quando, vez ou outra, apesar de todo o autoengano surgido do amor-próprio, ele sente vertigem nas alturas para as quais não é apto, ou tem a impressão de ser um ducado de cobre; situação em que é tomado pelo medo de ser descoberto e da merecida humilhação, sobretudo quando ele já lê nos semblantes dos mais sábios o juízo da posteridade. Ele é, pois, como o proprietário por meio de um falso testamento. – A fama mais autêntica, a fama póstuma, jamais é experimentada por seu objeto, e mesmo assim ele é considerado feliz. A sua felicidade consistia, portanto, nas próprias grandes qualidades que lhe conferiram a fama, e no fato de ter encontrado oportunidade para desenvolvê-las, isto é, que lhe tenha sido concedido agir conforme lhe era apropriado ou dedicar-se àquilo a que se dedicava com prazer e amor: pois apenas as obras nascidas de prazer e amor obtêm fama póstuma. Sua felicidade consistia, portanto, em seu grande coração ou também na riqueza de um espírito cuja impressão em suas obras obtém a admiração de séculos vindouros; ela consistia no próprio pensamento cuja reflexão se tornou a ocupação e o prazer dos mais nobres espíritos de um futuro incalculável. O valor da fama póstuma encontra-se, pois, em seu mérito, e ele é sua própria recompensa. Agora, se eventualmente as obras que a obtiveram também gozaram entrementes de fama entre os contemporâneos terá dependido de condições casuais, não tendo sido de grande importância. Pois, como as pessoas via de regra não têm juízo próprio, e como, sobretudo, não têm capacidade para avaliar trabalhos elevados e difíceis, seguem aqui sempre a autoridade alheia, e a fama de gênero elevado repousa, em 99 de cada 100 louvadores, unicamente sobre confiança e crença. Por isso, mesmo a aprovação majoritária dos contemporâneos pode ter apenas pouco valor para as cabeças pensantes, já que nela ouvem sempre apenas o eco de poucas vozes, as quais, aliás, são elas mesmas somente as que estão disponíveis. Haveria um virtuose de se sentir lisonjeado com o sonoro aplauso de seu público, caso soubesse que este é composto, com uma ou duas exceções, de um bando de surdos, que, para ocultar mutuamente seu defeito, aplaudem avidamente assim que veem movimentar-se as mãos daquele único? E ainda se a isso se somasse o conhecimento de que aqueles primeiros aplaudidores frequentemente se deixam subornar para proporcionar ao mais mísero violinista o mais alto aplauso? – A partir disso explica-se por que a fama entre os contemporâneos vivencia tão raramente a metamorfose em fama póstuma; razão pela qual *d'Alembert* diz, em sua belíssima descrição do templo da fama literária: "O interior do templo é habitado unicamente por mortos que nele não estiveram durante a vida, e por alguns vivos, os quais, quase todos, haverão de ser expulsos quando morrerem". E note-se aqui, de passagem, que erigir um monumento a alguém ainda vivo significa dar a entender que não é confiável que a posteridade haverá de fazê-lo. – Se, não obstante, alguém vivencia a fama que deve tornar-se póstuma, então isso haverá de ocorrer raramente antes da velhice: há, decerto, exceções a essa regra entre artistas e poetas, mas pouquíssimas entre os filósofos. Uma confirmação disso é dada pelos retratos dos homens famosos por suas obras, os quais são na maioria das vezes realizados somente após o início de sua celebridade: via de regra são representados velhos e grisalhos, sobretudo os filósofos. Entretanto, de um ponto de vista eudemonológico, a coisa está totalmente justificada. Fama e juventude de uma só vez é demais para um mortal. Nossa vida é tão pobre que seus bens precisam ser distribuídos economicamente. A juventude tem abundância de suas próprias riquezas e pode satisfazer-se com elas. Mas a velhice, quando todos os prazeres e alegrias morreram, como as árvores no inverno, é o momento mais oportuno para que cresça a árvore da fama, como uma verdadeira perenifólia: também pode-se compará-la com as peras de inverno, que crescem no verão, mas são desfrutadas no inverno. Não há mais belo consolo na velhice do que ter incorporado toda a força de sua juventude em *obras* que *permaneçam jovens*.

Se quisermos agora considerar ainda um pouco mais de perto as vias pelas quais se obtém a fama nas ciências, como o campo mais próximo de nós, então é possível estabelecer aqui a seguinte regra: a superioridade intelectual designada por tal fama é sempre revelada por meio de uma nova combinação de certos dados. Estes, por sua vez, podem ser de espécies muito diferentes; entretanto, a fama a ser obtida por meio de sua combinação será tanto maior e extensa quanto mais esses dados mesmos forem universalmente conhecidos e acessíveis a todos. Se, por exemplo, os dados consistirem em alguns números ou curvas, ou também em algum fato específico da física, da zoologia, da botânica ou da anatomia, ou ainda em algumas passagens corruptas de autores antigos ou em inscrições semiapagadas ou tais cujo alfabeto nos falta, ou em pontos obscuros da história; então a fama a ser obtida por meio da combinação correta dos mesmos não haverá de se estender muito além do conhecimento dos próprios dados, isto é, a um pequeno número de pessoas, em sua maioria de vida retraída e invejosas quanto à fama em seu ramo de pesquisa. – Se, em contrapartida, os dados forem tais que a humanidade inteira os conheça, se forem, por exemplo, propriedades essenciais do entendimento ou da mente, comuns a todos, ou forças da natureza cujo modo de ação temos diante dos olhos a todo tempo, ou o transcorrer da natureza universalmente conhecido em geral; então a fama de os ter iluminado por meio de uma nova, importante e evidente combinação irá estender-se com o tempo sobre quase toda a humanidade civilizada. Pois se os dados são acessíveis a todos, então sua combinação haverá de sê-lo também, na maioria dos casos. – Todavia, a fama corresponderá aqui sempre unicamente à dificuldade superada. Pois, quanto mais universalmente conhecidos forem os dados, tanto mais difícil será combiná-los de maneira nova e ainda assim correta; já que uma quantidade enorme de cabeças tentou fazê-lo, esgotando as combinações possíveis dos mesmos. Em contrapartida, os dados que, inacessíveis ao grande público, são alcançáveis somente por caminhos penosos e difíceis permitem quase sempre ainda novas combinações: se, portanto, são abordados apenas com um entendimento reto e com um juízo saudável, ou seja, com uma superioridade intelectual moderada, então é bem possível que se tenha a felicidade de fazer uma nova e correta combinação dos mesmos. Apenas que a fama obtida por meio disso terá mais ou menos os mesmos limites que o conhecimento dos dados. Pois a solução de problemas dessa espécie exige certamente muito estudo e trabalho, somente para obter esse conhecimento; enquanto que naquela outra espécie, com a qual justamente é possível obter maior e mais extensa fama, os dados são fornecidos gratuitamente: ocorre, no entanto, que, na mesma medida em que essa última espécie de problemas exige menos trabalho, é preciso mais talento, sim, genialidade para resolvê-los, e estes são incomparáveis a qualquer trabalho ou estudo com vistas ao valor e à estima.

Disso resulta, agora, que aqueles que sentem em si um entendimento hábil e um juízo correto, sem, porém, se julgarem possuidores dos mais elevados dons espirituais, não podem se poupar de muito estudo e de trabalho estafante para, por meio destes, escapar à grande multidão de pessoas e aos dados universalmente conhecidos e chegar às paragens mais remotas, acessíveis apenas à diligência do erudito. Pois aqui, onde o número de competidores é infinitamente reduzido, também a cabeça minimamente superior logo encontrará oportunidade para uma nova e correta combinação dos dados: o mérito de sua descoberta haverá até mesmo de apoiar-se em parte sobre a dificuldade para obter os dados. Mas o aplauso assim obtido de seus companheiros de estudo, os únicos conhecedores nesse ramo, haverá de ser percebido apenas à distância pela grande multidão. – Agora, se quisermos seguir até o extremo o caminho aqui indicado, então é possível encontrar o ponto em que os dados por si só, unicamente devido à grande dificuldade de sua obtenção e sem que uma combinação dos mesmos seja exigida, são suficientes para fundamentar a fama. O que ocorre no caso de viagens a terras muito distantes e pouco visitadas: fica-se famoso por aquilo que se viu, e não por aquilo que se pensou. Esse caminho tem também uma grande vantagem no fato de ser muito mais fácil comunicar aos outros aquilo que se viu do que aquilo que se pensou, assim como é igualmente mais fácil compreendê-lo: de maneira que se haverá de encontrar muito mais leitores para o que foi visto do que para aquilo que foi pensado. Pois, conforme já diz Asmus [Matthias Claudius]:

Se alguém sai de viagem
Tem algo a contar.
[*Urians Reise um die Welt* [A viagem de Urian ao redor do mundo]]

A isso tudo corresponde também que, ao conhecermos pessoalmente gente famosa dessa espécie, nos venha frequentemente à mente a observação horaciana:

Coelum, non animum, mutant qui trans mare currunt.
[De clima, não de alma, muda quem atravessa o mar.
(*Epístolas* I, II, 27)]

Agora, no que diz respeito, por outro lado, à cabeça dotada de capacidades elevadas, a qual é a única que pode ousar solucionar os grandes problemas que, por se referirem ao universal e ao todo, são também os mais difíceis, ela fará bem em expandir seu horizonte na medida do possível, porém sempre uniformemente para todos os lados e sem jamais se perder em alguma das regiões específicas e conhecidas apenas a poucos, quer dizer, sem penetrar profundamente as especialidades de alguma ciência particular, muito menos ocupar-se de micrologias. Pois uma pessoa como essa não tem necessidade de se aplicar a objetos dificilmente acessíveis para escapar do aperto dos competidores; pelo contrário, justamente aquilo que está diante de todos irá fornecer-lhe material para combinações novas, importantes e verdadeiras. De acordo com isso, porém, seu mérito poderá ser apreciado por todos aqueles aos quais os dados são conhecidos, isto é, por uma grande parte da espécie humana. A isso deve-se a imensa diferença que há entre a fama obtida por poetas e filósofos e aquela alcançável a físicos, químicos, anatomistas, mineralogistas, zoólogos, filólogos, historiadores etc.

Capítulo V

Parêneses e máximas

Menos ainda do que em qualquer outra parte tenho aqui o objetivo de atingir a completude, já que, do contrário, teria de repetir as regras de vida, em parte excelentes, de Teógenes e Pseudo-Salomão até Rochefoucauld, percurso em que também não poderia evitar muitos lugares-comuns já repisados. Com a completude, porém, também a ordem sistemática é em grande parte suprimida. Quanto a ambas, que o leitor se console com o fato de que, em assuntos desta espécie, elas têm quase que inevitavelmente o tédio como consequência. Forneci apenas aquilo que me veio à mente, que me pareceu merecer a comunicação e, até onde possa me lembrar, ainda não tenha sido dito, ou pelo menos não exatamente desta maneira, e portanto somente um suplemento àquilo já realizado por outros neste campo inabarcável.

Para, todavia, trazer alguma ordem à grande multiplicidade dos pontos de vista e conselhos que pertencem a este ponto, quero dividi-los em gerais, em tais que dizem respeito à nossa relação conosco mesmos, depois com os demais, e por fim com o curso do mundo e com o destino.

A. Gerais

1) Como a regra suprema de toda sabedoria de vida vejo uma sentença proferida incidentalmente por *Aristóteles* na *Ética a Nicômaco* (VII, 12): ὁ φρόνιμος τὸ ἄλυπον διώκει, οὐ τὸ ἡδύ (*quod dolore vacat, non quod suave est, persequitur vir prudens*. A versão latina da sentença é fraca: ela seria melhor vertida para nosso idioma, como por exemplo: "Não o contentamento, mas a

ausência de dor é o que o homem razoável persegue" ou: "O homem razoável persegue a ausência de dor, não o prazer"). A verdade da mesma deve-se ao fato de todo prazer e toda felicidade serem de natureza negativa, a dor, em contrapartida, positiva. A exposição e a fundamentação desta última sentença encontra-se em minha obra magna vol. I, § 58. Quero, porém, ilustrá-la ainda com um fato cotidianamente observável. Se todo o corpo está saudável e são, a não ser por uma pequena ferida ou qualquer outro ponto dolorido, então a saúde do todo não entra mais na consciência, mas, pelo contrário, a atenção volta-se constantemente à dor do ponto ferido e o bem-estar de todo o conjunto da sensibilidade vital é suspenso. – Igualmente, quando todos os nossos assuntos vão de acordo com nossa vontade, a não ser por *um*, que vai contra nossa intenção, então este, mesmo se for de importância mínima, volta-nos sempre renovadamente à mente: pensamos frequentemente nele e pouco em todas aquelas outras coisas mais importantes que vão de acordo com nossa vontade. – Ora, em ambos os casos é a vontade que está sendo prejudicada, uma vez tal qual se objetiva no organismo, outra, nos anseios do homem, e em ambas vemos que sua satisfação tem um efeito sempre apenas negativo, não sendo, pois, absolutamente sentida, pelo contrário, quando muito, vindo à consciência pela via da reflexão. Em contrapartida, sua inibição é o que há de positivo e que, por conseguinte, se anuncia a si mesmo. Todo prazer consiste apenas na suspensão dessa inibição, na libertação desta, e é, portanto, de curta duração.

Nisso baseia-se, pois, a regra aristotélica acima louvada, a qual nos instrui a não almejar os prazeres e as comodidades da vida, mas, pelo contrário, a buscar escapar de seus inúmeros males, na medida do possível. Não fosse esse caminho o correto, então também o dito de *Voltaire*: *le bonheur n'est q'un rêve, et la douleur est réelle* [a felicidade nada mais é que um sonho e a dor é real (Carta ao marquês de Florian de 16 de março de 1774)] precisaria ser tão falso quanto de fato é verdadeiro. Consequentemente, aquele que quer extrair o resultado de sua vida com vistas à eudemonologia deve fazer a conta não das alegrias de que gozou, mas dos males de que escapou. Sim, a eudemonologia deve começar com o ensinamento de que seu próprio nome é um eufemismo e que sob "viver feliz" deve ser entendido apenas "viver menos infeliz", isto é, de maneira suportável. Além do mais, a vida não existe para ser desfrutada, mas para que a superemos e dela nos despojemos: isso é designado também por algumas expressões como *degere vitam*, *vita defungi* [levar a vida / resistir à vida], em italiano *si scampa così* [assim se vai levando], em alemão "é preciso procurar escapar ileso da vida", "ele haverá de atravessar a vida" etc. Sim, é um consolo na velhice ter o trabalho da vida atrás de si. De acordo com isso, tem o destino mais feliz aquele que passa a vida sem dores excessivas, tanto espirituais como corporais; e não aquele ao qual tiverem cabido as alegrias mais intensas ou os maiores prazeres. Quem quiser medir a felicidade de uma vida segundo estes últimos, utiliza-se de uma medida equivocada. Pois os prazeres são e permanecem sendo negativos: que confiram felicidade é um ilusão que a inveja nutre para seu próprio castigo. As dores, em contrapartida, são sentidas positivamente: por isso sua ausência é a medida da felicidade de uma vida. Se ainda se somar a um estado livre de dores a ausência de tédio, então a felicidade terrena terá sido essencialmente alcançada: pois o restante é quimera. Ora, disso segue que não se deve jamais comprar prazeres com dores, sim, nem mesmo com o perigo de sofrê-las; porque, caso contrário, algo negativo e quimérico estará sendo pago com algo positivo e real. Em contrapartida, permanece-se no lucro quando se sacrifica prazeres para evitar dores. Em ambos os casos é indiferente se as dores seguem ou precedem os prazeres. É realmente um grande absurdo querer transformar este palco de lamentos em um jardim de prazeres e, no lugar da maior ausência de dores possível, ter como meta prazeres e alegrias; como, no entanto, tantos fazem. Engana-se muito menos aquele que, com um olhar demasiado sombrio, vê este mundo como uma espécie de inferno, e que, consequentemente, pensa apenas em conseguir para si um aposento à prova de fogo. O tolo persegue os prazeres da vida e descobre-se ludibriado: o sábio evita os males. Se, no entanto, também isso lhe sair mal, então é culpa do destino, e não de sua tolice. Na medida, porém, em que tem sucesso em fazê-lo, ele não é ludibriado: pois os males de que se esquivou são altamente reais. Mesmo se ele eventualmente tiver se afastado demais deles, sacrificando prazeres sem necessidade, nada foi na verdade perdido: pois todos os prazeres são quiméricos e afligir-se por tê-los perdido seria mesquinho, sim, ridículo.

A incompreensão dessa verdade, favorecida pelo otimismo, é fonte de muita infelicidade. Pois, enquanto estivermos livres do sofrimento, desejos inquietos espelham para nós as quimeras de uma felicidade que absolutamente não existe, induzindo-nos a persegui--la: com isso recairão sobre nós dores inegavelmente reais. Então lamentamo-nos acerca do estado indolor perdido, o qual fica para trás, como um paraíso perdido por falta própria, e desejamos em vão poder anular o ocorrido. Assim parece que um demônio malvado nos faz sair a todo tempo do estado livre de dor, o qual é a mais alta felicidade real, por meio das fantasmagorias dos desejos. – Inocente, o jovem crê que o mundo existe para ser desfrutado, que ele é morada de uma felicidade positiva, a qual é perdida apenas por aqueles aos quais falta a habilidade para dominá-lo. Essa crença é fortalecida por romances e poemas, como também pela hipocrisia, que sempre e por toda parte encobre o mundo com a aparência exterior, à qual retornarei em breve. Desse ponto em diante, sua vida passa a ser uma caça mais ou menos refletida à felicidade positiva, a qual deve consistir, enquanto tal, em prazeres positivos. Os perigos aos quais se é exposto durante essa caça precisam ser confrontados. Mas essa caça a um animal que nem mesmo existe leva via de regra a uma infelicidade deveras real e positiva, a qual se faz sentir como dor, sofrimento, doença, perda, preocupação, pobreza, vergonha e mil necessidades. A desilusão vem tarde demais. – Se, em contrapartida, pela perseguição da regra aqui considerada, o plano da vida tiver em vista evitar os sofrimentos, ou seja, afastar a carência, a doença e toda necessidade, então o objetivo é algo real: então é possível realizar algo, e tanto mais quanto menos esse plano for perturbado pela aspiração à quimera da felicidade positiva. Com isso concordam também as palavras que *Goethe*, em *As afinidades eletivas*, põe na boca de *Mittler*, sempre ocupado com a felicidade alheia: "Quem quer se livrar de um mal sabe sempre o que quer: quem quer algo melhor do que tem é completamente cego". E isso lembra o belo provérbio francês: *le mieux est l'ennemi du bien* [o melhor é o inimigo do bom]. Sim, disso é até de se derivar o pensamento fundamental do cinismo, conforme o apresentei em minha obra magna, vol. 2, cap. 16. Pois o que teria movido os cínicos a dispensarem todos os prazeres, a não ser justamente que tenham pensado nas dores ligadas a eles de maneira mais ou menos direta, cuja evitação lhes parecia muito mais importante do que a obtenção daqueles? Eles foram profundamente tomados pelo conhecimento da negatividade do prazer e da positividade da dor; por isso, consequentes, faziam de tudo para evitar os males, considerando para tal, porém, necessária a completa e intencional rejeição dos prazeres; porque viam nestes meras armadilhas que nos entregam à dor.

Nascidos na Arcádia, como diz Schiller*, somos todos, decerto: quer dizer, entramos no mundo plenos de pretensões a felicidade e prazer e nutrimos a tola esperança de realizá-las. Via de regra, porém, vem logo o destino, apanha-nos com dureza e ensina-nos que nada é *nosso*, mas tudo *dele*, tendo ele um direito incontestável, não apenas a todas as nossas posses e aquisições, a mulher e filhos, mas até mesmo a braço e perna, olho e orelha, sim, ao nariz em meio ao nosso rosto. Em todo caso, porém, vem após algum tempo a experiência, trazendo consigo a compreensão de que felicidade e prazer são uma miragem que, visível apenas à distância, desaparece quando dela nos aproximamos; que, em contrapartida, o sofrimento e a dor têm realidade, representando a si mesmos imediatamente, não necessitando de nenhuma ilusão ou esperança. Se, agora, o ensinamento é frutífero, então deixamos de caçar felicidade e prazer e estamos muito mais interessados em bloquear, na medida do possível, o acesso à dor e ao sofrimento. Reconhecemos, então, que o melhor que o mundo tem a oferecer é uma existência indolor, tranquila, suportável, e limitamos nossas pretensões a ela para conseguir obtê-la com tanto mais segurança. Pois o meio mais seguro para não se tornar muito infeliz é não

* No poema *Resignation*. (N.T.)

exigir ser muito feliz. Isso reconhecera também *Merck*, o amigo de infância de Goethe, que escreveu: "A desagradável pretensão à felicidade arruína tudo neste mundo, e justamente na medida em que sonhamos obtê-la. Quem for capaz de se livrar dela e nada cobiçar além do que tiver diante de si, poderá sair à frente" (*Briefe an und von Merck* [Cartas a e de Merck], p. 100). É, pois, aconselhável reduzir e moderar as pretensões a prazer, posse, posição, honra etc.; porque são justamente o anseio e a luta por felicidade, esplendor e prazer que levam aos maiores infortúnios. Ademais, isso é aconselhável já porque não é nada difícil ser muito infeliz; ser muito feliz, em contrapartida, não é apenas difícil, mas absolutamente impossível. Com toda razão, portanto, canta o poeta da sabedoria de vida:

Auream quisquis mediocritatem
Diligit, tutus caret obsoleti
Sordibus tecti, caret invidenda
Sobrius aula.

Saepius ventis agitatur ingens
Pinus et celsae graviore casu
Decidunt turres feriuntque summos
Fulgura montes.

[Quem aprecia a áurea mediocridade
Prudente, livra-se da sujeira
De podres casebres, moderado, fica livre
De invejados palácios.

Os ventos sacodem mais furiosos o enorme
Pinheiro: e com maior estrondo caem
Altas torres: e os raios os mais altos
Montes fulminam.

(Horácio, *Odes* II, 10, 5-12)]

Quem, porém, assimilou completamente a doutrina de minha filosofia, e sabe, portanto, que nossa existência como um todo é algo que seria melhor que não fosse, e cuja negação e rejeição é a maior sabedoria, não haverá tampouco de nutrir grandes esperanças de coisa ou situação alguma, nem ansiará apaixonadamente por nada no mundo, nem fará grandes queixas quando falhar em alguma coisa; mas, pelo contrário, haverá de ser permeado pelo οὔτε τι τῶν ἀνθρωπίνων ἄξιόν μεγάλης σπουδῆς [tampouco vale muito esforço qualquer assunto humano] platônico (*República* X, [6,] 604). Veja-se a epígrafe do *Gulistan* de Saadi, traduzida por Graf:

> Se um mundo de posses escapar-te,
> Não sofras por isso, nada é.
> E se um mundo de posses ganhaste,
> Não te alegres por isso, nada é.
> Fugazes são a dor e o deleite,
> Passa ao largo do mundo, nada é.
> *Anwari Soheili*

O que, porém, dificulta especialmente a aquisição desses conhecimentos benfazejos é a já acima mencionada hipocrisia do mundo, a qual, portanto, deveria ser desvelada desde a juventude. A grande maioria das maravilhas são mera ilusão, como a decoração do teatro, e falta-lhes a essência. Por exemplo, navios decorados com flâmulas e grinaldas, tiros de canhão, iluminações, tímpanos e trombetas, júbilos e gritos etc., tudo isso é o rótulo, a insinuação, o hieróglifo da *alegria*: mas na maioria dos casos a própria alegria não se encontra lá; apenas ela não compareceu à festa. Onde ela realmente aparece, vem via de regra sem ter sido convidada e sem aviso, por si mesma e *sans façon* [sem alarido], sim, ela vem em silêncio, na ponta dos pés, frequentemente nas ocasiões mais insignificantes e fúteis, sob as condições mais cotidianas, sim, quase nunca em ocasiões esplendorosas ou gloriosas: ela é como o ouro na Austrália, dispersa aqui e ali segundo o humor do acaso, sem qualquer regra ou lei, na maioria das vezes apenas em grãozinhos minúsculos, muito raramente em grandes massas. Em todas essas coisas acima mencionadas, em contrapartida, também o objetivo é apenas fazer os outros crerem que a alegria apareceu aqui: a intenção é criar essa ilusão na cabeça alheia. Assim como com a alegria, ocorre também com a aflição. Como vem melancólico aquele longo e lento cortejo fúnebre! Não tem fim a fila de carruagens. Mas espiai lá dentro: todas estão vazias, e o falecido é na verdade conduzido ao túmulo apenas por todos os cocheiros da cidade – eloquente imagem da amizade e da estima neste mundo! Eis, pois, a falsidade, a vacuidade e a hipocrisia do agir humano. – Outro exemplo é dado por muitos convidados em trajes de gala em uma festividade; são o rótulo da nobre e elevada sociabilidade: mas em seu lugar vieram via de regra apenas a coação, o tormento e o tédio: pois já onde há muitos convidados há também muita gentalha – por muitas estrelas que venham a ter sobre o peito. Pois a sociedade realmente boa é, sempre e necessariamente, muito pequena. Sim, as festas esplendorosas, ruidosas, trazem em geral sempre um vazio, mesmo uma dissonância em si, já simplesmente porque contradizem em altas vozes a miséria e a carência de nossa existência, elevando a verdade por meio do contraste. Visto de fora, porém, tudo isso tem seu efeito: e era esse o objetivo. De maneira primorosa diz, portanto, *Chamfort*: *la société, les cercles, les salons, ce qu'on appelle le monde, est une pièce misérable, un mauvais opéra, sans intérêt, qui se soutient un peu par les machines, les costumes, et les décorations* [a sociedade, os círculos, os salões, isso que é chamado de mundo, é uma peça miserável, uma ópera ruim, sem interesse, que se sustenta um pouco pelo maquinário cênico, pelos trajes e pela decoração (*Máximas e pensamentos*, cap. III)]. – Igualmente, também as academias e as cátedras filosóficas são o rótulo, a aparência exterior da *sabedoria*: mas também ela recusou na maioria dos casos o convite e encontra-se em lugares totalmente distintos. – Badalar de sinos, trajes clericais, gestos piedosos e comportamento grotesco são o rótulo, a falsa aparência da devoção etc. – Dessa maneira, quase tudo no mundo deve ser considerado como sendo nozes ocas: o miolo é em si raro, e mais raro ainda é que ele se encontre dentro da casca. Ele é de se buscar em lugares totalmente distintos, e na maioria das vezes é encontrado apenas por acaso.

2) Para avaliar a condição de uma pessoa com vistas à sua felicidade, não se deve perguntar por aquilo que a diverte, mas por aquilo que a aflige: pois quanto mais insignificante isso for, tomado em si mesmo, tanto mais feliz é a pessoa; pois é necessário um estado de bem-estar para ser sensível a ninharias: na infelicidade absolutamente não as sentimos.

3) Guarde-se de construir a felicidade de sua vida sobre muitas exigências, isto é, sobre um *fundamento largo*: pois, apoiando-se sobre ele, haverá de desmoronar com mais facilidade, já que oferece oportunidade para muito mais acidentes, os quais não tardam a vir. Nesse aspecto, portanto, o edifício de nossa felicidade comporta-se de maneira inversa a todos os outros, que são mais firmes quanto mais largo o seu fundamento. Reduzir, na medida do possível, as pretensões com vistas aos meios disponíveis é, pois, o caminho mais seguro para escapar à grande infelicidade.

Em geral é uma das maiores e mais frequentes tolices fazer qualquer espécie de *amplos preparativos* para a vida. Pois em tais preparações conta-se, em primeiro lugar, com uma vida humana inteira e completa: o que, no entanto, é alcançado por muito poucos. Além disso, mesmo quando se vive tanto assim, a vida resulta demasiado curta para os planos, pois sua execução sempre exige muito mais tempo do que fora presumido: ademais, como todas as coisas humanas, também estas estão submetidas de tantas maneiras ao fracasso e a obstáculos que raramente são levadas a cabo. Finalmente, mesmo que ao final também tudo tenha sido alcançado, foram ainda ignoradas as transformações que o tempo gera em *nós mesmos*; ou seja, não foi considerado que nossas capacidades, tanto para trabalhar como para desfrutar, não se mantêm ao longo de toda a vida. Daí vem que frequentemente trabalhemos por coisas que, quando finalmente obtidas, não nos são mais convenientes; como também que passemos com as preparações para uma obra os anos que desapercebidamente nos tomam as forças para a execução da mesma. Assim ocorre frequentemente que a riqueza, obtida com tanto esforço e perigo, não mais nos é desfrutável, e que terminamos, assim, trabalhado para outros; ou também que não estejamos mais em condições de ocupar o posto finalmente alcançado por meio de longos anos de trabalho e ambição: as coisas nos vieram tarde demais. Ou também, inversamente, vamos tarde demais às coisas – a saber, onde se trata de trabalhos ou de produção: o gosto dos tempos modificou-se; veio uma nova geração que não tem mais os mesmos interesses; outros anteciparam-se a nós por caminhos mais curtos etc. Horácio tem tudo isso mencionado sob este item em mente quando diz:

> *...quid aeternis minorem*
> *Consiliis animum fatigas?*
> [Por que com eternos projetos
> a débil alma fatigas?
> (*Odes* II, XI, 11-12)]

A ocasião para esse erro frequente é a inevitável ilusão ótica do olho espiritual, graças à qual a vida, vista a partir da entrada, parece infinita, porém muito curta quando, a partir do final, se olha para o caminho percorrido. É certo, porém, que essa ilusão tem algo de bom: pois sem ela dificilmente seriam realizadas coisas grandes.

Em geral, porém, ocorre conosco na vida como com o caminhante, diante do qual, na medida em que avança, os objetos assumem novas formas, diferentes das que mostravam à distância, como que transformando-se na medida em que se aproxima deles. Assim ocorre especialmente com nossos desejos. É frequente que encontremos algo completamente diferente, sim, melhor do que procurávamos; frequentemente também encontramos aquilo que procurávamos, mas por um caminho totalmente distinto do que aquele que tomáramos de início, em vão. Sobretudo lá onde buscávamos prazer, felicidade, alegria, encontramos frequentemente em seu lugar aprendizado, compreensão, conhecimento – um bem permanente, verdadeiro, no lugar de algo passageiro e ilusório. É esse também o pensamento que perpassa o *Wilhelm Meister* como um baixo fundamental, uma vez que este é um romance intelectual e por isso de espécie mais elevada do que todos os demais, até do que os de Walter Scott, que, em seu conjunto, são apenas éticos, apreendendo a natureza humana apenas pelo lado volitivo. Também na *Flauta mágica*, esse grotesco porém significativo e ambíguo hieróglifo, está simbolizado o mesmo pensamento fundamental, embora em traços largos e grosseiros, como os da decoração teatral; sim, haveria de sê-lo de maneira perfeita se ao final Tamino, recomposto de seu desejo de possuir Tamina, tivesse exigido e obtido, em vez dela, apenas a iniciação no templo da sabedoria; em contrapartida, é adequado que seu oposto necessário, Papageno, receba sua Papagena. – Pessoas superiores e nobres logo dão-se conta dessa instrução pelo destino e entregam-se-lhe dóceis e agradecidas: notam que é possível encontrar aprendizado no mundo, mas não felicidade. Acostumam-se, portanto, e satisfazem-se em trocar esperanças por compreensão, e dizem finalmente com Petrarca:

> *Altro diletto, ch' emparar, non provo.*
> [Não provo outro deleite senão o de aprender.
> (*Triunfo do amor*, I, 21)]

Podem até mesmo chegar ao ponto de, em certa medida, seguirem seus desejos e anseios apenas aparentemente, com jocosidade, esperando, na verdade, em seriedade interior, apenas aprendizado; o que então lhes confere um traço contemplativo, genial, sublime. – Pode-se dizer também, nesse sentido, que ocorre conosco como com os alquimistas, os quais, enquanto buscavam apenas ouro, descobriram a pólvora, a porcelana, remédios e mesmo leis naturais.

B. Referentes à nossa relação conosco mesmos

4) Como o trabalhador que ajuda a erigir um edifício ou não conhece o plano do todo ou, se o conhece, nem sempre o tem presente, assim relaciona-se o ser humano, ao desfiar os dias e as horas de sua vida, com o todo de seu curso e com seu caráter. Quanto

mais digna, significativa, planejada e individual esta for, tanto mais é necessário e benfazejo que um esboço reduzido da mesma, seu plano, lhe seja de vez em quando visível. É sem dúvida também pertinente que a pessoa tenha tido uma pequena iniciação no γνῶθι σεαυτόν [conhece-te a ti mesmo], isto é, que saiba o que realmente quer, principalmente e acima de tudo que saiba, portanto, o que é o mais essencial para sua felicidade, como também o que ocupa o segundo e o terceiro lugar; assim como, também, que reconheça qual é, no geral, sua vocação, seu papel e sua relação com o mundo. Ora, se estes forem de espécie significativa e grandiosa, então a visão do plano de sua vida em medidas reduzidas haverá, mais do que qualquer outra coisa, de fortalecê-la, animá-la, elevá-la, estimulá-la à atividade e afastá-la de desvios.

Assim como o caminhante vê e reconhece o conjunto do caminho percorrido, com todas as suas curvas e sinuosidades, apenas quando chega a uma certa altura; da mesma maneira reconhecemos somente ao final de um período de nossa vida, ou mesmo da vida inteira, a verdadeira coerência de nossos atos, trabalhos e obras, sua consequência e seu encadeamento exatos, sim, também o valor dos mesmos. Pois, enquanto estivermos em meio a eles, agiremos sempre apenas segundo as propriedades fixas de nosso caráter, sob influência dos motivos e segundo a medida de nossas capacidades, ou seja, necessariamente, sem exceção, fazendo a cada instante somente aquilo que agora nos parece correto e adequado. Apenas o resultado mostra-nos o que daí se fez, e o olhar retrospectivo sobre todo o conjunto mostra-nos o como e o porquê. Justamente por isso também não estamos conscientes dos grandes atos em si mesmos enquanto os realizamos, ou das obras imortais enquanto as criamos, mas meramente como algo adequado aos nossos fins presentes, correspondente às nossas intenções daquele momento, e portanto como o apropriado para aquele instante: mas apenas a partir do todo em seu conjunto destacam-se mais tarde o nosso caráter e as nossas capacidades: e vemos, então, em cada momento particular, que tomamos, como que por inspiração, o único caminho correto entre mil desvios – guiados por nosso gênio. Tudo isso vale tanto no âmbito teórico como no prático, e no sentido inverso para o que é ruim e fracassado. – A importância do presente é raramente reconhecida de imediato, mas somente muito mais tarde.

5) Um ponto importante da sabedoria de vida consiste na proporção correta em que dedicamos nossa atenção em parte ao presente, em parte ao futuro, para que um não arruíne o outro. Muitos vivem demasiado no presente: os levianos – outros vivem demasiado no futuro: os receosos e inquietos. Raramente alguém haverá de manter a medida exatamente correta. Aqueles que, ansiosos e esperançosos, vivem apenas no futuro, veem sempre adiante e avançam com impaciência ao encontro das coisas vindouras, como se somente estas fossem trazer a verdadeira felicidade, entrementes deixando passar o presente sem atentar a ele nem desfrutá-lo, são, apesar de suas expressões ressabidas, comparáveis àqueles jumentos na Itália, cujo passo é acelerado atando-se um feixe de feno a uma vara presa à sua cabeça, o qual veem sempre bem diante de si e esperam alcançar. Pois enganam-se a si mesmos durante toda sua existência, vivendo sempre apenas *ad interim* [adiantadamente] – até morrerem. – Portanto, em vez de nos ocuparmos exclusiva e constantemente com planos e preocupações futuras, ou também com a nostalgia de coisas passadas, não deveríamos jamais esquecer que unicamente o presente é real e certo; enquanto que o futuro, em contrapartida, resulta quase sempre diferente de como o pensamos; sim, mesmo o passado foi diferente; de maneira que ambos são de muito menos importância do que nos parece. Pois a distância, que diminui as coisas para o olho, aumenta-as para o pensamento. Somente o presente é verdadeiro e real: ele é o tempo realmente preenchido, e nossa existência encontra-se exclusivamente nele. Por isso deveríamos sempre considerá-lo digno de uma recepção calorosa, fruir conscientemente cada hora suportável e livre de adversidades ou dores imediatas, isto é, não turvá-la com expressões aborrecidas sobre esperanças perdidas no passado ou preocupações com o futuro. Pois é extremamente tolo afastar de si uma boa hora presente ou arruiná-la intencionalmente por desgosto com o passado ou preocupação com o vindouro. Há um tempo determinado para a

preocupação, sim, mesmo para o arrependimento; após esse tempo, porém, deve-se pensar o seguinte sobre o ocorrido:

> Ἀλλὰ τὰ μὲν προτετύχθαι ἐάσομεν ἀχνύμενοί περ,
> Θυμὸν ἐνὶ στήθεσσι φίλον δαμάσαντες ἀνάγκῃ,
> [Mas por mais que nos magoe, queremos deixar passar
> E, por mais difícil que nos seja, domar a indisposição no coração
>
> (Homero, *Ilíada* XVII, 112 s.)]

e sobre o vindouro:

> Ἦτοι ταῦτα θεῶν ἐν γούνασι κεῖται,
> [Mas isso está no regaço dos deuses
> (Homero, *Odisseia* I, 267)]

mas sobre o presente: *singulas dies singulas vitas puta* [vê os dias singulares como singulares vidas] (*Sêneca* [*Epistulae* 101, 10]) e tornar esse único tempo real tão agradável quanto possível.

Têm direito de inquietar-nos somente aqueles males futuros que são certos e cujo momento de aparecimento também é certo. Estes, porém, haverão de ser muito poucos: pois os males são ou meramente possíveis, ou, quando muito, prováveis; ou são certos, mas o momento de seu surgimento é totalmente incerto. Se nos deixamos tomar por essas duas espécies de males futuros, então não temos mais um momento tranquilo sequer. Para não perder a tranquilidade de nossas vidas por males incertos ou indeterminados, precisamos, portanto, acostumar-nos a ver aqueles como se jamais viessem; e estes como se certamente não viessem logo.

Agora, quanto mais o temor dá lugar à tranquilidade, tanto mais inquietam os desejos, as cobiças e as pretensões. A canção tão querida de *Goethe*: "Pus minha confiança em nada"* diz, na verdade, que apenas quando se é abandonado por todas as pretensões

---

* Estrofe inicial de *Vanitas! Vanitatum vanitas!* (N.T.)

possíveis e reconduzido à existência nua e crua é que se terá parte naquela tranquilidade espiritual que compõe o fundamento da felicidade humana, necessária para tornar o presente e, com ele, toda a vida desfrutável. Justamente para esse fim deveríamos estar lembrados constantemente de que o dia de hoje vem apenas uma vez e jamais retorna. Mas temos a ilusão de que ele retorna amanhã: no entanto, amanhã é outro dia, que também só vem uma vez. Esquecemos, porém, que cada dia é uma parte integrante e, logo, insubstituível da vida, e vêmo-los muito antes como contidos nesta como os indivíduos no conceito geral. – Igualmente, apreciaríamos e fruiríamos mais o presente caso estivéssemos sempre conscientes, em dias bons e saudáveis, como, em dias de doença ou aflição, a memória nos apresenta cada hora livre de dor e privação como infinitamente invejável, como um paraíso perdido, como um amigo rejeitado. Mas passamos nossos belos dias sem notá-los: somente quando vêm os dias ruins é que desejamos seu retorno. Deixamos de desfrutar de mil horas alegres e agradáveis, passando-as com expressão aborrecida, para depois, em tempos sombrios, suspirar por elas em vão anseio. Em vez disso, deveríamos honrar cada presente suportável, mesmo o cotidiano, que deixamos passar com tanta indiferença, sim, que afastamos com impaciência, sempre tendo em mente que ele passa agora mesmo àquela apoteose do passado, onde, de agora em diante, iluminado com a luz da imperecibilidade, será guardado pela memória, para, quando um dia, especialmente em um momento ruim, ela erguer seu véu, apresentar-se como um objeto de nossa íntima nostalgia.

6) *Toda limitação traz felicidade*. Quanto mais estreito for o nosso campo de visão, ação e contato, tanto mais feliz seremos: quanto mais vasto, tanto mais frequentemente nos sentiremos atormentados ou ansiosos. Pois com ele multiplicam-se e ampliam-se as preocupações, os desejos e os horrores. Por isso até mesmo os cegos não são tão infelizes quanto possa nos parecer *a priori*: o que é atestado pela suave, quase alegre tranquilidade de seus traços faciais. Também deve-se em parte a esta regra que a segunda metade da vida resulte mais triste que a primeira. Pois durante o curso da

vida o horizonte de nossos objetivos e de nossas relações torna-se sempre mais amplo. Na infância ele é limitado ao ambiente imediato e às relações mais íntimas; na juventude ele já possui um alcance significativamente maior; na idade adulta, abarca todo o curso de nossa vida, sim, estende-se com frequência até as relações mais distantes, aos Estados e aos povos; na velhice, abarca os descendentes. – Em contrapartida, toda limitação, mesmo a intelectual, favorece nossa felicidade. Pois quanto menos a vontade for excitada, tanto menos sofremos: e sabemos que o sofrimento é positivo, e a felicidade apenas negativa. A limitação do círculo de ação toma da vontade as ocasiões externas para excitação; a limitação do espírito toma-lhe as internas. Apenas que esta última tem a desvantagem de abrir as portas ao tédio, o qual se torna fonte mediata de incontáveis sofrimentos, uma vez que, para bani-lo, lançamos mão a tudo, isto é, experimentamos distração, companhia, luxo, jogo, bebida etc., os quais, porém, acarretam danos, ruína e infelicidades de toda espécie. *Difficilis in otio quies* [difícil é no ócio a tranquilidade]. O quanto, em contrapartida, a limitação *exterior* é, na medida do possível, vantajosa, sim, necessária para a felicidade humana, é visível no fato de o único gênero poético que se propõe a descrever pessoas felizes, o idílio, representá-las sempre e essencialmente em situação e ambiente altamente limitados. Esse sentimento está também na raiz do agrado que temos com as assim chamadas pinturas de gênero. – Dessa maneira, a maior *simplicidade* possível de nossas relações e mesmo a *uniformidade* do modo de vida, enquanto não causarem tédio, trarão felicidade; porque permitem que sintamos a própria vida, e consequentemente também o fardo que lhe é essencial, de maneira mínima: esta passa por nós como um riacho, sem ondas ou redemoinhos.

7) Com vistas ao nosso bem ou mal-estar trata-se, em última instância, daquilo que preenche e ocupa a nossa consciência. Ora, tomada de maneira geral, toda ocupação puramente intelectual renderá muito mais para o espírito dela capaz do que a vida real, com seu câmbio constante de sucesso e insucesso, juntamente com seus abalos e calamidades. Apenas que para tal, naturalmente, já

são exigidas disposições intelectuais superiores. Além disso, é de se notar aqui que, assim como a vida ativa voltada para o exterior nos dispersa e distrai dos estudos, tomando do espírito a tranquilidade e a concentração necessárias para tal; igualmente, por outro lado, a constante ocupação intelectual torna mais ou menos inepto para a atividade e o movimento da vida real: daí ser aconselhável suspendê-la completamente por algum tempo quando surgirem condições que exijam alguma atividade prática enérgica.

8) Para viver com total *discernimento* e extrair da própria experiência todo ensinamento que ela contém é exigido que se pense frequentemente para trás e se recapitule aquilo que se vivenciou, fez, experimentou e sentiu com isso, também que se compare seu juízo anterior com o presente, seu propósito e seu anseio com o sucesso e a satisfação que geraram. Essa é a repetição do *privatissimum* [lição particular] ensinado a cada um pela experiência. Também é possível ver a própria experiência como o texto; a reflexão e os conhecimentos como o comentário a ela. Muita reflexão e conhecimento com pouca experiência é como as edições cujas páginas apresentam duas linhas de texto e quarenta linhas de comentário. Muita experiência com pouca reflexão e poucos conhecimentos é como as edições bipontinianas, sem notas, as quais deixam muitas coisas incompreendidas.*

Essa recomendação é também o objetivo da regra de Pitágoras, segundo a qual se deve, à noite, antes de dormir, repetir em pensamentos aquilo que se fez ao longo do dia. Quem passa a vida no tumulto dos negócios ou das diversões sem jamais ruminar seu passado, mas sempre apenas desenrolando continuamente a sua vida, perde a clareza do discernimento: sua mente torna-se um caos, e seus pensamentos são penetrados por uma certa confusão, da qual a característica abrupta, fragmentária, como que espicaçada de sua conversação fornece um testemunho imediato. Esse é tanto mais o caso quanto maior for a intranquilidade externa, a multidão de impressões, e quanto menor a atividade interior de seu espírito.

* Edições dos clássicos greco-latinos muito citadas por Schopenhauer. (N.T.)

Pertence a este ponto a observação de que, após longo tempo e após as relações e circunstâncias que agiam sobre nós já terem passado, não somos capazes de evocar e renovar a nossa disposição e os sentimentos que naquele momento foram por elas suscitados: podemos, porém, lembrar-nos muito bem das nossas próprias *manifestações* que foram então por eles provocadas. Estas são o resultado, a expressão e a medida daqueles. Por isso a memória ou o papel deveriam guardar cuidadosamente as nossas manifestações em momentos memoráveis. Para tal são muito úteis os diários.

9) Ser autossuficiente, ser tudo para si mesmo e poder dizer: *omnia mea mecum porto* [tudo que é meu trago em mim] é certamente a qualidade mais profícua para a nossa felicidade; por isso o dito de *Aristóteles*: ἡ εὐδαιμονία τῶν αὐτάρκων ἐστί [a felicidade pertence aos autônomos] (*felicitas sibi sufficientium est*) (*Ética a Eudemo* 7, 2 [1238a 12]) não pode ser repetido com demasiada frequência. (Também é essencialmente o mesmo pensamento que é expresso em uma sentença altamente graciosa de Chamfort, a qual eu antepus a esta dissertação como epígrafe.) Pois em parte não se pode contar seguramente com ninguém além de consigo mesmo, e em parte são incontáveis e inevitáveis as fadigas e desvantagens, o perigo e o dissabor que a sociedade traz consigo.

Não há caminho mais equivocado para a felicidade do que a vida em grande estilo, no vasto mundo (*high life*): pois ela tem como fim transformar a nossa miserável existência em uma sucessão de alegrias, prazeres, diversões, à qual não tardará a se juntar a desilusão; como tampouco a mentira mútua que tem necessariamente de acompanhá-la.*

Em primeiro lugar, toda sociedade exige necessariamente acomodação e temperamento mútuos: por isso, quanto maior for, tanto mais insípida será. Cada um pode ser *ele mesmo* de maneira completa somente enquanto estiver só: logo, quem não ama a solidão,

* Assim como nosso corpo é oculto por vestes, nosso espírito oculta-se sob *mentiras*. Nosso falar, agir, todo o nosso ser é mentiroso: e somente através desse invólucro é possível por vezes adivinhar nossas verdadeiras intenções, assim como através das vestes se adivinha a forma do corpo. (N.A.)

tampouco ama a liberdade: pois é-se livre apenas quando se está só. A coação é a companheira inseparável de toda sociedade, e toda sociedade exige sacrifícios que são tanto mais custosos quanto mais significativa for a própria individualidade. De acordo com isso, cada um irá fugir da solidão, suportá-la ou amá-la em proporção exata com o valor de seu próprio eu. Pois nela o miserável sente toda a sua miséria, o grande espírito a sua grandeza, isto é: cada um sente-se tal qual é. Mais além, quanto mais elevado alguém estiver na hierarquia da natureza, tanto mais solitário se encontra; o que é essencial e inevitável. Mas então é um benefício para ele se a solidão física corresponder à solidão espiritual: caso contrário, a companhia frequente de seres heterogêneos tem um efeito molesto, sim, adverso sobre ele, rouba-lhe a si mesmo e não tem nada para oferecer em compensação. Além disso, enquanto a natureza instituiu entre os homens enormes diferenças morais e intelectuais, a sociedade, tomando-as como nulas, institui-os todos como iguais, ou, muito antes: ela substitui essas diferenças com as diferenças e categorias artificiais das classes e das posições, as quais, com muita frequência, são diametralmente contrárias à hierarquia natural. Nessa ordenação, aqueles que foram rebaixados pela natureza obtêm uma ótima posição; os poucos, porém, que foram por ela elevados, ficam para trás; razão pela qual estes costumam retirar-se da sociedade, de maneira que em toda sociedade, assim que ela se faz numerosa, predomina a mediocridade. O que arruína a sociedade para os grandes espíritos é a igualdade de direitos e, consequentemente, das pretensões, simultânea à desigualdade das capacidades e, logo, das realizações (sociais) dos demais. A assim chamada boa sociedade legitima qualidades de toda espécie, apenas não as do espírito: estas chegam a ser vistas como contrabando. Ela nos obriga a demonstrar paciência ilimitada em relação a toda tolice, nescidade, perversão, embotamento; qualidades pessoais, em contrapartida, devem rogar por perdão ou ocultar-se; pois a superioridade intelectual fere por sua mera existência, sem qualquer adição da vontade. Consequentemente, a assim chamada boa sociedade não tem apenas a desvantagem de nos apresentar pessoas que somos incapazes de louvar e amar, mas tampouco permite que nós mesmos sejamos de maneira conforme à nossa natureza; força-nos, muito antes, a nos encolher ou mesmo a nos desfigurar para harmonizar com os demais. Discursos ou ideias espirituosos pertencem apenas a sociedades espirituosas: na sociedade comum são abertamente odiados; pois para agradar nela é absolutamente necessário que se seja trivial e tacanho. Em sociedades desse tipo precisamos, portanto, por meio de dura abnegação, abrir mão de três quartos de nós mesmos para nos assemelharmos aos demais. Em compensação, teremos, é certo, os outros: mas quanto mais valor próprio alguém tiver, tanto mais haverá de compreender que aqui o ganho não cobre a perda e que o negócio resulta desvantajoso para ele; porque as pessoas são via de regra insolventes, isto é, nada têm, no trato com elas, que indenize pelo tédio, pelas fadigas e pelos desgostos que nos causam e pela abnegação que impõem: por isso a grande maioria das sociedades é de tal natureza que quem as troca pela solidão faz um bom negócio. A isso soma-se ainda que a sociedade, para substituir a superioridade autêntica, isto é, a intelectual, que ela não suporta e que também é dificilmente encontrável, assumiu uma superioridade aleatória, falsa, convencional, que repousa sobre normas arbitrárias, mutável como a linguagem coloquial, e que se prolifera tradicionalmente entre as classes mais elevadas: é o que se chama de bom-tom, *bon ton, faishonableness*. Quando, porém, ela entra em colisão com a superioridade autêntica, revela-se a sua fraqueza. – Além do mais: *quand le bon ton arrive, le bon sens se retire* [quando chega o bom-tom, retira-se o bom senso (Helvétius, *Do espírito* II, cap. 9)].

Tomado de maneira geral, porém, cada um pode estar *em completa harmonia* apenas consigo mesmo; não com seus amigos, nem com sua amada: pois as diferenças da individualidade e da disposição trazem consigo sempre uma dissonância, por menor que seja. Por isso, a verdadeira, profunda paz de coração e a perfeita tranquilidade de espírito, que, juntamente com a saúde, são o mais elevado bem terreno, somente podem ser encontradas na solidão, e como disposição duradoura apenas no mais profundo recolhimento.

Se, então, se é em si mesmo grande e rico, então desfruta-se o estado mais feliz que pode ser encontrado nesta pobre Terra. Sim, que seja dito abertamente: por mais estreitos que sejam os laços da amizade, do amor e do matrimônio entre as pessoas, no final das contas é-se *totalmente leal* somente a si mesmo e no máximo também a seus descendentes. – Quanto menos, por condições objetivas ou subjetivas, alguém tiver necessidade de entrar em contato com as pessoas, tanto melhor passará. A *solidão* e o ermo permitem, se não sentir todos os seus males de uma só vez, ao menos abarcá-los com a vista: a sociedade, em contrapartida, é *insidiosa*: ela oculta, sob a aparência de passatempo, comunicação, prazer social etc., grandes males, frequentemente incuráveis. Um exercício principal da juventude deveria ser *aprender a suportar a solidão*; porque ela é uma fonte de felicidade, de paz de espírito. – Agora, disso tudo segue que aquele que conta apenas consigo mesmo e que pode ser tudo para si passará melhor; Cícero chega mesmo a dizer: *nemo potest non beatissimus esse, qui est totus aptus ex sese, quique in se uno ponit omnia* [não pode deixar de ser felicíssimo aquele que depende unicamente de si e que só em si põe tudo] (*Paradoxa* II [17]). Além disso, quanto mais alguém tiver em si mesmo, tanto menos outros poderão ser algo para ele. É uma certa sensação de autossuficiência que previne as pessoas de valor e riqueza interior de fazer à comunidade com outros os importantes sacrifícios que ela exige, e mais ainda de buscá-la com uma abnegação perceptível. O oposto disso torna as pessoas comuns tão comunicativas e propensas à acomodação: é-lhes mais fácil suportar os outros do que a si mesmas. Ainda soma-se a isso que aquilo que tem valor efetivo não recebe atenção no mundo, e que o que recebe atenção não tem valor. O recolhimento de toda pessoa digna e excepcional é a prova e a consequência disso. De acordo com tudo isso haverá de ser autêntica sabedoria de vida para aquele que tem algo de direito em si mesmo se ele, caso necessário, limitar suas carências apenas para manter ou expandir sua liberdade e, portanto, dado que lhe é inevitável manter relações com o mundo humano, conformar-se com sua pessoa tão rápido quanto possível.

Agora, o que torna as pessoas sociáveis é, por outro lado, a sua incapacidade de suportar a solidão e a si próprios nela. São o vazio interior e o fastio que as levam tanto à sociedade como a viagens no estrangeiro. Falta aos seus espíritos a força propulsora para conferir-lhes movimento próprio: por isso buscam elevá-la por meio do vinho, e muitos tornam-se assim beberrões. Justamente por isso necessitam de constante excitação exterior, e da mais intensa, isto é, de seus semelhantes. Sem estes, seu espírito sucumbe sob o próprio peso e cai em uma letargia sufocante.* Igualmente, é possível dizer que cada um desses indivíduos é apenas um pequeno fragmento da ideia da humanidade, de maneira que ele carece de complementar-se com outros para que resulte uma consciência humana em certa medida completa: quem, em contrapartida, é um ser humano completo, um ser humano *par excellence*, compõe uma unidade e não uma fração, e tem, portanto, o suficiente em si. Pode-se, nesse sentido, comparar a sociedade comum com aquela música de trombetas russa, na qual cada trombeta produz apenas um tom, de maneira que somente por meio da coincidência pontual de todas resulta uma música. Pois a mente e o espírito da grande maioria das pessoas são monótonos como uma trombeta desse

---

* É conhecido que os males são aliviados ao serem suportados em conjunto: as pessoas parecem contar também o tédio entre eles; por isso unem-se para se entediarem na companhia uns dos outros. Assim como o amor à vida é no fundo apenas medo da morte, também o *impulso de sociabilidade* do ser humano não é, no fundo, direto, a saber, não repousa sobre o amor à companhia, mas sobre o temor à *solidão*; não é tanto a presença encantadora do outro que é buscada, mas muito antes o ermo e a opressão de estar só que são evitados, assim como da monotonia da própria consciência, e para escapar dela aceita-se também a má companhia e o importuno, tolerando o fardo e a coação que estes sempre trazem necessariamente consigo. – Se, em contrapartida, a repugnância contra tudo isso tiver vencido, e se, como consequência, surgirem o hábito da solidão e o endurecimento contra sua impressão imediata, de maneira que ela não mais provoque os efeitos acima designados; então é possível permanecer sempre só com grande bem-estar, sem ansiar por companhia: justamente porque a necessidade da mesma não é direta, e porque, por outro lado, agora já se está acostumado às qualidades benéficas da solidão. (N.A.)

tipo: sim, muitas delas chegam a parecer ter sempre apenas um e o mesmo pensamento, incapazes de pensar em qualquer outra coisa. Disso explica-se, portanto, não apenas por que são tão entediantes, mas também por que são tão sociáveis e preferem caminhar em bandos: *the gregariousness of mankind* [o gregarismo da espécie humana]. É a monotonia de sua própria essência que lhes é insuportável: *omnis stultitia laborat fastidio sui* [toda estupidez sofre de seu próprio fastio]; apenas juntos e pela união é que se tornam algo – assim como aqueles trombeteiros. O homem de espírito, em contrapartida, é comparável a um virtuose que executa seu concerto *sozinho*; ou também ao piano. Pois, assim como este é por si só uma pequena orquestra, o homem de espírito é um pequeno mundo, e o que aqueles todos são apenas agindo em conjunto, ele apresenta na unidade de uma única consciência. Assim como o piano, ele não é uma parte da sinfonia, mas, pelo contrário, é apropriado para o solo e para a solidão: se ele deve agir em conjunto com aqueles, isso só é possível se ele for a voz principal com acompanhamento, como o piano, ou para fornecer o tom à música vocal, como o piano. – Quem, entretanto, ama a sociedade, pode abstrair desta metáfora a regra de que aquilo que falta em qualidade às pessoas com que se relaciona tem em certa medida de ser substituído com quantidade. Pode-se ter relações suficientes com uma única pessoa de espírito: se, porém, não se puder encontrar nada além do tipo comum, então é bom ter uma boa quantidade deles, para que algo resulte da diversidade e da ação conjunta – segundo a analogia com aquela música de trombetas – e que os céus lhe deem paciência!

É, porém, também de se atribuir a esse vazio interior e a essa carência do ser humano que, se alguma vez pessoas de melhor espécie se unem com alguma intenção nobre e ideal, o resultado quase sempre é que também nessa associação de homens nobres se insinuem ou infiltrem alguns daquela plebe da humanidade que, como vermes, preenchem e cobrem tudo por toda parte em multidão incontável, sempre pronta para agarrar tudo, sem distinção, para se livrar de seu tédio, assim como, sob outras condições, de sua carência, e que então eles logo ou destruam a coisa toda, ou a modifiquem de tal maneira que ela se torne praticamente o oposto daquilo que fora de início a intenção. –

Aliás, é possível considerar a sociabilidade também como um aquecimento espiritual das pessoas umas nas outras, análogo ao físico, que elas geram no frio, comprimindo-se umas contra as outras. Apenas que quem já possui muito calor espiritual não precisa de tal agrupamento. Uma fábula que inventei com esse sentido pode ser encontrada no segundo volume desta obra, no último capítulo.* Como consequência de tudo isso, a sociabilidade de cada um encontra-se mais ou menos em proporção inversa com seu valor intelectual; e: "ele é muito insociável" significa quase o mesmo que: "ele é um homem de grandes qualidades".

A solidão confere um duplo privilégio à pessoa intelectualmente superior, a saber: primeiramente o de estar a sós consigo mesma, em segundo lugar o de não estar com os outros. A este último conferir-se-á um alto valor se for considerado quanta coação, fadiga e mesmo quanto perigo toda relação traz consigo. *Tout notre mal vient de ne pouvoir être seuls* [todo nosso mal vem de não podermos estar sós], diz *Labruyère* [*Les caractères*, "De l'homme"]. *Sociabilidade* pertence às inclinações perigosas, sim, perniciosas, uma vez que nos põe em contato com seres cuja grande maioria é moralmente ruim e intelectualmente embotada ou pervertida. O insociável é alguém que não precisa deles. Ter tanto em si mesmo que não se precise de companhia é uma grande felicidade já porque quase todos os nossos sofrimentos têm origem na sociedade, e a tranquilidade de espírito, a qual, juntamente com a saúde, constitui o elemento mais essencial de nossa felicidade, é posta em perigo por qualquer companhia, não podendo, portanto, subsistir sem uma quantidade significativa de solidão. Os cínicos renunciavam a toda e qualquer posse para tomar parte na felicidade da tranquilidade de espírito: quem renuncia à sociedade com a mesma intenção escolheu o meio mais sábio para obtê-la. Pois tão certeiro quanto belo é aquilo que diz *Bernardin de St. Pierre*: *la diète des aliments*

---

* Schopenhauer refere-se ao cap. 31 do segundo volume da obra *Parerga e Paralipomena*, da qual o presente texto faz parte. (N.T.)

nous rend la santé du corps, et celle des hommes la tranquillité de l'âme [a dieta dos alimentos confere-nos a saúde do corpo, e a dos homens a tranquilidade da alma]. Por conseguinte, quem fez a tempo amizade com a solidão, sim, quem aprendeu a amá-la, adquiriu uma mina de ouro. Mas de maneira alguma são todos capazes de fazê-lo. Pois, assim como originariamente a carência, após sua eliminação, é o tédio que passa a levar as pessoas a se unirem. Sem ambos, é certo que todos permaneceriam sós; já porque apenas na solidão o ambiente corresponde à importância exclusiva, sim, à unicidade que cada um tem a seus próprios olhos e que é reduzida a nada no aperto do mundo, onde recebe a cada passo um penoso *démenti* [desmentido]. Nesse sentido, a solidão chega a ser o estado natural de cada um: ela o põe novamente, como um primeiro Adão, na felicidade originária adequada à sua natureza.

Mas Adão não tinha nem pai nem mãe! Por isso, em outro sentido, a solidão não é natural ao ser humano, a saber: na medida em que ele, quando veio ao mundo, não se encontrou só, mas entre pais e irmãos, isto é, em comunidade. Consequentemente, o amor à solidão não pode existir como tendência originária, mas surge apenas por consequência da experiência e da reflexão: e isso ocorrerá segundo a medida do desenvolvimento da própria potência intelectual, simultaneamente, também, com o passar dos anos de vida; de maneira que, tomado de maneira geral, o impulso de sociabilidade de cada um haverá de encontrar-se em relação inversa com sua idade. A criancinha emite berros de angústia e desespero assim que é deixada só por apenas alguns minutos. Para o menino, ficar só é uma grande penitência. Jovens associam-se facilmente uns aos outros: apenas os mais nobres e de disposição grandiosa entre eles buscam já ocasionalmente a solidão, embora ainda lhes seja difícil passar um dia inteiro a sós. Para o homem, em contrapartida, isso é fácil: ele já é capaz de ficar bastante só, e tanto mais, quanto mais velho se tornar. O ancião, que ficou só, como único remanescente de gerações desaparecidas, e ainda se tornou ou maduro demais ou já morto para os prazeres da vida, encontra na solidão seu verdadeiro elemento. Sempre, porém, o aumento da inclinação ao isolamento e à solidão nos indivíduos ocorrerá segundo a medida de seu valor intelectual. Pois essa inclinação, como dito, não é algo puramente natural, provocado diretamente por carências, mas muito antes apenas um efeito de experiências feitas e da reflexão sobre elas, particularmente da compreensão adquirida acerca da miserável constituição moral e intelectual da grande maioria das pessoas, na qual o pior é que no indivíduo as imperfeições morais e intelectuais conspiram, fazendo o jogo umas da outras, donde surgem toda espécie de fenômenos altamente revoltantes, o que torna intragável, sim, insuportável, a relação com a maioria das pessoas. E assim se dá que, embora haja muitas coisas péssimas neste mundo, o pior de tudo continue sendo a sociedade; de maneira que mesmo *Voltaire*, o sociável francês, tenha precisado dizer: *la terre est couverte de gens qui ne méritent pas qu'on leur parle* [a terra está coberta de pessoas que não merecem que com elas se fale (*Carta ao sr. Cardinal de Bernis*, 21 de junho de 1762)]. Também o manso *Petrarca*, que amava a solidão com tanta intensidade e persistência, dá também a mesma razão para essa inclinação:

Cercato ho sempre solitaria vita
(Le rive il sanno, e le campagne, e i boschi),
Per fuggir quest' ingegni sordi e loschi,
Che la strada del ciel' hanno smarrita.
[Busquei sempre a solitária vida
(O rio o sabe, e o campo, e o bosque)
Para fugir desses engenhos surdos e sombrios,
Pelos quais perdi a celeste via.

(*Soneto* 221)]

Ele expõe a coisa no mesmo sentido em seu belo livro *De vita solitaria*, o qual parece ter sido o modelo para a famosa obra de *Zimmermann* sobre a solidão. Justamente essa origem meramente secundária e mediata da insociabilidade é expressa por *Chamfort*, em seu estilo sarcástico, quando ele diz: *on dit quelquefois d'un homme qui vit seul, il n'aime pas la société. C'est souvent comme* *si on disait d'un homme, qu'il n'aime pas la promenade, sous le prétexte qu'il ne se promène pas volontiers le soir dans la forêt de Bondy* [diz-se às vezes de um homem que vive só, que ele não gosta da sociedade. Isso é mais ou menos como se disséssemos de um homem que ele não gosta de passear baseado no pretexto de que ele não gosta de passear à noite na floresta de Bondy* (*Máximas e pensamentos*, cap. IV)].** Mas também o brando e cristão Angelus Silesius diz, a seu modo e em sua linguagem mítica, exatamente o mesmo:

> Herodes é hostil; José entendimento;
> A ele Deus revela o perigo em sonho (em pensamento).
> O mundo é Belém; Egito, *solidão*:
> Foge, alma minha, foge, falecerás se não.
>
> [*O peregrino querubínico*, 3, nº 241]

É possível compreender também Giordano Bruno no mesmo sentido: *tanti uomini, che in terra hanno voluto gustare vita celeste, dissero con una voce: "ecce elongavi fugiens, et mansi in solitudine"* [tantos homens que quiseram fruir de uma vida celeste na terra disseram, com uma voz: "fugi longamente, e permaneci em solidão" (*Opera*, ed. de A. Wagner, 1830, II, p. 408. A citação é bíblica, do salmo 54, 8)]. Da mesma maneira expressa-se *Saadi*, o persa, a respeito de si mesmo no *Gulistan*: "Enfastiado de meus amigos em Damasco retirei-me ao deserto próximo a Jerusalém para buscar a companhia dos animais". Em resumo: todos aqueles que Prometeu modelou com a melhor argila falaram o mesmo. Que prazer poderá oferecer-lhes o trato com entes com os quais se relacionam apenas por meio do que têm em comum com eles, isto é, pelo que há de mais inferior e abjeto em sua própria natureza: o cotidiano, o trivial e o infame; entes aos quais, por não serem capazes de se elevar ao

---

* Floresta perigosa nos arredores de Paris. (N.T.)

** No mesmo sentido diz *Saadi* no *Gulistan*: "Desde este tempo despedimo-nos da sociedade e nos propusemos o caminho do isolamento: pois a *segurança mora na solidão*". (N.A.)

seu nível, nada mais resta senão rebaixá-los ao próprio, o que logo se torna também sua intenção? É, pois, um sentimento aristocrático que alimenta a tendência ao isolamento e à solidão. Todos os larápios são lastimavelmente sociáveis: que, em contrapartida, um homem seja de espécie mais nobre, revela-se primeiramente no fato de ele não ter interesse nos outros, dando, pelo contrário, cada vez mais preferência à solidão em detrimento de sua companhia, chegando então aos poucos, com os anos, à compreensão de que, descontando-se raras exceções, só há no mundo a escolha entre a solidão e a vulgaridade. Por mais duro que isso soe, até mesmo o próprio Angelus Silesuis, não obstante sua mansidão cristã, não pôde deixar de dizê-lo:

> Solidão é necessária: apenas não infame sejas
> E estarás em um deserto, onde quer que estejas.
> [*O peregrino querubínico*, 2, nº 117]

Agora, no que diz respeito aos grandes espíritos, é certamente natural que esses verdadeiros educadores de toda a espécie humana sintam tão pouca inclinação para estar frequentemente na companhia dos demais quanto o pedagogo tem vontade de imiscuir-se nos jogos da multidão de crianças barulhentas que o cerca. Pois aqueles que vieram ao mundo para guiá-lo no mar de seus enganos em direção à verdade, do abismo profundo de sua crueza e infâmia em direção à luz, para atraí-lo em direção à instrução e ao enobrecimento – eles precisam, é certo, viver entre essa gente, sem, no entanto, pertencer efetivamente a ela, sentem-se, portanto, desde a juventude, como entes perceptivelmente distintos dos demais; no entanto, atingem apenas aos poucos, com os anos, o conhecimento nítido da coisa, com o que então se esforçam para somar a seu alheamento espiritual em relação aos outros também o físico, não sendo permitido a ninguém aproximar-se deles, a não ser que ele mesmo seja também mais ou menos eximido da vulgaridade generalizada.

Disso tudo resulta, portanto, que o amor à solidão não surge diretamente e como impulso primordial, mas que, principalmente nos espíritos mais nobres, se desenvolve de maneira indireta, aos poucos, e não sem uma superação do impulso de sociabilidade, sim, sob a ocasional oposição da insinuação mefistofélica:

> Com teu desgosto não mais brinques
> Que qual abutre te devora a vida:
> A pior sociedade faz sentir
> Que és homem que entre homens mora.
>
> [Goethe, *Fausto* I, v. 1635-1638]

A solidão é o destino de todos os espíritos excepcionais: haverão por vezes de lamentá-la, mas sempre irão escolhê-la como o menor de dois males. Com o avanço da idade, porém, o *sapere aude* [ousa ser sábio (Horácio, *Epístolas* I, 2)] fica neste ponto cada vez mais fácil e natural, e quando se chega aos sessenta o impulso à solidão já é realmente natural, sim, instintivo. Pois agora tudo conspira para promovê-lo. A mais forte atração à sociabilidade, o amor às mulheres e o impulso sexual, não age mais, sim, a ausência de sexualidade da velhice fornece o fundamento para uma certa autossuficiência que absorve pouco a pouco o impulso dc sociabilidade em geral; abriu-se mão de mil ilusões e tolices; a maior parte da vida ativa perdeu o interesse, não se tem mais nada a esperar, nem planos ou intenções; a geração à qual realmente se pertence já não vive mais; rodeado por uma geração estranha, já se está objetiva e essencialmente só. Ao mesmo tempo, o passar do tempo acelerou, e quer-se aproveitá-lo ainda de maneira intelectual. Pois, se apenas a cabeça manteve sua força, então os muitos conhecimentos e experiências obtidos, o refinamento quase completo de todos os pensamentos e a grande capacidade adquirida com a prática tornam agora toda espécie de estudo mais interessante e fácil do que jamais. Vê-se com clareza mil coisas que antes ainda se encontravam como que envoltas em bruma: chega-se a resultados e sente-se a sua completa superioridade. Graças a uma longa experiência deixou-se de esperar muito das pessoas, já que elas, tomadas como um todo, não pertencem à classe de gente que tem algo a oferecer quando se as conhece de perto: muito antes sabe-se que, excetuando raros casos felizes, não se haverá de encontrar nelas nada além de exemplares deveras defeituosos da natureza humana, cujo contato é melhor evitar. Por isso, não se está mais exposto às ilusões comuns, nota-se logo em cada um o que ele é, e raramente surgirá o desejo de entrar em conexão mais estreita com ele. Finalmente, especialmente quando se reconhece na solidão uma amiga de infância, soma-se a isso também o hábito do isolamento e do trato consigo mesmo, tornado segunda natureza. Dessa maneira, o amor à solidão, que antes precisou ser ganho em um combate contra o impulso de sociabilidade, é agora completamente natural e fácil: estar só é como estar n'água para o peixe. Por isso toda individualidade excepcional, dessemelhante às outras e, portanto, única, sente-se oprimida por esse isolamento essencial na juventude, mas por ele aliviado na velhice.

Pois, embora cada um tenha parte nesse verdadeiro privilégio da velhice sempre apenas segundo a medida de suas potências intelectuais – logo, acima de todos a cabeça eminente –, todos o sentem, mesmo que em grau inferior. Apenas naturezas altamente carentes e ordinárias permanecem na velhice tão sociáveis como antes: pessoas assim são incômodas para a sociedade, à qual não mais se adequam, e são no melhor dos casos toleradas, enquanto que antes costumavam ser procuradas.

Na relação inversa entre o número de anos de vida e o grau de nossa sociabilidade aqui apresentada é possível descobrir ainda um lado teleológico. Quanto mais jovem for a pessoa, tanto mais tem ainda a aprender sobre todas as coisas: ora, a natureza remeteu-a ao ensinamento mútuo, o qual é recebido por cada um em sua relação com seus iguais, e com vistas ao qual a sociedade humana pode ser considerada uma grande instituição de ensino Bell-Lancaster*, já que livros e escola são instituições artificiais, distanciadas do plano da natureza. É, portanto, altamente adequado que se visite a instituição de ensino natural com tanto mais diligência quanto mais jovem se for.

* Método pedagógico elaborado no final do século XVIII, no qual os alunos ensinam uns aos outros. (N.T.)

Nihil est ab omni parte beatum [nada é bem-sucedido em todas as suas partes], diz Horácio [*Odes*, II, 16], e "não há lótus sem caule" reza um provérbio hindu: assim também a solidão possui, juntamente com tantas vantagens, também suas pequenas desvantagens e contrariedades, as quais, no entanto, são mínimas em comparação com as da sociedade; razão pela qual quem tiver algo de correto em si mesmo haverá de achar sempre mais fácil passar sem as pessoas do que com elas. – Entre essas desvantagens, aliás, há uma que não é tão fácil de perceber quanto as demais, a saber: assim como ficar em casa continuamente torna nosso corpo tão sensível a influências externas que qualquer arzinho fresco o afeta doentiamente; também a nossa mente, por meio do recolhimento e da solidão contínuos, torna-se tão sensível que nos sentimos inquietos, magoados ou ofendidos com os incidentes mais insignificantes, com palavras, mesmo com meras expressões faciais; enquanto que quem permanece constantemente no tumulto nem os nota.

Agora, a quem, especialmente nos anos de juventude, por mais frequentes vezes que tenha sido afugentado à solidão pelo justo desagrado com os homens, ainda assim não é capaz de suportar a longo prazo o ermo da mesma, a esse aconselho acostumar-se a trazer consigo uma parte de sua solidão para a sociedade, isto é, a aprender a estar só, em certo grau, também quando em sociedade, não comunicando aos outros imediatamente o que pensa; por outro lado, também, não se deve levar a sério aquilo que dizem, nem esperar muito deles, tanto no âmbito moral como no intelectual, mantendo, com vistas às suas opiniões, aquela indiferença que é o meio mais seguro para sempre exercer uma louvável tolerância. Assim, embora entre eles, não se estará completamente em sua companhia, tendo, antes, uma relação mais puramente objetiva com eles: isso haverá de proteger contra o contato muito próximo com a sociedade e, consequentemente, contra qualquer sujeira ou ofensa. Possuímos até mesmo, na comédia *El café o sea la comedia nueva* de *Moratin*, no caráter do próprio Don Pedro, especialmente na segunda e terceira cenas do primeiro ato, uma ilustração dramática, digna de leitura, dessa sociabilidade restrita ou entrincheirada. Nesse sentido, é possível também comparar a sociedade a um fogo no qual o astuto se aquece a uma distância devida, sem porém nele meter a mão, como o tolo, o qual então, tendo se queimado, foge para o frio da solidão, queixando-se de que o fogo queima.

10) *Inveja* é natural ao ser humano: apesar disso, ela é simultaneamente um vício e uma infelicidade.* Devemos, portanto, considerá-la uma inimiga de nossa felicidade e buscar sufocá-la como um demônio mau. A isso nos instrui *Sêneca* com as belas palavras: *nostra nos sine comparatione delectent: nunquam erit felix quem torquebit felicior* [queremos deleitar-nos com o que é nosso sem comparação: nunca será feliz quem é atormentado por um outro mais feliz] (*De ira* III, 30) – e novamente: *quum adspexeris quot te antecedant, cogita quot sequantur* [quando te exasperas por aqueles que estão à tua frente, pensa em quantos tens atrás de ti] (*Epistulae* 15). Devemos, portanto, considerar com mais frequência aqueles que estão em situação pior que a nossa do que aqueles que parecem estar em situação melhor. Até mesmo quando surge um mal real, a consideração de sofrimentos maiores do que os nossos haverá de conferir-nos um consolo eficacíssimo, embora flua da mesma fonte que a inveja; o segundo melhor a fazer nesse caso seria conviver com aqueles que se encontram na mesma situação que nós, os *sociis malorum* [parceiros no infortúnio].

Até aqui sobre o lado ativo da inveja. Do lado passivo é de se considerar que não há nenhum ódio tão inconciliável quanto a inveja; razão pela qual não deveríamos nos esforçar contínua e zelosamente para provocá-la, mas, pelo contrário, faríamos muito melhor em nos abster desse prazer, como de tantos outros, devido às suas perigosas consequências.

Há *três aristocracias*: 1) a de nascimento e categoria, 2) a aristocracia do dinheiro, 3) a aristocracia espiritual. A última é na verdade a mais nobre, e é também reconhecida como tal quando se lhe dá tempo suficiente: pois já disse Frederico, o Grande: *les*

* A *inveja* das pessoas aponta o quão infelizes se sentem; a constante *atenção* que dão à atividade alheia, por sua vez, indica o quanto se entediam. (N.A.)

âmes privilégées rangent à l'égal des souverains [as almas privilegiadas estão no mesmo nível que os soberanos]; note-se que isso foi dito ao mordomo-mor da corte, que se escandalizara com o fato de que, enquanto ministros e generais comiam à mesa dos marechais, Voltaire devia tomar lugar a uma mesa em que apenas senhores regentes e seus príncipes se sentavam. – Cada uma dessas aristocracias encontra-se envolta por uma multidão de invejosos, secretamente amargurados contra cada um a ela pertencente, que, quando não têm de temê-lo, se esforçam para lhe dar a entender de diversas maneiras: "tu não és mais que nós!". Mas justamente esses esforços revelam sua convicção do contrário. O procedimento a ser empregado de parte dos invejados consiste em manter afastados todos os que pertencem a esse bando e em evitar, na medida do possível, todo contato com eles, de modo que permaneçam separados por um largo abismo; onde, porém, isso não é possível, deve-se suportar seus esforços com grande serenidade: isso neutraliza a sua fonte – o que vemos também ser aplicado com frequência. Em contrapartida, aquele pertencente a uma dessas aristocracias haverá, na maioria das vezes, de se relacionar bem e sem inveja com os das outras duas; porque cada um compensa o privilégio do outro com o seu próprio.

11) Antes de ir à obra, reflita-se um projeto de maneira madura e repetidas vezes e, mesmo depois de ter pensado profundamente em tudo, considere-se ainda a insuficiência de todo conhecimento humano, graças à qual sempre podem haver situações impossíveis de escrutar ou de prever, que poderiam tornar todo o cálculo incorreto. Essa consideração haverá de pôr sempre um peso sobre o lado negativo, e de nos aconselhar a nada tocar em coisas importantes sem necessidade: *quieta non movere* [não mover o que está quieto (Salústio, *De Catilinae coniuratione* [A conjuração de Catilina] 21, 1)]. Se, porém, se chegou finalmente à decisão e pôs mãos à obra, de modo que agora tudo deve tomar seu curso, restando apenas aguardar o resultado; então não se deve ficar angustiado com a sempre renovada reflexão sobre o que já foi executado e com a consideração repetida do perigo possível: deve-se muito antes abdicar

agora completamente da coisa, evitar todo pensamento a respeito, tranquilizando-se com a convicção de que tudo foi considerado de maneira madura a seu tempo. Esse conselho é dado também pelo provérbio italiano: *legala bene, e poi lascia la andare*, o que Goethe traduz como: "sela bem e monta confiadamente" – assim como, diga-se de passagem, uma grande parte dos adágios fornecidos por ele sob a rubrica *Proverbial* são provérbios italianos traduzidos. – Se ainda assim o resultado for ruim, então isso se deve ao fato de todas as questões humanas estarem submetidas ao acaso e ao equívoco. Que *Sócrates*, o mais sábio dentre os homens, tenha precisado de um *daimon* advertidor para encontrar o correto em suas questões pessoais ou ao menos para evitar passos em falso, comprova que nenhum entendimento humano é suficiente neste ponto. Por isso o dito, supostamente de um papa, segundo o qual, de todo infortúnio que cai sobre nós, pelo menos em alguma coisa nós mesmos carregamos a culpa, não é verdadeiro de maneira incondicional, nem válido para todos os casos: embora o seja na grande maioria. Essa sensação parece até mesmo ter um papel importante no costume que as pessoas têm de buscar ocultar sua infelicidade na medida do possível e, sempre que puderem, assumir uma expressão satisfeita. Elas temem que se conclua, a partir do sofrimento, a culpa.

12) No caso de um acontecimento infeliz que já ocorreu e que, portanto, não pode mais ser modificado, não se deve nem mesmo permitir o pensamento de que poderia ter sido diferente, e menos ainda pensar naquilo que poderia tê-lo evitado: pois justamente essa reflexão eleva a dor a um nível insuportável – o que faria de nós um ἑαυτὸντιμωρούμενος [autotorturador]. Deve-se muito antes agir como o rei Davi, o qual, enquanto seu filho estava enfermo, assediava a Jeová ininterruptamente com rogos e súplicas; mas, tendo ele falecido, recuperou o bom humor e não mais pensou no assunto. Quem, porém, não for suficientemente leviano para tal, que busque refúgio no ponto de vista fatalista, fazendo-se clara a grande verdade de que tudo quanto ocorre, ocorre necessariamente, sendo, portanto, inevitável.

De qualquer maneira, essa regra é unilateral. Ela serve, decerto, para nosso alívio e descanso imediatos quando nos confrontamos com infortúnios: apenas que quando, como na maioria das vezes, nossa própria negligência ou ousadia forem pelo menos parcialmente culpadas por eles, a repetida reflexão dolorosa sobre como poderiam ter sido evitados ocorre para promover nossa perspicácia e para nosso melhoramento, sendo uma autodisciplina benéfica para o futuro. E não devemos, como é costume, buscar desculpar, embelezar ou diminuir equívocos evidentes cometidos, mas reconhecê-los e visualizá-los nitidamente em toda sua grandeza, para poder apreender com firmeza o propósito de evitá-los futuramente. Para tanto, é preciso, certamente, causar a si mesmo a grande dor da insatisfação consigo próprio, mas: ὁ μὴ δαρεὶς ἄνθρωπος οὐ παιδεύεται [quem não foi vexado não foi educado (Menandro, *Monostikoi* [Monósticos], 422)].

13) Em tudo que diz respeito ao nosso bem-estar devemos *pôr as rédeas em nossa fantasia*, isto é: acima de tudo não construir castelos no ar; pois estes são demasiado dispendiosos, uma vez que logo em seguida temos de demoli-los entre suspiros. Mas devemos cuidar mais ainda para não angustiar nossos corações imaginando infortúnios meramente possíveis. Pois se estes fossem completamente inconsistentes ou então buscados em lugares longínquos, então saberíamos, logo ao acordar de tal sonho, que tudo foi mera ilusão, alegrando-nos tanto mais com a realidade melhor e extraindo disso, em todo caso, um aviso contra infortúnios muito distantes, embora possíveis. Apenas que nossa fantasia não joga facilmente com tais coisas: quando ociosa, ela constrói no máximo castelos de vento plenos de alegria. O material para seus sonhos sombrios são infortúnios que, mesmo que à distância, nos ameaçam realmente: ela os aumenta, aproxima muito mais o seu perigo do que na verdade, e pinta-os com as cores mais assombrosas. Não somos, como no caso das fantasias alegres, capazes de nos livrar imediatamente de um tal sonho ao acordar: pois aquelas são logo refutadas pela realidade e deixam para trás, no máximo, uma fraca esperança no seio da possibilidade. Se, porém, nos entregamos às fantasias sombrias

(*blue devils*), estas nos aproximam de imagens que não voltam tão facilmente a ceder: pois a possibilidade geral da coisa é certa, e não somos sempre capazes de aplicar a medida correta para seu grau: ela torna-se agora facilmente provável, e entregamo-nos com isso nas mãos do medo. Por isso devemos, pois, considerar as coisas que dizem respeito ao nosso bem-estar apenas com o olho da razão e do juízo, ou seja, com uma reflexão seca e fria, operando com meros conceitos *in abstracto*. A fantasia deve ficar de fora da questão, pois ela é incapaz de julgar; pelo contrário, ela traz diante dos olhos meras imagens, que movem a mente de maneira inútil e frequentemente penosa. Esta regra deveria ser observada com ainda mais rigidez à noite. Pois, assim como a escuridão nos põe medo e nos faz ver imagens assustadoras por toda parte, a falta de nitidez do pensamento tem efeito análogo, pois toda incerteza dá vazão à insegurança: por isso, à noite, quando o abatimento cobre o entendimento e o juízo com uma escuridão subjetiva, estando o intelecto cansado e θορυβούμενος [prostrado], incapaz de distinguir as razões das coisas, os objetos de nossa meditação, quando dizem respeito às nossas questões pessoais, assumem facilmente uma aparência perigosa, tornando-se imagens assustadoras. Esse é o caso especialmente à noite na cama, quando o espírito está completamente esgotado e, portanto, o juízo também não está mais à altura de sua tarefa, mas a fantasia ainda está ativa. Dessa maneira, a noite confere a tudo e a todos um traço sombrio. Por isso, antes de dormir ou mesmo ao acordar no meio da noite, nossos pensamentos são na maioria das vezes distorções e perversões das coisas quase tão sinistras quanto os próprios sonhos, e, ainda, quando dizem respeito a questões pessoais, normalmente sombrios, sim, terríveis. Pela manhã todas essas imagens assustadoras desapareceram, assim como os sonhos; é essa a significação do provérbio espanhol: *noche tinta, blanco el día* (a noite é tinta, branco o dia). Mas já ao cair da noite, assim que se acendem as lamparinas, o entendimento, como o olho, já não vê com tanta clareza quanto durante o dia: daí esse tempo não ser apropriado para a meditação de questões sérias, principalmente as desagradáveis. O momento adequado para isso é a manhã; como também para todos os trabalhos em geral e sem exceção, tanto intelectuais como corporais. Pois a manhã é a juventude do dia: nela tudo é alegre, fresco e leve; sentimo-nos fortes e temos todas as nossas faculdades, em sua plenitude, à nossa disposição. Não se deve encurtá-la acordando tarde, nem desperdiçá-la com ocupações ou conversas indignas, mas, pelo contrário, considerá-la a quintessência da vida e tomá-la em certa medida como sagrada. O cair da noite, em contrapartida, é a velhice do dia: encontramo-nos então abatidos, prolixos e levianos. Todo dia é uma pequena vida, para a qual o despertar é o nascimento, e que se encerra com o sono, que é como a morte. – Dessa maneira, finalmente, também o adormecer é uma morte diária e todo despertar é um novo nascimento. Sim, para levar essa analogia ao extremo, seria possível considerar o desconforto e a dificuldade de levantar como sendo as dores natais.

Sim, também a nível geral o estado de saúde, o sono, a alimentação, a temperatura, o tempo, o ambiente e muitos outros fatores externos têm uma poderosa influência sobre nossa disposição, e esta sobre nossos pensamentos. Por isso, assim como nosso ponto de vista sobre uma questão, também a nossa capacidade para um trabalho depende muito do tempo e mesmo do lugar. Por isso, pois,

> Aproveitai a disposição séria,
> Pois ela é tão rara.
>
> Goethe, *Generalbeichte* [Confissão geral]

Não apenas concepções meramente objetivas e pensamentos originais exigem que se espere que apareçam se e quando desejarem; mas mesmo a reflexão profunda sobre uma questão pessoal nem sempre tem sucesso no momento previamente determinado para ela, quando nos propusemos a tratar dela, mas também ela escolhe seu próprio tempo, quando então o pensamento a ela adequado se anima espontaneamente e nós o perseguimos com grande interesse.

Para a recomendada contenção da fantasia cabe ainda também que não lhe permitamos presentificar novamente e imaginar injustiças, danos, perdas, ofensas, rebaixamentos, mágoas etc. sofridos no passado, porque com isso reanimamos a indignação, a ira e todas as paixões odiosas que já dormitavam havia tempos, poluindo assim a nossa mente com essas impurezas. Pois, segundo uma bela metáfora ensinada pelo neoplatônico Proclo, assim como em toda cidade, ao lado dos nobres e excepcionais, mora também a plebe de toda espécie (ὀχλός), também em cada um, mesmo na pessoa mais nobre e sublime, encontra-se, em sua constituição, o mais baixo e vulgar da natureza humana, sim, animal. Essa plebe não pode ser excitada ao tumulto, nem tampouco meter a cabeça pelas janelas, já que tem uma aparência horrorosa: as mencionadas obras da fantasia, porém, são os seus demagogos. A isso pertence também que a menor adversidade, quer tenha partido de pessoas ou de coisas, pode, por meio da cisma constante e da pintura com cores intensas e segundo uma medida ampliada, ser inflada até tornar-se um monstro capaz de nos fazer perder a cabeça. Tudo que é desagradável deve muito antes ser apreendido de maneira prosaica e sóbria, para que seja tomado do modo mais leve possível.

Assim como objetos pequenos, quando postos próximos ao olho, limitam nosso campo de visão e encobrem o mundo – da mesma maneira as pessoas e coisas de nosso *círculo mais próximo*, por mais insignificantes e indiferentes que venham a ser, ocupam nossa atenção e nossos pensamentos de maneira desmedida, e ainda por cima frequentemente de maneira hostil, suprimindo pensamentos e questões importantes. Isso deve ser combatido.

14) Quando vemos algo que não possuímos vem-nos com facilidade o pensamento: "E se isto fosse meu?" – tornando sensível a privação. Em vez disso deveríamos perguntar com mais frequência: "E se isto *não* fosse meu?"; quer dizer, deveríamos nos esforçar por ver aquilo que possuímos da maneira como o veríamos após tê-lo perdido; e isso vale para tudo, sem exceção: posses, saúde, amigos, amada, esposa, filho, cavalo e cão: pois, na maioria das vezes, apenas a perda nos instrui sobre o valor das coisas. O ponto de vista aqui recomendado, em contrapartida, tem como primeira consequência que a posse das coisas nos fará imediatamente mais felizes do que antes, e, em segundo lugar, que evitaremos a sua perda

de todas as maneiras, ou seja, que não poremos em risco a posse, não zangaremos os amigos, não exporemos a fidelidade da esposa à tentação, que vigiaremos a saúde dos filhos etc. – Frequentemente buscamos iluminar o presente sombrio por meio de especulações acerca de possibilidades favoráveis e inventamos assim toda espécie de esperanças quiméricas, cada uma das quais se encontra prenhe de uma desilusão que não tarda a vir, assim que aquela se despedaça contra a realidade. Melhor seria fazer das muitas possibilidades ruins o objeto de nossa especulação, o que daria vazão em parte a medidas para evitá-las, e em parte a surpresas agradáveis quando não se realizassem – pois ficamos sempre sensivelmente mais alegres após termos passado por um susto. Sim, chega a ser bom presentificar às vezes grandes infortúnios que poderiam possivelmente nos atingir, para que depois suportemos com mais facilidade os outros, muito menores, que nos atingem realmente, consolando-nos com a recordação daqueles grandes infortúnios que não chegaram a nos afetar. Não se deve, porém, negligenciar a regra anterior em favor desta.

15) Como as questões e os acontecimentos que nos dizem respeito surgem de maneira completamente singular, misturando-se sem ordem e sem relação entre si, nos mais intensos contrastes e sem possuir nada em comum além do fato de dizerem respeito a nós; da mesma maneira o nosso pensamento e nossas providências em relação a elas precisam ser igualmente abruptos, para corresponder-lhes. – Consequentemente, quando empreendemos *uma coisa*, precisamos abstrair de todo o resto e levá-la a cabo, para arranjar, desfrutar, suportar tudo em seu tempo, sem qualquer preocupação com o restante: precisamos, portanto, possuir como que gavetas de nossos pensamentos, de modo que possamos abrir uma delas enquanto todas as demais permanecem fechadas. Com isso conseguimos que uma preocupação que nos oprime não perturbe cada pequeno deleite do presente, roubando-nos toda tranquilidade; que uma reflexão não suprima a outra; que a preocupação com uma questão importante não traga consigo o descuido de muitas outras menores etc. Mas principalmente aquele capaz de pensamentos mais elevados não deve jamais permitir que seu espírito seja tão

completamente absorvido e preenchido por questões pessoais e preocupações inferiores, a ponto de estas bloquearem o acesso àqueles: pois isso seria propriamente *propter vitam vivendi perdere causas* [para viver, perder as razões de viver (Juvenal, *Sátiras* VIII, 84)]. – É certamente necessária, para tal direcionamento e desvio de nós mesmos, como para tantas outras coisas, a autodisciplina: para tal, porém, deveria fortificar-nos a consideração de que todo ser humano tem de sofrer muitas e grandes coações externas, não havendo nenhuma vida livre delas; que, no entanto, uma pequena autodisciplina exercida no momento certo evita, posteriormente, muita coação externa, como uma pequena seção do círculo próxima ao centro corresponde a uma seção frequentemente cem vezes maior na periferia. Não há nada que evite tanto a coação de fora quanto a autodisciplina: é o que diz a sentença de Sêneca: *si tibi vis omnia subjicere, te subjice rationi* [se queres submeter tudo a ti, então submete-te à razão] (*Epistulae* 37). Também estamos sempre em poder da autodisciplina e podemos, em casos extremos ou quando ela atinge nosso ponto fraco, ceder um pouco: a coação externa, em contrapartida, é brutal, impiedosa e sem consideração. Por isso é sábio prevenir esta por meio daquela.

16) Conferir um objetivo a nossos desejos, pôr freios aos nossos apetites, domar nossa ira, tendo sempre em mente que ao indivíduo é obtenível apenas uma parte infinitamente pequena de tudo quanto é desejável, enquanto que todos estão fadados a muitos males, ou seja, em uma palavra: ἀπέχειν καὶ ἀνέχειν, *abstinere et sustinere* [abster-se e suportar], é uma regra sem cuja observância nem riqueza nem poder podem impedir que nos sintamos miseráveis. É o que tem em mente Horácio, quando diz:

> *Inter cuncta leges, et percontabere doctos*
> *Qua ratione queas traducere leniter aevum;*
> *Ne te semper inops agitet vexetque cupido,*
> *Ne pavor, et rerum mediocriter utilium spes.*
> [Em meio a tudo lê e pergunta aos doutos
> Como podes passar a vida com leveza,

Que a concupiscência, a eternamente carente, não te atormente
Nem o pavor e a esperança quanto a coisas pouco úteis.
(*Epístolas* I, 18, 96-99)]

17) Ὁ βίος ἐν τῇ κινήσει ἐστί [a vida consiste em movimento] (*vita motu constat*), diz Aristóteles*, com razão evidente: e como, portanto, nossa vida se constitui apenas de e por meio de um movimento incessante, também a nossa vida espiritual interior exige ocupação constante com alguma coisa, seja ação ou pensamento: uma prova disso é dada já pelo tamborilar com as mãos ou com qualquer objeto, de que as pessoas se utilizam imediatamente quando desocupadas e distraídas. Pois nossa existência é essencialmente uma atividade infatigável: por isso a completa inatividade se nos torna logo insuportável, trazendo consigo o mais terrível tédio. Mas esse impulso deve ser regulado para que seja satisfeito de maneira metódica e, com isso, melhor. Pois a atividade – fazer algo, quando possível produzir algo, mas no mínimo aprender algo – é imprescindível para a felicidade humana: suas forças anseiam por ser utilizadas e quer-se observar o resultado desse uso de alguma maneira. A maior satisfação, porém, nesse sentido, é obtida quando se *produz*, realiza algo, seja uma cesta, seja um livro; mas ver uma obra crescer diariamente sob as mãos e finalmente atingir a conclusão gera uma felicidade imediata. Esta felicidade pode ser obtida com uma obra de arte, um escrito, sim, mesmo com um mero trabalho manual: embora, certamente, quanto mais elevada a espécie do trabalho, tanto maior será o prazer. Mais felizes nesse sentido são os altamente dotados que estejam conscientes da capacidade para gerar obras grandes, significativas e coerentes. Pois com isso estende-se sobre toda sua existência um interesse de espécie mais elevada, conferindo-lhe um tempero que falta às demais, as quais, quando comparadas a esta, chegam a ser insípidas. Pois para os mais dotados a vida e o mundo possuem, juntamente com o interesse material comum a todos, ainda um segundo interesse, mais

* Ver p. 20. (N.T.)

elevado, na medida em que contêm o material para suas obras, com cuja coleta se ocupam assiduamente ao longo de suas vidas, assim que as necessidades pessoais os deixam tomar algum fôlego. Também o seu intelecto é em certa medida duplo: em parte, como todos os outros, voltado às relações comuns (questões da vontade); em parte voltado à apreensão puramente objetiva das coisas. Vivem, assim, de maneira dupla, são simultaneamente espectadores e atores, enquanto que os demais são unicamente atores. – Entretanto, que todos façam algo segundo a medida de suas capacidades. Pois o efeito prejudicial da carência de atividade metódica, de algum trabalho, sobre nós torna-se perceptível em longas viagens de lazer, nas quais nos sentimos vez ou outra verdadeiramente infelizes; e isso porque, sem ter nenhuma ocupação efetiva, nos encontramos como que deslocados de nosso elemento natural. Esforçar-se e lutar com a resistência é uma necessidade do ser humano, assim como cavar o é para a toupeira. A paralisação que a suficiência absoluta de um prazer permanente traria consigo ser-lhe-ia insuportável. O verdadeiro prazer da existência humana consiste na superação de obstáculos, sejam materiais, como na atividade, sejam espirituais, como no estudo e na pesquisa: a luta com eles e a vitória trazem felicidade. Caso faltem oportunidades para tal, o ser humano as criará, na medida do possível: sempre de acordo com sua individualidade, ele caçará ou jogará bilboquê, ou, guiado pelo impulso inconsciente de sua natureza, procurará confusão ou tecerá intrigas ou meter-se-á em trapaças e ruindades de todo tipo, apenas para pôr fim ao insuportável estado de repouso. *Difficilis in otio quies* [difícil no ócio a tranquilidade].

18) Não se deve tomar *imagens da fantasia* como guia dos anseios, mas *conceitos* pensados com nitidez. Na maioria das vezes, porém, ocorre o contrário. Pois notar-se-á com um exame mais detido que, em última instância, não são os conceitos e juízos que na maioria das vezes decidem nossas resoluções, mas uma imagem da fantasia que representa uma das alternativas. Não sei mais em que romance de Voltaire ou Diderot, sempre que o herói, como um jovem Hércules, se via diante de uma encruzilhada, a

virtude apresentava-se sob a forma de seu antigo preceptor, segurando na mão esquerda uma lata e na direita uma pitada de rapé, e assim moralizando; o vício, em contrapartida, surgia sob a forma da criada de sua mãe. – Especialmente na juventude o objetivo de nossa felicidade é fixado sob a forma de algumas imagens, que frequentemente perduram por um longo tempo, sim, pela vida inteira. Elas são, na verdade, fantasmas provocadores: pois, uma vez alcançadas, desfazem-se no ar quando fazemos a experiência de que não nos dão nada daquilo que prometeram. São dessa espécie cenas singulares da vida doméstica, civil, social, campestre, imagens do domicílio, do ambiente, de condecorações, de continências etc. etc.; *chaque fou a sa marotte* [cada louco com sua mania]: também a imagem da amada é frequentemente desse gênero. É certamente natural que assim ocorra conosco: pois aquilo que é intuitivo, por ser imediato, age também de maneira mais imediata sobre nossa vontade do que o conceito, o pensamento abstrato, o qual fornece apenas o universal sem o particular, justamente no qual, porém, está contida a realidade: por isso, o conceito pode agir apenas de maneira mediata sobre a nossa vontade. E, no entanto, apenas o conceito cumpre sua palavra: daí ser inteligente confiar somente nele. Ele precisará certamente ser explicado e parafraseado por meio de algumas imagens: mas que isso ocorra *cum grano salis* [com um grão de sal – isto é, com parcimônia].

19) É possível subsumir a regra anterior à seguinte, mais universal, de que se deve, de maneira geral, dominar sempre a impressão daquilo que está presente intuitivamente. Esse gênero de coisas possui uma força desproporcional em relação ao que é meramente pensado e sabido, não graças a sua matéria e seu conteúdo, os quais são frequentemente bastante ínfimos, mas graças a sua forma intuitiva e imediata, que penetra a mente e perturba a sua tranquilidade ou abala os seus propósitos. Pois aquilo que está presente, intuitivo, por ser facilmente visível, age sempre com toda a força de uma só vez: pensamentos e razões, em contrapartida, exigem tempo e tranquilidade para serem examinados parte por parte, não se podendo, por isso, tê-los a todo instante presentes em sua

completude. Consequentemente, aquilo que é agradável excita-nos com sua vista, mesmo que tenhamos abdicado do objeto em questão por meio da reflexão; da mesma maneira que um juízo nos magoa, mesmo que estejamos cientes de sua completa incompetência; ou que uma ofensa nos zanga, embora saibamos que ela é desprezível; ou que dez razões contra a existência de um perigo são sobrepujadas pela falsa aparência de sua presença efetiva etc. Em todos esses casos faz-se valer a irracionalidade primordial de nossa essência. Também as mulheres sucumbirão frequentemente a uma impressão desse gênero, e poucos homens possuem uma tal preponderância da razão que lhes permita não sofrer os efeitos da mesma. Quando não formos capazes de subjugá-la completamente por meio de meros pensamentos, o melhor é neutralizar uma impressão por meio da que lhe é oposta, por exemplo neutralizar a impressão de uma ofensa procurando aqueles que nos têm em alta estima ou a da ameaça de um perigo com a observação daquilo que o combate. Pois pôde até mesmo aquele italiano de que conta Leibniz (nos *Novos ensaios*, livro I, cap. 2, § 11) resistir às dores da tortura ao, conforme ele se propusera, não deixar escapar nenhum momento da fantasia a imagem da forca, à qual sua confissão o teria levado; razão pela qual ele gritava *io ti vedo* [eu te vejo], palavras que ele mais tarde explicou nesse sentido. – Justamente devido à razão aqui considerada é difícil, quando todos que nos cercam têm uma opinião distinta da nossa, entendendo-se quanto a ela, não entrar em dúvida por causa disso, mesmo que estejamos convencidos de seu equívoco. A um rei perseguido que foge, viajando estritamente *incognito*, a cerimônia de submissão de seu acompanhante de confiança, observada entre quatro paredes, deve ser um fortalecimento do ânimo quase necessário para que ele não acabe duvidando de si mesmo.

20) Após já ter salientado no segundo capítulo o alto valor da *saúde*, a qual é o primeiro e mais importante para a nossa felicidade, quero apontar aqui algumas regras de comportamento bastante gerais para sua fortificação e manutenção.

Que, enquanto se estiver saudável, se adquira resistência impondo ao corpo, tanto no todo como em cada parte, tantos esforços e fadigas quanto for possível e acostumando-se a resistir a influências hostis de toda espécie. Assim que, em contrapartida, se manifestar um estado enfermo, seja do todo ou de uma parte, deve-se aplicar imediatamente a medida contrária e poupar o corpo enfermo e cuidar dele ou de sua parte de todas as maneiras possíveis: pois aquilo que sofre e se encontra enfraquecido não é capaz de adquirir resistência nenhuma.

O músculo é fortalecido por meio do uso intenso; o nervo, em contrapartida, é com isso enfraquecido. De maneira que se deve exercitar os músculos por meio de esforços adequados, mas, por outro lado, proteger os nervos de qualquer esforço, ou seja, proteger os olhos de luzes claras demais, especialmente as refletidas, de todo esforço no crepúsculo, assim como evitar observar prolongadamente objetos pequenos demais; proteger igualmente os ouvidos de sons demasiado fortes; especialmente, porém, proteger o cérebro de trabalhos forçados, demasiado prolongados ou inoportunos: que, pois, se o deixe em repouso durante a digestão, porque então justamente a mesma força vital que constitui pensamentos no cérebro trabalha esforçadamente no estômago e nos intestinos para preparar o quimo e o quilo; assim como durante ou também após esforços musculares significativos. Pois ocorre com os nervos motores o mesmo que com os sensíveis, e, assim como a dor que sentimos em membros feridos se encontra na verdade no cérebro, também não são realmente as pernas e os braços que andam e trabalham, mas o cérebro, a saber, a parte do mesmo que, por meio da medula cervical e espinhal, excita os membros, pondo-os assim em movimento. De acordo com isso, também o cansaço que sentimos nas pernas ou nos braços encontra-se na verdade no cérebro; razão pela qual justamente apenas *aqueles* músculos cujo movimento é arbitrário, isto é, parte do cérebro, sentem fadiga, e aqueles que trabalham sem arbítrio, como o coração, não. É evidente, portanto, que o cérebro é prejudicado quando o forçamos simultaneamente ou sucessivamente à atividade muscular intensa e à tensão intelectual. Isso não contradiz o fato de que, no começo de um passeio ou em caminhadas curtas em geral, sintamos frequentemente uma atividade intelectual mais elevada: pois nesses momentos as mencionadas partes do cérebro ainda não se cansaram, e uma tal atividade muscular leve e a respiração por ela intensificada estimula, por outro lado, a circulação do sangue arterial, o qual agora também está melhor oxigenado. – Especialmente importante, porém, é dar ao cérebro a medida de sono completa necessária para a sua reflexão; pois o sono é para o ser humano como um todo aquilo que a corda é para o relógio (compare-se *O mundo como vontade e representação* II, p. 217). Essa medida será tanto maior, quanto mais desenvolvido e ativo for o cérebro; ultrapassá-la, porém, seria mera perda de tempo, pois o sono passa então a perder em intensidade aquilo que ganha em extensão.* Que se compreenda, a nível geral, que nosso pensamento nada mais é que a função orgânica do cérebro, comportando-se, portanto, com vistas ao esforço e ao repouso, de maneira análoga a todas as demais atividades orgânicas. Assim como o olho é arruinado pelo esforço desmedido, ocorre o mesmo com o cérebro. Foi dito com razão: o cérebro pensa como o estômago digere. A ilusão de uma alma imaterial, simples, essencial, sempre pensante e portanto incansável, a qual estaria apenas alojada no cérebro, não necessitando de nada deste mundo, certamente induziu muitos a atividades desarrazoadas e ao embotamento de suas forças intelectuais; como por exemplo Frederico, o Grande, que tentou certa vez deixar de dormir completamente. Os professores de filosofia fariam bem em não estimular, por meio de sua filosofia travestida, que quer sempre apenas justificar o catequismo, essa ilusão, a qual chega a ser perniciosa na prática. – É preciso acostumar-se a considerar as forças intelectuais como funções absolutamente fisiológicas para tratá-las, poupá-las, estimulá-las etc. de acordo com isso e ter em mente que

* O sono é um pedaço de *morte* que tomamos antecipadamente de empréstimo, recuperando e renovando assim a vida esgotada durante o dia. *Le sommeil est un emprunt fait à la mort* [o sono é um empréstimo feito à morte]. O sono toma de empréstimo da morte para a manutenção da vida. Ou: ele é o *juro provisório* da morte, a qual é, ela mesma, o pagamento em capital. Este é exigido tanto mais tarde quanto mais abundantes os juros e com quanto mais regularidade forem pagos. (N.A.)

todo sofrimento corpóreo, toda fadiga, desordem, não importando a parte em que ocorra, afeta o espírito. Para tal habilita-nos da melhor maneira *Cabanis*, *Des rapports du physique et du moral de l'homme* [Das relações entre o físico e o moral no homem].

O descuido em relação ao conselho aqui dado é a causa de muitos grandes espíritos, como também grandes eruditos, terem se tornado estúpidos, infantis e até mesmo insanos na velhice. Que, por exemplo, os tão admirados poetas ingleses deste século, como *Walter Scott*, *Wordsworth*, *Southey*, entre outros, tenham, na velhice, sim, já com sessenta anos, se tornado intelectualmente embotados e incapazes, chegando a decair ao nível da imbecilidade, deve sem dúvida ser explicado pelo fato de, todos, seduzidos pelos altos honorários, terem exercido a escrita como profissão, isto é, terem escrito por dinheiro. Isso leva a um esforço antinatural, e quem põe rédeas a seu Pégaso e açoita sua musa irá expiá-lo de maneira análoga àquele que realizou trabalhos forçados a serviço de Vênus. Eu desconfio que também *Kant*, em seus últimos anos, após ter finalmente se tornado famoso, tenha trabalhado excessivamente, tendo provocado com isso a segunda infância de seus quatro últimos anos. Os senhores da corte weimariana – Goethe, Wieland, Knebel –, em contrapartida, permaneceram intelectualmente capazes e ativos até idade avançada, sim, avançadíssima, porque não escreviam por dinheiro; o mesmo ocorreu com Voltaire.

Cada mês do ano possui uma influência própria e imediata, isto é, independente do clima, sobre a nossa saúde, nossos estados corpóreos em geral, sim, inclusive sobre os intelectuais.

C. Referentes à nossa relação com outros

21) Para sobreviver no mundo é adequado trazer consigo uma grande provisão de *precaução* e *indulgência*: por meio da primeira é-se protegido de danos e perdas, por meio da última, de conflitos e contendas.

Quem tiver de viver entre os homens não pode repudiar incondicionalmente nenhuma individualidade, nem mesmo a pior, a mais miserável ou ridícula, uma vez que cada uma delas é imposta e dada por natureza. É preciso muito antes tomá-las como algo imodificável, que tem de ser assim como é graças a um princípio eterno e metafísico, e nos piores casos deve-se pensar: "é preciso que hajam também figuras como essas" [Goethe, *Fausto* I, v. 3483]. Não pensando dessa maneira estar-se-á sendo injusto e desafiando o outro à guerra de vida ou morte. Pois ninguém é capaz de modificar sua verdadeira individualidade, isto é, seu caráter moral, suas faculdades cognitivas, seu temperamento, sua fisionomia etc. Ora, se condenamos seu ser por completo, então não lhe resta nada a não ser combater-nos como um inimigo mortal: pois queremos conceder-lhe o direito à existência apenas sob a condição de que ele se torne um outro, que não aquele que ele irrevogavelmente é. Por isso precisamos, para poder viver entre os homens, deixar cada um existir e valer com a individualidade que lhe é dada, não importando como esta tenha saído, e podemos apenas ponderar sobre como utilizá-la assim, conforme permita a sua espécie e sua constituição, mas não ter esperanças de modificá-la, tampouco simplesmente condená-la assim como é. É esse o verdadeiro sentido do provérbio: "vive e deixa viver". Essa tarefa, entretanto, não é tão fácil quanto justa, e é de se considerar feliz aquele ao qual é permitido evitar sempre certas individualidades. – Entrementes, para aprender a suportar pessoas, que se exercite a paciência com objetos inanimados, os quais, devido a necessidades mecânicas ou meramente físicas, se opõem com grande obstinação à nossa ação; para o que temos oportunidades diárias. Depois se aprende a transferir a paciência assim obtida para pessoas, na medida em que se adquire o costume de pensar que também elas, sempre que agem como obstáculos para nós, o fazem graças a uma necessidade que provém de sua natureza, com um rigor igual àquele com que agem as coisas inanimadas; daí ser igualmente tolo indignar-se com suas ações do que com uma pedra que atravessa nosso caminho. Com muitas delas o mais astuto é pensar: "não haverei de mudá-lo; quero, então, usá-lo".

22) É impressionante a facilidade e a velocidade com que a homogeneidade ou heterogeneidade do espírito e da mente se

manifestam no diálogo: elas são perceptíveis nas coisas mais triviais. Mesmo que o diálogo diga respeito às coisas mais exóticas ou indiferentes: entre duas pessoas essencialmente heterogêneas quase toda frase de uma desagradará à outra em certa medida, e muitas chegarão a ser-lhe irritantes. Pessoas homogêneas, em contrapartida, sentem imediatamente e em tudo uma certa concordância, a qual, no caso de uma grande homogeneidade, logo conflui até atingir a mais perfeita harmonia, sim, um uníssono. Disso explica-se, primeiramente, por que as pessoas comuns são tão sociáveis e encontram com tanta facilidade boa companhia em toda parte – pessoas tão direitas, amáveis, honradas. Com as pessoas incomuns ocorre o contrário, e tanto mais quanto mais excepcionais forem; de maneira que, em seu isolamento, podem se alegrar verdadeiramente quando por vezes encontrarem em um outro uma única fibra sequer que lhes seja homogênea, por menor que seja! Pois cada um pode ser para o outro apenas tanto quanto este é para ele. Os espíritos realmente grandes fazem seus ninhos nas alturas, como as águias: a sós. – Em segundo lugar, porém, é compreensível a partir disso como aqueles de disposição idêntica se encontram tão rapidamente, como se fossem atraídos magneticamente uns aos outros – almas aparentadas saúdam-se à distância. Com a maior frequência, certamente, ter-se-á oportunidade para observá-lo em pessoas com intenções vulgares ou pouco dotadas; mas apenas porque estas existem às legiões, enquanto que as naturezas melhores e mais nobres são as mais raras. De acordo com isso, por exemplo, dois verdadeiros patifes haverão de reconhecer-se em uma grande comunidade voltada a fins práticos com tanta rapidez, que é como se carregassem um estandarte, e haverão de unir-se imediatamente para tramar abusos ou intrigas. Igualmente, se, *per impossibilie* [o que é impossível], imaginarmos uma grande sociedade composta de pessoas altamente sensatas e espirituosas, a não ser por dois imbecis que também lá se encontravam; então estes haverão de se sentir atraídos um ao outro por simpatia, e logo cada um dos dois alegrar-se-á de coração por ter encontrado ali pelo menos um homem razoável. É deveras peculiar testemunhar como duas pessoas, especialmente daquelas moral e intelectualmente inferiores, se reconhecem à primeira vista, anseiam fervorosamente por aproximar-se uma à outra e, cumprimentando-se com amizade e alegria, precipitam-se uma contra a outra como se fossem velhos conhecidos – é algo tão notável que se é tentado a supor, de acordo com a doutrina budista da metempsicose, que eles já tenham sido amigos em uma vida anterior.

O que, porém, mesmo com grande concordância, mantém as pessoas separadas, podendo também gerar uma desarmonia passageira entre elas, é a diversidade dos ânimos momentâneos, os quais são quase sempre diferentes em cada um, segundo sua situação atual, sua ocupação, seu ambiente, seu estado corporal, os pensamentos que lhe passam momentaneamente pela cabeça etc. Com isso surgem dissonâncias entre as personalidades mais harmônicas. Fazer a correção exigida para suspender essa perturbação e ser capaz de introduzir uma temperatura equilibrada seria uma obra da mais elevada instrução. É possível medir o quanto a igualdade de ânimos favorece a comunidade social no fato de que até mesmo uma sociedade numerosa é levada com prazer geral à comunicação vivaz e ao interesse sincero assim que algo objetivo, seja um perigo, uma esperança, uma notícia ou uma visão rara, uma peça teatral, uma música ou qualquer outra coisa do gênero age sobre todos simultaneamente e da mesma maneira: pois coisas dessa espécie, uma vez que subjugam todos os interesses privados, geram uma unidade universal de ânimos. Na falta de um tal efeito objetivo recorre-se via de regra a um subjetivo, de maneira que a bebida é o meio usual para trazer a sociedade a um ânimo comum. Até mesmo chá e café servem a esse propósito.

Mas justamente a partir daquela desarmonia que a diversidade dos ânimos momentâneos introduz como tanta facilidade em toda comunidade é em parte explicável que na recordação, livre destes e de todas as influências incômodas, embora passageiras, cada um se represente de maneira idealizada, sim, por vezes quase glorificada. A recordação age como a lente convexa na *camera obscura*: ela contrai tudo e gera por meio disso uma imagem muito mais bela do que o seu original. Já com a mera ausência adquirimos o privilégio de sermos vistos dessa maneira. Pois, embora a recordação idealizadora necessite de algum tempo para realizar sua obra, ela é, entretanto, iniciada imediatamente. Por isso chega a ser astuto mostrar-se a seus conhecidos e bons amigos apenas em intervalos significativos; pois haver-se-á de notar no reencontro que a recordação já estava trabalhando.

23) Ninguém é capaz de ver *para além de si*. Com isso quero dizer: cada um vê no outro apenas tanto quanto ele mesmo também é; pois ele pode apreendê-lo e compreendê-lo unicamente segundo a medida de sua própria inteligência. Agora, se esta é de espécie inferior, então todos os dotes intelectuais, mesmo os maiores, irão falhar em sua ação sobre ele, e ele não haverá de perceber nada em seu possuidor além de apenas o mais baixo de sua individualidade, isto é, apenas o conjunto de suas fraquezas, as falhas de seu temperamento e de seu caráter. Essa será para ele a sua composição. Suas faculdades intelectuais mais elevadas estão tão pouco presentes para ele quanto a cor para o cego. Pois todos os espíritos são invisíveis para aquele que não o possui: e toda avaliação é um produto do valor de quem é avaliado com a esfera cognitiva daquele que o avalia. Disso segue que nos nivelamos com cada um com que falamos, na medida em que tudo em que podemos excedê-lo desaparece, e até a abnegação exigida para tal permanece completamente oculta. Se considerarmos, agora, o quão absolutamente mal-intencionada e mal-dotada, ou seja, o quão absolutamente *ordinária* a maioria das pessoas é, então veremos que não é possível falar com elas sem nos tornarmos, durante esse tempo, (em analogia com a distribuição elétrica) nós mesmos *ordinários*, com o que compreenderemos, então, a fundo o verdadeiro sentido e o acerto da expressão alemã *sich gemein machen**; passando, também, por outro lado, a evitar toda sociedade com a qual é possível se comunicar apenas por meio das *partie honteuse* [partes pudendas] de nossa natureza. Também dar-nos-emos conta de que diante de imbecis e néscios só há *um*

* A expressão possui duplo sentido: entrar em comunidade com algo ou alguém (lit. "fazer-se comum"), mas também "tornar-se ordinário" ou "fazer-se vulgar". (N.T.)

meio para explicitar o nosso entendimento, qual seja: não falar com eles. Mas certamente alguns, então, quando em sociedade, haverão de se sentir como um dançarino que veio a um baile e nele encontrou um bando de paralíticos: com quem haverá de dançar?

24) Ganha a minha estima, como um escolhido entre cem, *aquela* pessoa que, quando tem de esperar por alguma coisa, ou seja, quando está sentada sem nada para fazer, não começa imediatamente a martelar ou tamborilar de maneira ritmada com aquilo que tem nas mãos, seja com seu cajado ou com garfo e faca ou com qualquer outra coisa. É provável que esteja pensando em alguma coisa. Em contrapartida, é perceptível, em muitas pessoas, que nelas a visão ocupou completamente a posição do pensamento: elas buscam fazer-se conscientes de sua existência tamborilando – isto é, caso não tenham um charuto à mão, que serve ao mesmo propósito. Pela mesma razão são também constantemente todas olhos e ouvidos para tudo que ocorre ao seu redor.

25) *Rochefoucauld* notou com acerto que é difícil respeitar alguém e simultaneamente amá-lo intensamente. Teríamos, pois, a escolha entre querer obter o amor ou o respeito das pessoas. Seu amor é sempre interessado, embora das maneiras mais distintas. Além disso, aquilo por meio de que se o obtém nem sempre é objeto de orgulho. Alguém será amado principalmente na medida em que reduzir sua exigência de espírito e coração nos outros, e isso seriamente e sem simulação, não apenas com aquela indulgência que brota do desprezo. Se nos remetemos agora ao dito altamente veraz de *Helvétius*: *le degré d'esprit nécessaire pour nos plaire, est une mesure assez exacte du degré d'esprit que nous avons* [o grau de espírito necessário para nos agradar é uma medida assaz exata do grau de espírito que possuímos (*Do espírito*, 2, cap. 10, nota)], a conclusão segue dessas premissas. – Com o respeito das pessoas, em contrapartida, ocorre o contrário: ele é arrancado delas apenas contra a sua vontade, e, justamente por isso, será também na maioria das vezes dissimulado. Por isso ele nos dá uma satisfação interior muito maior: ele depende de nosso valor; o que não vale imediatamente para o amor das pessoas: pois este

é subjetivo; o respeito, porém, objetivo. No entanto, o amor nos é certamente mais útil.

26) A maioria das pessoas é tão subjetiva que no fundo nada tem interesse para elas além delas mesmas. Daí vem que, em tudo que seja dito, pensem imediatamente em si mesmas, e que toda relação casual com algo que lhes diga respeito pessoalmente, por mais distante que seja, obtenha sua completa atenção, possuindo-as; de modo que não lhes resta nenhuma capacidade de compreensão para o elemento objetivo do discurso, não havendo, tampouco, razões que valham para elas assim que seu interesse ou sua vaidade se lhes oponham. Por isso se distraem, se ferem, se ofendem ou se magoam tão facilmente, de maneira que, falando objetivamente com elas, do que quer que seja, não se pode tomar cuidado suficiente para evitar qualquer possível relação, talvez desfavorável, daquilo que é dito com o valioso e delicado sujeito que se tem diante de si: pois importam-se unicamente com ele, e mais nada, e, enquanto são incapazes e insensíveis para o que há de verdadeiro e certeiro, ou de belo, fino, gracioso, no discurso alheio, possuem a mais delicada sensibilidade para tudo que poderia ferir sua mesquinha vaidade ou refletir de alguma maneira desfavorável sobre o seu tão precioso eu, seja pela via mais distante e indireta; de maneira que se assemelham a pequenos cãezinhos em sua vulnerabilidade, em cujas patas se pisa tão facilmente sem querer, para então ter de suportar os seus guinchos; ou que também possam ser comparadas a doentes cobertos de feridas e inchaços, em cuja presença é preciso evitar com a maior precaução qualquer contato possível. Alguns, porém, vão tão longe a ponto de, em uma conversa, sentirem como uma verdadeira ofensa a demonstração, mesmo o ocultamento insuficiente de espírito ou entendimento, muito embora o dissimulem em um primeiro momento; após o que, mais tarde, o inexperiente cogita e cisma, buscando saber por que raios ele teria atraído sobre si o rancor e o ódio dos demais. Graças à mesma subjetividade, a maioria das pessoas é também lisonjeada e persuadida com grande facilidade. Por isso o seu juízo é na maior parte das vezes corrompido, sendo uma mera palavra em favor de seu partido ou de sua classe, e não

algo de objetivo e justo. Tudo isso deve-se ao fato de nestas pessoas a vontade sobrepujar de longe a cognição e de seu intelecto inferior estar completamente a serviço da vontade, da qual não conseguem se livrar por nenhum instante sequer.

Uma excelente prova da deplorável *subjetividade* das pessoas, graças à qual elas relacionam tudo consigo mesmas, retornando de cada pensamento imediatamente, em linha reta, a si, é dada pela *astrologia*, que relaciona os movimentos dos grandes corpos astrais com o miserável eu, conectando também os cometas no céu com as querelas e patifarias mundanas. Isso, porém, ocorre em todos os tempos, já nos mais antigos. (Veja-se por exemplo Estobeu, *Eclogae ethicae et physicae* [Éclogas éticas e físicas] I, cap. 22, 9, p. 478.)

27) Não se deve desesperar com cada absurdo dito em público ou na sociedade ou escrito na literatura e bem recebido, ou pelo menos não refutado, e pensar que a coisa terminará dessa maneira, mas consolar-se com o conhecimento de que o assunto será em seguida gradualmente ruminado, iluminado, deliberado, ponderado, discutido e, na maioria das vezes, por fim julgado corretamente; de maneira que, após um período adequado à sua dificuldade, finalmente quase todos compreenderão aquilo que a mente clara viu imediatamente. Enquanto isso, é preciso certamente ter paciência. Pois um homem de noções corretas entre os equivocados é como alguém cujo relógio está ajustado em uma cidade em que os relógios de todas as torres estão errados. Ele é o único a saber a hora certa: mas de que lhe serve sabê-lo? O mundo todo orienta-se pelos relógios errados da cidade; mesmo aqueles que sabem que o seu relógio é o único a mostrar a hora verdadeira.

28) As pessoas são como as crianças que ficam malcriadas quando mimadas; por isso não se pode ser demasiado transigente e amoroso com ninguém – assim como, via de regra, não se perderá nenhum amigo por negar-lhe um empréstimo, mas facilmente por concedê-lo; igualmente não se o perderá por um comportamento orgulhoso e em certa medida descuidado, mas frequentemente graças a uma amabilidade e uma gentileza desmedidas, uma vez que estas

o tornam arrogante e insuportável, o que leva ao rompimento da amizade. Especialmente, porém, o pensamento de que se necessita delas é simplesmente insuportável às pessoas: arrogância e presunção são suas consequências inevitáveis. Em alguns indivíduos elas surgem em certa medida já quando nos entregamos a eles, por exemplo falando frequentemente ou de maneira íntima com eles: logo pensarão que também haveremos de tolerar-lhes certas coisas e tentarão expandir os limites da cortesia. Por isso há tão pouca gente apropriada para o trato mais íntimo, devendo-se tomar cuidado especial para não comungar com naturezas inferiores. Se, agora, alguém chegar a ter a ideia de que ele me é muito mais necessário do que eu a ele, então sente-se logo como se eu lhe tivesse roubado algo: ele buscará vingar-se e reavê-lo. *Superioridade* no trato surge unicamente quando não se carece do outro de maneira alguma e se o faz visível. Por isso é aconselhável tornar de tempos em tempos perceptível a todos, seja homem ou mulher, que se poderia passar muito bem sem eles: isso fortalece a amizade; sim, à maioria das pessoas não pode fazer mal que se deixe escapar vez ou outra um grão de menosprezo contra elas: com isso darão tanto mais valor à nossa amizade: *chi non estima vien stimato* (quem não estima é estimado), diz um fino provérbio italiano. Se, porém, alguém nos é realmente muito valioso, então precisamos dissimular essa estima diante dele, como se fosse um crime. Ora, isso não é algo agradável; em compensação, é verdade. Mesmo cães mal suportam a amabilidade exagerada, imagine-se então as pessoas.

29) Que pessoas de espécie mais nobre e de dotes mais elevados revelem com tanta frequência, principalmente na juventude, uma notável carência em conhecimento da natureza humana e prudência, sendo por isso enganadas ou desorientadas com facilidade, enquanto que as naturezas inferiores aprendem muito mais rápido e melhor a se orientar no mundo, deve-se ao fato de que, não possuindo experiência, é preciso julgar *a priori*, e que, em geral, nenhuma experiência se iguala ao *a priori*. Ora, esse *a priori* fornece àqueles de espécie comum o seu próprio eu, mas não aos nobres e primorosos: pois justamente enquanto tais eles são altamente diferentes dos

demais. De maneira que, calculando o pensar e o agir dos outros de acordo com o próprio, o resultado não sai exato.

Agora, mesmo quando uma pessoa desse tipo finalmente aprendeu, por via *a posteriori*, isto é, a partir do ensinamento alheio e da própria experiência, o que é de se esperar dos seres humanos em geral, a saber, que por volta de cinco sextos dos mesmos têm uma tal constituição moral ou intelectual que quem não for posto em ligação com eles graças a condições exteriores fará melhor em evitá-los antecipadamente e, na medida do possível, permanecer sem qualquer contato com eles – mesmo assim, ele não terá jamais um conceito *suficiente* de sua mesquinhez e miséria, mas precisará sempre, enquanto viver, ainda estendê-lo e complementá-lo, durante o que, porém, seguirá errando frequentemente no cálculo, para sua própria desvantagem. E então, após ter realmente assimilado o ensinamento obtido, ocorrer-lhe-á ainda assim por vezes que, chegando a uma sociedade de pessoas ainda desconhecidas, se admire com o fato de todas elas, a julgar pelos discursos e expressões, parecerem razoáveis, honestas, honradas e virtuosas, até mesmo pudicas e espirituosas. Mas isso não deveria enganá-lo: pois deve-se apenas ao fato de a natureza não fazer como os maus poetas, os quais, quando representam patifes ou néscios, põem-se a trabalho de maneira tão grosseira e tão plenos de intenção que é como se víssemos atrás de cada uma dessas personagens o poeta desautorizando continuamente seus sentimentos e discursos e gritando com voz de advertência: "Este aqui é um patife, este outro é um néscio; não deis nada pelo que diz!". A natureza, em contrapartida, faz como Shakespeare e Goethe, em cujas obras cada personagem, e fosse o próprio diabo, permanece certa enquanto se apresenta e fala; porque elas são concebidas de maneira tão objetiva que somos atraídos em seu interesse e forçados a concordar com elas: pois, exatamente como as obras da natureza, desenvolvem-se a partir de um princípio interno, graças ao qual aquilo que dizem e fazem aparece como natural e, logo, como necessário. – Ou seja, quem esperar que no mundo os diabos andem por aí de chifres e os néscios com guizos irá sempre ser sua presa ou joguete. A isso soma-se ainda que as pessoas fazem no convívio como a lua e os corcundas, a saber, mostram sempre apenas um lado, tendo até mesmo um talento inato para modificar mimeticamente sua fisionomia e fazer dela uma máscara que representa com exatidão aquilo que *deveriam* realmente ser, a qual, por ser adequada exclusivamente à individualidade de cada uma delas, lhes cai e cabe com tal exatidão que seu efeito resulta sobremaneira enganador. Elas a vestem sempre que se trata de se insinuar. Deve-se dar-lhe tanta importância quanto se fosse de pano, tendo presente o excelente provérbio italiano: *non è si tristo cane, che non meni la coda* (não há cão tão mau que não abane o rabo).

Em todo caso, deve-se cuidar esmeradamente de ter uma opinião demasiado favorável de qualquer pessoa com a qual se trave conhecimento; caso contrário seguirá, na maioria das vezes, para a própria vergonha ou mesmo para prejuízo próprio, uma desilusão. – Também um dito de Sêneca merece ser aqui tomado em consideração: *argumenta morum ex minimis quoque licet capere* [do mais mínimo é possível extrair provas acerca de um caráter] (*Epistulae* 52). Justamente nas menores coisas, uma vez que nelas as pessoas não se contêm, é que se revela o seu caráter, de maneira que é possível muitas vezes observar confortavelmente, em ações insignificantes, em meras maneiras, o egoísmo ilimitado, que não conhece a menor consideração pelos outros, o qual mais tarde não se desmente nas coisas maiores, muito embora seja mascarado. E que não se perca tais oportunidades. Se, nos pequenos acontecimentos e nas pequenas relações cotidianas da vida, em coisas, das quais vale o *de minimis lex non curat* [a lei não cuida de insignificâncias], alguém procede sem consideração, buscando unicamente a sua vantagem ou o seu conforto para desvantagem dos demais, quando ele se apropria daquilo que está disponível para todos etc.; então que se esteja convencido de que não mora justiça em seu coração, mas que, pelo contrário, ele seria um patife também nas grandes coisas, assim que a lei e o poder não lhe atassem as mãos, e que não se confie que ele passe pela porta. Sim, quem quebra sem pudor as leis de seu clube irá também quebrar as do Estado, assim que puder fazê-lo sem perigo.*

Perdoar e esquecer significa arremessar pela janela experiências valiosas. Ora, se alguém com quem temos ligação ou contato demonstrou-nos algo de desagradável ou irritante, então devemos perguntar-nos se essa pessoa tem tanto valor para nós a ponto de querermos suportar novamente e diversas vezes o mesmo comportamento, até um tanto intensificado – ou não. Caso sim, não haverá muito a ser dito a respeito, porque falar pouco ajuda: devemos deixar passar o fato, com ou sem admoestação, sabendo, entretanto, que pedimos com isso que este se repita. Mas caso não queiramos suportá-lo, devemos imediatamente romper para sempre com o caro amigo ou, caso se trate de um servente, despedi-lo. Pois, uma vez repetindo-se a situação, ele haverá invariavelmente de agir novamente do mesmo modo ou de maneira totalmente análoga, mesmo que agora nos jure o contrário com toda a franqueza. Ele pode esquecer tudo, tudo, a não ser a si mesmo, sua própria essência. Pois o caráter é absolutamente incorrigível, uma vez que todas as ações do ser humano fluem de um princípio interno, graças ao qual ele, posto nas mesmas circunstâncias, precisa fazer sempre o mesmo, incapaz de variação. Leia-se o meu escrito premiado sobre a assim chamada liberdade da vontade e livre-se com isso da ilusão. Por isso também a reconciliação com um amigo com o qual se tinha rompido relações é uma fraqueza que é expiada quando o mesmo, na primeira oportunidade, faz mais uma vez justa e exatamente o mesmo que levara ao rompimento; sim, com tanto mais audácia, dado que agora possui a consciência velada de sua imprescindibilidade. O mesmo vale para serventes demitidos e readmitidos. Tampouco – e pelas mesmas razões – podemos esperar que alguém, sob condições *diferentes*, haverá de fazer o mesmo que antes. As

* Se o bem predominasse sobre o mal nas pessoas tal como são em sua maioria, então seria mais prudente fiar-se em sua justiça, equidade, gratidão, fidelidade, em seu amor ou em sua compaixão do que em seu temor: mas como com elas o caso é o oposto, então o oposto é mais prudente. (N.A.)

pessoas mudam muito antes a sua disposição e seu comportamento com a mesma velocidade com que mudam de interesse; sim, suas intenções modificam suas letras de câmbio tão rapidamente que seria preciso ser cego para não protestar contra elas.

Dado, portanto, que queiramos porventura saber como alguém agirá em uma situação em que pretendemos colocá-lo, não podemos construir nossas suposições sobre suas promessas e asserções. Pois, mesmo admitindo-se que essa pessoa fale com franqueza, ela ainda assim fala de um assunto que não entende. É preciso, portanto, calcular sua ação unicamente a partir da consideração das condições em que ela haverá de entrar e do conflito das mesmas com seu caráter.

De maneira geral, para obter a tão necessária, nítida e profunda compreensão da verdadeira, tristíssima constituição humana, é imensamente instrutivo utilizar suas ações e seus comportamentos na literatura como comentário de sua ação e de seu comportamento na vida prática e *vice versa*. Isso é muito útil para que não nos enganemos nem conosco mesmos, nem com os outros. Entretanto, nenhum traço de particular infâmia ou estupidez com que nos deparemos na vida ou na literatura pode jamais tornar-se material para desgosto ou irritação, mas apenas para o conhecimento, uma vez que nele vejamos uma nova contribuição à caracterização da espécie humana e a memorizemos. Desse modo, haveremos de considerá-lo mais ou menos como o mineralogista que se depara com um espécime altamente característico de um mineral. – Existem exceções, sim, exceções incompreensivelmente grandes, e as diferenças entre as individualidades são enormes: mas, em sua totalidade, o mundo, como já dito há muito, é miserável: os selvagens devoram-se uns aos outros e os mansos enganam-se uns aos outros, e isso é chamado de curso do mundo. Pois o que são os Estados, com todo o seu maquinário artificial voltado para fora e para dentro e com seus meios violentos, senão providências para impor barreiras à injustiça ilimitada do ser humano? Não vemos, em toda a história, cada rei, assim que se encontra seguro em seu posto, e assim que suas terras desfrutam de alguma prosperidade, utilizar-se dessa conjuntura para atacar, com seu exército, como com um bando de ladrões, os Estados vizinhos? Não são quase todas as guerras no fundo pilhagens e assaltos? Na Antiguidade, assim como em parte na Idade Média, os vencidos tornavam-se escravos dos vencedores, quer dizer, no fundo, precisavam trabalhar para eles: mas aqueles que pagam tributos de guerra fazem também o mesmo: pois entregam com isso os rendimentos de trabalhos anteriores. *Dans toutes les guerres il ne s'agit que de voler* [em todas as guerras trata-se unicamente de roubar], diz Voltaire [*La Pucelle d'Orléans* [A donzela de Orleans], cap. XIX], e os alemães deveriam dar-lhe ouvidos.

30) Não há caráter tal que possa entregar-se aos próprios meios e dar-se completa liberdade; pelo contrário, todos carecem de direcionamento por meio de conceitos e máximas. Agora, se quisermos levá-lo ao extremo, a saber, até um caráter que não surgiu a partir de nossa própria natureza, mas da mera reflexão racional, completamente adquirido e artificial, então haver-se-á de ver em pouco tempo confirmado o

> *Naturam expelles furca, tamen usque recurret.*
> [Expele a natureza com a forquilha, ela haverá de retornar.
> (Horácio, *Epístolas*, I, 10, 24)]

Pois é possível reconhecer uma regra para o comportamento frente aos demais, sim, descobri-la por conta própria e expressá-la de maneira acurada; no entanto, logo em seguida, na vida real, haveremos de violá-la. Não obstante, não se deve por isso desanimar e pensar que é impossível guiar o comportamento na vida mundana segundo regras e máximas abstratas, e que, por conseguinte, o melhor seria deixar-se ir. Pelo contrário, ocorre aqui como com todas as prescrições e instruções teóricas para o que é prático: entender a regra é o primeiro passo, aprender a exercê-la é o segundo. O primeiro é ganho de uma vez, por meio da razão, o segundo aos poucos, por meio do exercício. Mostra-se ao aluno a empunhadura do instrumento, a parada e os golpes com o florete: ele falha em seguida, apesar da melhor intenção, e crê agora ser praticamente impossível observar essas prescrições na velocidade da leitura das notas e no calor da luta. Todavia, o aluno o aprende aos poucos, por meio do exercício, entre tropeços, quedas e levantamentos. O mesmo ocorre com as regras gramaticais para escrever e falar em latim. Logo, é da mesma maneira que o pateta se torna cortês; o esquentado, fino e sofisticado; o extrovertido, reservado; o nobre, irônico. Um tal autoadestramento adquirido por meio de um longo hábito haverá, entretanto, de agir sempre como uma coação exterior, contra a qual a natureza jamais deixa de resistir por completo, rompendo-a ocasionalmente de maneira inesperada. Pois toda ação segundo máximas abstratas está para o agir a partir de inclinações originárias, inatas, como uma obra de arte humana, por exemplo um relógio, no qual forma e movimento são impostos a um material a eles estranho, está para o organismo vivo, no qual forma e material se penetram mutuamente e são um só. Nessa relação do caráter adquirido com o caráter inato confirma-se um dito do imperador Napoleão: *tout ce qui n'est pas naturel est imparfait* [tudo que não é natural é imperfeito], o que é uma regra universal, válida para tudo e todos, seja físico ou moral, da qual a única exceção que me vem à mente é a aventurina natural, a qual, como sabem os mineralogistas, não se iguala à artificial.

Por isso, que se fique de sobreaviso também em relação a toda e qualquer *afetação*. Ela desperta sempre o desdém: primeiramente, por ser um engodo que, enquanto tal, é uma covardia, uma vez que se origina no medo; em segundo lugar, por ser uma condenação de si mesmo por si mesmo, na medida em que se quer parecer aquilo que não se é e que, consequentemente, se considera melhor do que aquilo que se é. A afetação de alguma qualidade, sua ostentação, é a confissão de que não se a possui. Seja coragem ou erudição, espírito ou perspicácia, sorte com mulheres, riqueza ou uma posição distinta ou o que quer que seja com o que alguém venha a se fazer de importante; é possível concluir a partir disso que lhe falta algo justamente nesse ponto: pois quem está realmente em plena posse de uma qualidade não pensa em divulgá-la e afetá-la; pelo contrário, ele está totalmente tranquilo a respeito. É esse também o sentido do provérbio espanhol: *herradura que chacolotea, clavo le falta* (à ferradura que estrepita falta um prego). Aliás, como dito de início, ninguém pode simplesmente largar as rédeas e mostrar-se completamente tal qual se é, porque muito do que há de ruim e bestial em nossa natureza requer ocultamento: mas isso justifica apenas o negativo, a dissimulação, não o positivo, a simulação. – Também é preciso saber que a afetação é reconhecida antes mesmo que fique claro o que está efetivamente sendo afetado. E, finalmente, ela não perdura por muito tempo – a máscara sempre termina por cair. *Nemo potest personam diu ferre fictam: ficta cito in naturam suam recidunt* [ninguém pode carregar uma máscara de fingimento por muito tempo: o fingimento retorna rapidamente à própria natureza] (Sêneca, *De clementia*, I, 1).

31) Assim como se carrega o peso do próprio corpo sem senti--lo como se sente o de qualquer outro corpo estranho que se queira mover; da mesma maneira não se nota os próprios erros e vícios, mas apenas os dos outros. – Em compensação, porém, cada um tem no outro um espelho no qual vê nitidamente os próprios vícios, erros, maus hábitos e perversões de toda espécie. Apenas que, na maioria dos casos, nos comportamos como o cão que late diante do espelho por não saber que vê a si mesmo, pensando tratar-se de outro cão. Quem critica os outros trabalha em seu melhoramento. E aqueles, portanto, que têm a inclinação e o hábito de, em silêncio, para si, submeter o comportamento externo, o modo de agir em geral dos demais, a uma *crítica aguçada* e atenta, trabalham com isso em seu próprio melhoramento e aperfeiçoamento: pois haverão de possuir justiça ou orgulho e vaidade suficientes para evitar, eles mesmos, aquilo que duramente reprovam com tanta frequência. Dos tolerantes vale o contrário, a saber: *hanc veniam damus petimusque vicissim* [damos esta liberdade e em troca a pedimos (Horácio, *Arte poética*, 11)]. O Evangelho moraliza com grande beleza acerca do espinho no olho alheio e da trave no próprio olho: mas a natureza do olho traz consigo que ele veja o exterior e não a si mesmo: por isso o notar e censurar as falhas dos outros é um meio altamente adequado para dar-se conta das próprias falhas. Necessitamos de um espelho para nosso próprio melhoramento.

Essa regra vale também com vistas ao estilo e ao modo de escrever: quem, em vez de reprovar uma nova nescidade nestes, a admira, haverá de imitá-la. É por isso que na Alemanha todas elas se difundem com tanta rapidez. Os alemães são muito tolerantes: nota-se. *Hanc veniam damus petimusque vicissim* é seu lema.

32) O homem de índole mais nobre crê, em sua juventude, que as relações essenciais e decisivas entre os homens e as ligações que delas surgem sejam as *ideais*, isto é, que repousem sobre a semelhança de intenções, de modos de pensar, de gosto, de qualidades intelectuais etc.: mais tarde, porém, dá-se conta de que são na verdade as *reais*, isto é, aquelas que se fundam em algum interesse material. As relações reais estão no fundo de quase todas as ligações: a maioria das pessoas nem chega a ter um conceito de outras relações que não elas. Consequentemente, cada um é julgado segundo seu posto, seu negócio, sua nação ou sua família, ou seja, dito de maneira geral, segundo a posição e o papel que as convenções lhe conferiram: ele é classificado e tratado de acordo com elas, de maneira fabril. Em contrapartida, aquilo que o indivíduo é em e para si, ou seja, aquilo que ele é enquanto ser humano, graças às suas qualidades pessoais, ganha voz apenas em momentos arbitrários e, logo, excepcionais, e é posto de lado e ignorado por todos assim que lhes seja conveniente fazê-lo, ou seja, na maioria das vezes. Mas quanto mais alguém possuir nesse sentido, tanto menos haverá de agradar-lhe essa ordenação, de maneira que ele buscará retirar-se dela. Esta, porém, deve-se ao fato de, neste mundo de necessidades e carências, os meios para combatê-las serem por toda parte o essencial e, consequentemente, o preponderante.

33) Assim como o dinheiro de papel no lugar da prata, circulam no mundo, em vez de respeito e amizade verdadeiros, as suas demonstrações exteriores e os gestos que os imitem da maneira mais natural possível. Entretanto, é permitido também perguntar, por outro lado, se há pessoas que realmente os merecessem. Em todo caso, dou mais crédito ao sincero abanar de rabo de um cão do que a cem de tais demonstrações e gestos.

A amizade verdadeira, autêntica, pressupõe uma simpatia forte, puramente objetiva e totalmente desinteressada no bem-estar do outro, e esta, por sua vez, também uma identificação verdadeira com o amigo. O egoísmo da natureza humana é tão contrário a esta última que a verdadeira amizade pertence às coisas das quais, assim como das serpentes marinhas colossais, não se sabe se são fabulosas ou se existem em algum lugar. Entretanto, há muitas ligações entre pessoas que, embora repousem principalmente sobre motivos egoístas ocultos das espécies mais diversas, são, não obstante, dotadas de um grão dessa verdadeira e autêntica amizade, graças ao qual são tão enobrecidas que, neste mundo de imperfeições, podem com alguma razão levar o nome de amizade. Encontram-se muito acima das ligações cotidianas, as quais são muito antes tais que não trocaríamos mais uma palavra sequer com a maioria de nossos bons conhecidos se ouvíssemos como falam de nós em nossa ausência.

Além dos casos em que se carece seriamente de ajuda e de sacrifícios significativos, a melhor ocasião para provar a autenticidade de um amigo é o momento em que se lhe relata um infortúnio que acaba de nos ocorrer. Pois nesse momento desenha-se em seus traços ou uma verdadeira, íntima e pura tristeza, ou então eles confirmam, por meio de sua serena tranquilidade ou de um pequeno traço fugaz, o conhecido dito de *Rochefoucauld* [*Máximas e reflexões*, ed. Garnier, p. 108]: *dans l'adversité de nos meilleurs amis, nous trouvons toujours quelque chose qui ne nous déplait pas* [na adversidade de nossos melhores amigos encontramos sempre algo que não nos desagrada]. É frequente que, em situações desse gênero, os comumente assim chamados amigos mal sejam capazes de suprimir o espasmo de um sorriso mudo de prazer. – Há poucas coisas que põe as pessoas de bom humor com tanta segurança quanto quando se lhes relata um considerável infortúnio que acaba de ocorrer ou se revela abertamente alguma fraqueza pessoal. – Típico! –

Distância e ausência prolongada prejudicam toda amizade; por menos que se esteja disposto a admiti-lo. Pois pessoas que não vemos, fossem elas também nossos amigos mais queridos, secam gradualmente no decorrer dos anos até se tornarem conceitos abstratos, com o que nosso interesse por elas se torna aos poucos meramente racional, sim, tradicional: o interesse vivaz e profundo permanece reservado àqueles que temos diante dos olhos, e fossem apenas animais de estimação. Tão sensual é a natureza humana. De maneira que também aqui se comprova o dito de Goethe:

O presente é uma deusa poderosa.
(*Tasso*, 4º ato, cena 4)

Os *amigos de casa*, na maioria dos casos, chamam-se assim com razão, uma vez que são mais amigos da casa do que de seu senhor, mais semelhantes aos gatos do que aos cães.

Os amigos chamam-se francos; os inimigos o são: razão pela qual se deveria utilizar as censuras destes últimos para o autoconhecimento, como um remédio amargo. –

Amigos na necessidade seriam raros? – Pelo contrário! Mal se fez amizade com alguém, ele logo se encontra em necessidade e quer dinheiro emprestado. –

34) Quão inocente é aquele que crê que a demonstração de espírito e entendimento seria um meio para se fazer querido em sociedade! Ela desperta, muito antes, na imensa maioria, um ódio e um rancor que são tanto mais amargos pelo fato de aquele que os sente não ter direito de acusar a sua causa, sim, tendo de dissimulá-los até para si mesmo. O desenvolvimento mais preciso da coisa é o seguinte: se alguém nota e sente uma grande superioridade intelectual naquele com quem conversa, então tira, em silêncio e sem consciência nítida, a conclusão de que o outro nota e sente na mesma medida a sua inferioridade e limitação. Esse entimema desperta nele o mais amargo ódio, rancor e raiva. (Compare-se as palavras do dr. *Johnson* e de *Merck*, o amigo de juventude de Goethe, citadas em *O mundo como vontade e representação*.) Com razão diz, pois, *Gracián*: *para ser bien quisto, el unico medio vestirse la piel del mas simple de los brutos* [para ser bem quisto, o único meio é vestir a pele da mais simples das bestas]. (Veja-se *A arte da prudência*, p. 240.) Pois pôr em evidência o espírito e o entendimento é apenas uma maneira indireta de censurar a todos os demais a sua incapacidade e estupidez. Além disso, a natureza

ordinária entra em alvoroço quando avista o seu oposto, e o secreto instigador do alvoroço é a inveja. Pois, como é possível observar diariamente, a satisfação da vaidade é um prazer que está acima de tudo para as pessoas, o que, entretanto, é possível apenas por meio de sua comparação com os demais. O ser humano, porém, não se orgulha de nenhuma qualidade mais do que das intelectuais: ora, sua superioridade em relação aos animais repousa unicamente sobre elas.* Portanto, demonstrar-lhe uma superioridade decidida nesse quesito, e ainda diante de testemunhas, é a maior das ousadias. Ele se sente com isso incitado à vingança e, na maioria dos casos, haverá de buscar uma oportunidade para executá-la por meio do insulto, com o que ele passa do âmbito da inteligência para o da vontade, no qual, nesse quesito, somos todos iguais. Enquanto, pois, a posição e a riqueza podem sempre contar com estima em sociedade, excelências intelectuais não podem esperá-la de modo algum: no melhor dos casos serão ignoradas; nos demais, serão vistas como uma espécie de impertinência ou como algo que seu proprietário obteve sem permissão, para agora pavonear-se ousadamente; e cada um busca em silêncio alguma outra maneira de humilhá-lo, aguardando apenas a oportunidade para fazê-lo. Mesmo a mais humilde conduta dificilmente terá sucesso em rogar perdão pela superioridade intelectual. Saadi diz no *Gulistan* (p. 146 da tradução de Graf): "Sabei que há cem vezes mais contragosto no ignorante em relação ao entendido do que o entendido sente aversão ao ignorante". – A *inferioridade* intelectual, em contrapartida, redunda verdadeiramente recomendável. Pois o que para o corpo é o calor, é para a alma o sentimento benfazejo da superioridade; daí todos se aproximarem do objeto que lho promete tão instintivamente como do fogão ou de um lugar ensolarado. Tal, porém, é unicamente aquele que é decididamente inferior, em qualidades intelectuais entre os homens, em beleza entre as mulheres. Demonstrar inferio-

* É possível dizer que o homem deu a *vontade* a si mesmo: pois ela *é* o próprio homem: o *intelecto*, porém, é um dote que ele recebeu dos céus – isto é, do eterno e misterioso destino e de sua necessidade, do qual sua mãe foi mero instrumento. (N.A.)

ridade sem qualquer dissimulação diante de algumas pessoas – isso sim exige esforços. E veja-se com que amistosa cordialidade uma moça suportável vai ao encontro de uma que seja decididamente feia. Vantagens físicas não entram muito em consideração entre os homens; embora nos sintamos melhor ao lado de um homem menor do que de um que seja maior que nós. Logo, pois, entre os homens os estúpidos e ignorantes são amados e procurados por todos, e entre as mulheres as feias: essas pessoas obtêm facilmente a fama de possuir um coração sobremaneira bondoso; e isso porque todos precisam de um pretexto para a sua inclinação, tanto a si como aos outros. Justamente por isso a superioridade intelectual de toda espécie é uma qualidade altamente isoladora: dela se foge e ela se odeia, e como pretexto para tal inventa-se tudo quanto é defeito para seu possuidor.* Exatamente da mesma maneira age a beleza entre as mulheres: moças muito belas não encontram amigas, nem mesmo acompanhantes. Para posições como damas de companhia é melhor que nem mesmo se candidatem: pois, assim que aparecem, já se turva o semblante da pretendida nova senhora, uma vez que esta, seja para si, seja para sua filha, não carece absolutamente de um realce como esse. – Nos privilégios de posição, em contrapartida, ocorre o contrário, porque estes não agem, como os pessoais, por meio do contraste e da distância, mas por reflexo, como as cores do ambiente agem sobre a visão.

---

* Para *avançar no mundo* as amizades e as camaradagens são de longe o meio principal. Agora, *grandes capacidades* tornam sempre orgulhoso e por isso menos apto a adular aqueles que possuam apenas capacidades inferiores, sim, diante dos quais se deve, para tal, ocultar e dissimular as grandes. A consciência de capacidades inferiores tem o efeito inverso: ela concilia-se de maneira excelente com humildade, afabilidade, complacência e com o respeito perante o que é ruim, e é, portanto, uma fonte de amigos e benfeitores.

O que foi dito não vale apenas para o serviço público, mas também para posições de honra, dignidades, sim, para a fama no mundo erudito; de maneira que nas academias, por exemplo, a querida mediocridade se encontra sempre no topo, enquanto que gente dotada de mérito entra nela apenas tardiamente ou nunca – e o mesmo ocorre por toda parte. (N.A.)

35) Inércia, egoísmo e vaidade têm com grande frequência a maior influência em nossa confiança em outros: inércia quando, para não investigar, vigiar, fazer nós mesmos, preferimos confiar em outrem; egoísmo quando a necessidade de falar de nossos assuntos nos induz a confidenciar-lhe algo; vaidade quando se trata de algo de que nos ufanamos. Apesar disso, exigimos que se honre nossa confiança.

Com a desconfiança, por outro lado, não deveríamos nos irar: pois nela encontra-se um elogio à honestidade, a saber, o franco reconhecimento de sua extrema raridade, graças à qual ela pertence às coisas de cuja existência se duvida.

36) Da *cortesia*, essa virtude cardeal chinesa, forneci *um* fundamento na p. 201 de minha *Ética*: o outro consiste no seguinte. Ela é um acordo tácito para ignorar mutuamente a deplorável constituição moral e intelectual um do outro e para não explicitá-la; – com o que, para vantagem de ambas as partes, esta se torna um pouco menos evidente.

Cortesia é astúcia; consequentemente, descortesia é estupidez: fazer, por meio dela, inimigos desnecessários de maneira deliberada é tão insano quanto atear fogo à própria casa. Pois a cortesia é, assim como a ficha para calcular, uma moeda evidentemente falsa: poupar tal capital é sinal de falta de juízo; generosidade com ele, porém, revela entendimento. Todas as nações terminam as correspondências com *votre très-humble serviteur* [vosso humilíssimo servo], – *your most obedient servant* [vosso obedientíssimo servo], – *suo devotissimo servo* [vosso devotadíssimo servo]: apenas os alemães suprimem o "servo" – por não ser verdade – ! Quem, em contrapartida, leva a cortesia até o ponto de sacrificar interesses reais age como aquele que entrega peças de ouro verdadeiras no lugar de meras fichas. – Assim como a cera, por natureza dura e quebradiça, se torna, com um pouco de calor, tão maleável que pode assumir qualquer forma desejada; da mesma maneira é possível, com um pouco de cortesia e cordialidade, tornar mesmo pessoas obstinadas e hostis flexíveis e complacentes. A cortesia, portanto, é para o homem o que o calor é para a cera.

A cortesia é decerto uma tarefa difícil, uma vez que ela exige que demonstremos o maior respeito a todas as pessoas, enquanto que a imensa maioria delas não merece respeito algum; assim como que simulemos o mais vivaz interesse nelas, enquanto que devemos nos alegrar em não ter nelas interesse algum. – Combinar cortesia e orgulho é uma maestria. –

Ficaríamos muito menos fora de nós com insultos, os quais na verdade consistem sempre em manifestações de desrespeito, se, por um lado, não tivéssemos uma representação totalmente exagerada de nosso alto valor e dignidade, isto é, se não nutríssemos um arrogância desmedida, e se, por outro lado, nos tivéssemos esclarecido quanto ao que, via de regra, cada um pensa intimamente dos demais. Pois que descomunal contraste há entre a sensibilidade da maioria das pessoas quanto à mínima insinuação de uma censura que lhes diga respeito e aquilo que ouviriam caso escutassem secretamente as conversas de seus conhecidos sobre si! – Deveríamos, muito antes, ter presente que a cortesia costumeira é apenas uma máscara sorridente: então não começaríamos a berrar quando ela se desloca um pouco ou é removida por um instante. Mas quando alguém se torna realmente grosseiro, então é como se ele tivesse se despido completamente e se encontrasse *in puris naturalibus* [como veio ao mundo]. E, certamente, como a maioria das pessoas nesse estado, ele terá uma aparência desagradável.

37) Não se pode tomar nenhuma outra pessoa como modelo para sua ação; porque a posição, a situação, as relações, jamais são as mesmas, e porque a diferença entre os caracteres também confere um traço diferente à ação, razão pela qual *duo cum faciunt idem, non est idem* [quando dois fazem o mesmo, não é o mesmo]. É preciso, após uma consideração madura e uma reflexão aguçada, agir de acordo com o próprio caráter. Logo, a originalidade é indispensável também em assuntos práticos: do contrário, aquilo que se faz não combina com aquilo que se é.

38) Não se deve contestar a opinião de ninguém, mas considerar que, se se quisesse dissuadir alguém de todos os absurdos em que crê, poder-se-ia atingir a idade de Matusalém sem ter terminado a tarefa.

Também deve-se, durante uma conversa, evitar todas as observações correcionais, por mais bem-intencionadas que sejam, pois ofender as pessoas é fácil; melhorá-las é difícil, se não impossível.

Se os absurdos de uma conversa que estamos a ouvir começam a nos irritar, precisamos pensar que se trata de uma cena de comédia entre dois néscios. *Probatum est* [é esse um método comprovado]. – Quem veio ao mundo para *instruí-lo* seriamente nos assuntos mais importantes pode considerar-se afortunado se escapar ileso.

39) Quem quiser que seu juízo obtenha credibilidade deve pronunciá-lo com frieza e sem paixão. Pois toda impetuosidade tem origem na vontade: razão pela qual se haverá de atribuí-lo a *esta*, e não ao conhecimento, o qual é por natureza frio. E porque a vontade é o elemento radical do homem, o conhecimento, porém, apenas algo secundário e agregado; então haver-se-á de crer antes que o juízo se originou da vontade excitada do que que a excitação da vontade tenha surgido do juízo.

40) Mesmo com as melhores razões, não se deve se deixar seduzir ao autoelogio. Pois a vaidade é uma coisa tão comum, o mérito, porém, tão incomum que, sempre que, mesmo indiretamente, parecemos nos louvar a nós mesmos, qualquer um apostará cem contra um que aquilo que fala em nós é a vaidade, à qual falta em entendimento para dar-se conta do ridículo da coisa. – Entretanto, apesar disso, é possível que Bacon de Verulâmio não esteja completamente errado ao dizer que o *semper aliquid haeret* [algo sempre permanece] vale, assim como da calúnia, também do autoelogio, recomendando-o por isso, embora em doses comedidas. (Compare-se *De dignitate et augmentis scientiarum* [Sobre a dignidade e o aumento das ciências], livro 8, p. 228.)

41) Quando suspeitamos que alguém mente, devemos fazer-nos de crentes: ele então torna-se ousado, mente com mais intensidade e se entrega. Se, em contrapartida, notamos que uma verdade que alguém quer ocultar lhe escapa parcialmente; então devemos nos fazer de descrentes a respeito para que ele, provocado pela contradição, baixe a guarda e revele a verdade toda.

42) Devemos considerar o conjunto de nossos assuntos pessoais como segredos e, para além daquilo que eles veem com os próprios olhos, permanecer completamente estranhos aos nossos bons conhecidos. Pois o seu conhecimento das coisas mais inocentes pode, em outros tempos e condições, trazer-nos desvantagens. – Em geral é mais aconselhável manifestar o seu entendimento por meio daquilo que se cala do que por meio daquilo que se diz. O primeiro é um ato de astúcia, o segundo, de vaidade. As oportunidades para ambos são igualmente frequentes: mas amiúde damos preferência à satisfação fugidia conferida pela fala, em detrimento da utilidade duradoura que o silêncio traz. Mesmo o alívio de vez ou outra proferir algumas palavras a sós, o que haverá de ocorrer com pessoas vivazes, deveria ser evitado, para que não se torne hábito; porque com isso o pensamento se torna tão próximo e íntimo da palavra, que também o falar com outros se transforma aos poucos num pensar em voz alta; enquanto que a astúcia prescreve que se mantenha aberto um largo abismo entre o nosso pensar e o nosso falar.

Pensamos, por vezes, que outros não podem absolutamente crer em algo que nos diz respeito, enquanto que nem mesmo lhes vem à mente duvidar: se, entretanto, fazemos com que o notem, então tampouco serão mais capazes de crer. Mas nós nos entregamos frequentemente apenas porque acreditamos ser impossível que não se o tenha notado; – assim como quando nos precipitamos de uma altura graças à vertigem, isto é, devido ao pensamento da impossibilidade de ficar parado nesse lugar e de que, porém, a tortura de ficar parado aqui é tão grande que seria melhor abreviá-la: essa ilusão chama-se vertigem.*

Por outro lado, também, é preciso saber que as pessoas, mesmo aquelas que em geral não revelam nenhuma sagacidade especial, são excelentes algebristas no que diz respeito aos assuntos pessoais alheios, solucionando, por meio de uma única grandeza dada, as tarefas mais complicadas. Quando, por exemplo, se lhes narra um acontecimento passado, omitindo todos os

* *Schwindel*, em alemão, significa tanto "vertigem" como "mentira", "lorota". (N.T.)

nomes e demais caracterizações das pessoas envolvidas; então deve-se cuidar para não introduzir na narrativa alguma circunstância positiva e individual, por menor que seja – como um lugar, um momento no tempo, o nome de uma personagem secundária ou qualquer outra coisa que tenha uma relação meramente mediata com a história narrada: pois adquirem com isso imediatamente uma grandeza positiva, a partir da qual a sua sagacidade algébrica extrai todo o resto. E isso porque o entusiasmo da curiosidade é aqui tão grande que, graças a ele, a vontade esporeia o intelecto, que agora é levado com isso até à obtenção dos resultados mais recônditos. Pois, na mesma medida em que as pessoas são insensíveis e indiferentes a verdades *universais*, são, por outro lado, ansiosas por verdades individuais.

Em acordo com tudo isso, também o silêncio foi recomendado por todas as doutrinas da sabedoria mundana da maneira mais imperativa e com os mais diversos argumentos; daí eu poder me dar por satisfeito com o que foi dito. Quero apenas acrescentar ainda algumas máximas árabes, que são particularmente incisivas e pouco conhecidas. "O que teu inimigo não deve saber, não o digas a teu amigo." – "Se silencio meu segredo, ele é meu prisioneiro: se o deixo escapar, sou eu o seu prisioneiro." – "Da árvore do silêncio pende seu fruto, a paz."

43) Nenhum dinheiro é empregado de maneira mais vantajosa do que aquele pelo qual nos deixamos trapacear: pois trocamo-lo imediatamente por astúcia.

44) Sempre que possível, não se deve nutrir animosidade para com ninguém; entretanto, é preciso notar bem e guardar na memória os *procedés* [comportamentos] de cada um, para depois determinar o seu valor, ao menos com vistas a nós mesmos, e regular de acordo com isso nosso comportamento e nossa conduta em relação a ele – sempre convencidos da imutabilidade do caráter: esquecer um traço ruim de uma pessoa é como jogar fora dinheiro ganho com trabalho duro. Dessa maneira, protegemo-nos de tolas familiaridades e de tolas amizades. –

A máxima "nem amar, nem odiar" contém metade de toda a astúcia mundana: "nada dizer e nada crer", a outra. Certamente, porém, ter-se-á prazer em voltar as costas para um mundo que torna necessárias regras como esta e a seguinte.

45) Demonstrar ira ou ódio em palavras ou olhares é inútil, perigoso, tolo, ridículo, ordinário. Portanto, não se pode demonstrar ira ou ódio senão em atos. Ser-se-á tanto mais capaz do último, quanto mais completamente se evitar o primeiro. – Os animais de sangue frio são os únicos peçonhentos.

46) *Parler sans accent* [falar sem ênfase]: essa velha regra dos homens do mundo tem a finalidade de deixar ao entendimento alheio descobrir o que se disse: este é lento, e antes que tenha terminado, já se partiu. *Parler avec accent* [falar com ênfase], em contrapartida, significa falar ao sentimento; caso em que tudo ocorre inversamente. Com gestos corteses e tom amistoso é possível dizer até mesmo verdadeiros disparates a alguns sem perigo imediato.

D. Referentes à nossa relação com o curso do mundo e com o destino

47) Não importa a forma que venha a assumir a vida humana; seus elementos são sempre os mesmos e, logo, ela é essencialmente a mesma por toda parte: quer seja levada em casebres ou na corte, no monastério ou no quartel. Por mais diversos que sejam suas circunstâncias, suas aventuras, suas fortunas e seus infortúnios; no fundo ocorre aqui como com os doces do confeiteiro. Há muitas e diversas figuras rebuscadas e coloridas: mas tudo é modelado de uma mesma massa; e aquilo com que um topou é muito mais semelhante àquilo que foi de encontro ao outro do que este crê ao ouvir a história ser narrada. Os acontecimentos de nossa vida são também como as imagens no caleidoscópio, onde, com cada giro, vemos algo diferente, embora na verdade tenhamos sempre o mesmo objeto diante dos olhos.

48) Há três poderes mundanos, disse um Antigo, pleno de razão: σύνεσις, κράτος, καὶ τύχη, astúcia, força e fortuna. Eu acredito que o último é capaz de mais coisas que os demais. Pois a senda de nossa vida é comparável ao curso de um navio. O destino, a τύχη, a *secunda*

aut adversa fortuna [a fortuna favorável ou adversa], tem o papel do vento, impulsionando-nos rapidamente adiante ou lançando-nos de volta para trás; contra o que nossos próprios esforços e ações têm pouco poder. Pois estes têm o papel dos remos: quando estes, com muitas longas horas de trabalho, nos trouxeram um pedaço adiante, um súbito golpe de vento lança-nos novamente para trás, na mesma medida em que avançáramos. Se, porém, o vento é favorável, impulsiona-nos em tal medida que não precisamos dos remos. Esse poder da fortuna é expresso de maneira insuperável por um provérbio espanhol: *da ventura a tu hijo, y echa lo en el mar* (dá ventura a teu filho e lança-o ao mar).

Deveras, o acaso é um poder malévolo, ao qual devemos nos submeter tão pouco quanto possível. No entanto, quem é, entre todos os poderes dadivosos, o único que, ao dar, nos mostra simultaneamente da maneira mais nítida que não temos nenhum direito a suas dádivas, que absolutamente não as devemos à nossa dignidade, mas unicamente à sua bondade e graça, e que justamente por isso podemos nutrir a alegre esperança de obter ainda humildemente outras dádivas desmerecidas? – É o acaso: ele, que entende da arte real de tornar compreensível que, em face de sua benevolência e graça, todo mérito é impotente e sem qualquer valor. –

Quando se considera o caminho de sua vida, lançando o olhar sobre o "curso labiríntico" da mesma [Goethe, *Fausto* I, 14], forçado agora a ver tanta fortuna frustrada, tanto infortúnio suscitado; então é fácil ir longe demais em autocensuras. Pois o curso de nossa vida não é de modo algum nossa própria obra, simplesmente, mas o produto de dois fatores, a saber, da sequência das circunstâncias e da sequência de nossas decisões, as quais se mesclam o tempo todo, modificando-se mutuamente. A isso soma-se ainda que, em ambas, o nosso horizonte é sempre muito limitado, uma vez que não somos capazes de predizer nossas decisões com muita antecedência, e menos ainda de prever as circunstâncias; pelo contrário, de ambas conhecemos realmente apenas as que nos são presentes. Por isso, enquanto nosso objetivo ainda está afastado, não podemos nem mesmo persegui-lo em linha reta, mas somente nos dirigir aproximativamente e por meio de conjecturas em sua direção, o que requer manobras frequentes. Pois apenas somos capazes de apreender nossas decisões a cada momento, de acordo com as circunstâncias presentes, na esperança de nos decidirmos de tal maneira que nos aproximará mais do objetivo principal. Na maioria das vezes, então, as circunstâncias dadas e nossas intenções fundamentais são comparáveis a duas forças que atraem para lados diferentes, e a diagonal que delas surge é o curso de nossa vida. – *Terêncio* disse: *in vita est hominum quasi cum ludas tesseris: si illud, quod maxime opus est jactu, non cadit, illud quod cecidit forte, id arte ut corrigas* [a vida do homem é como o jogo de dados: se também a jogada não resulta como mais se precisa, a arte há de corrigir o que o acaso ofereceu (*Adelphi*, ato IV, 7, v. 739-741)]; com o que ele deveria estar pensando em uma espécie de gamão. Poderíamos dizer, de maneira mais resumida: o destino embaralha as cartas e nós jogamos. Mas, para expressar a minha presente consideração, a seguinte analogia seria mais apropriada. A vida é como um jogo de xadrez: concebemos um plano: este, porém, permanece condicionado por aquilo que no xadrez o oponente, na vida, o destino, preferirá fazer. As modificações que o nosso plano sofre com isso são na maioria das vezes tão grandes que, em sua execução, ele mal pode ainda ser reconhecido em alguns traços fundamentais.

Há, ademais, ainda outro elemento no curso de nossas vidas que está além de tudo isso. Pois é uma verdade trivial e tão amiúde confirmada que somos frequentemente mais tolos do que acreditamos ser: que, em contrapartida, sejamos frequentemente mais sábios do que acreditamos ser, é uma descoberta que apenas aqueles que estiveram nessa situação fazem, e mesmo então apenas tardiamente. Há algo em nós que é mais sábio que a cabeça. Pois nos grandes movimentos, nos passos principais do curso de nossas vidas, não agimos tanto segundo um reconhecimento nítido do que é direito, mas antes segundo um impulso interior, um instinto, poderíamos dizer, que parte do imo mais profundo de nossa essência, e explicamos mais tarde a nossa ação segundo conceitos nítidos, porém insuficientes, adquiridos, sim, emprestados, segundo regras universais, exemplos alheios etc., sem levar suficientemente em consideração o "um não vale para todos" [Goethe, *Beherzigung* [De coração]]: tornamo-nos então frequentemente injustos para conosco mesmos. Mas no fundo revela-se quem tinha razão; e apenas quem tem a sorte de chegar à velhice é capaz de, subjetiva e objetivamente, julgar essa questão.

Talvez esse impulso interior se encontre sob a direção, a nós inconsciente, de sonhos proféticos, esquecidos ao despertar, os quais, justamente por isso, conferem à nossa vida a constância do tom e a unidade dramática que a tão frequentemente hesitante e equívoca, tão facilmente modificável consciência cerebral não é capaz de lhe dar, e graças à qual, por exemplo, alguém destinado a grandes serviços de uma espécie determinada o sente interna e secretamente desde a juventude e trabalha em sua direção, como as abelhas na construção de sua colmeia. Para cada um, porém, isso é aquilo que *Baltasar Gracián* chama de *la gran sindéresis* [a grande sindérese (prudência)]: o grande e instintivo cuidado consigo mesmo, sem o qual se perece. – Agir segundo *princípios abstratos* é difícil e logra apenas após muito exercício, e mesmo então nem sempre: também é frequente que não sejam suficientes. Em contrapartida, cada um possui, em seu sangue e em seus fluídos, certos *princípios concretos inatos*, na medida em que são o resultado de todo o seu pensar, sentir e querer. Na maioria dos casos não os conhecemos *in abstracto*, mas apenas com um olhar retrospectivo sobre nossa vida é que nos damos conta de que sempre os perseguimos, tendo sido arrastados por eles como que por um fio invisível. Dependendo de sua constituição, esses princípios haverão de guiar à fortuna ou ao infortúnio.

49) Dever-se-ia ter a ação do tempo e a mutabilidade das coisas constantemente diante dos olhos e, portanto, em tudo quanto agora ocorre, imaginar imediatamente o seu contrário; ou seja, na fortuna ter presente de maneira vivaz o infortúnio, na amizade a inimizade, no tempo bom o mau tempo, no amor o ódio, na confiança e abertura a traição e o arrependimento, e vice-versa. Isso forneceria uma fonte permanente de verdadeira astúcia mundana, uma vez que permaneceríamos constantemente alertas e não seríamos iludidos com tanta

facilidade. Na maioria das vezes teríamos, por meio disso, apenas antecipado a ação do tempo. – Mas talvez não haja conhecimento ao qual a experiência seja tão imprescindível quanto a avaliação correta da impermanência e do câmbio das coisas. Justamente porque, pelo tempo de sua duração, cada estado está dado necessariamente e, logo, com total direito; dessa maneira, cada ano, cada mês, cada dia parece finalmente manter seu direito por toda eternidade. Mas nada o mantém, e apenas o câmbio é constante. É astuto aquele que não se ilude com a aparente estabilidade e que, além disso, prevê a direção que o câmbio haverá de tomar em seguida.* Que, em contrapartida, as pessoas via de regra considerem permanente o estado temporário das coisas ou a direção de seu curso, deve-se ao fato de terem os efeitos diante dos olhos, embora não compreendam as causas; estas, porém, carregam em si o germe das mudanças futuras, enquanto que o efeito, para elas o único presente, nada contém dessas mudanças. A estes as pessoas se atêm, supondo que as causas, desconhecidas a elas, tendo sido capazes de os trazer à tona, também estarão em condições de mantê-los. Elas têm nisso a vantagem de que, se estiverem equivocadas, isso sempre ocorrerá *in unisono* [em uníssono]; de maneira que a calamidade que as atinge por consequência dessa suposição é sempre geral, enquanto que a cabeça pensante, quando erra, ainda por cima está só em seu erro. – Temos nisso, aliás, uma confirmação de minha sentença que diz que o equívoco sempre se constitui na conclusão da razão a partir de sua consequência. Veja-se *O mundo como vontade e representação*, vol. I, p. 90.

---

* O *acaso* tem um campo de ação tão vasto em todos os assuntos humanos que, se procuramos, por meio de sacrifícios, prevenir imediatamente um perigo que nos ameaça de longe, esse perigo frequentemente desaparece, graças a uma situação imprevista que as coisas assumem, de maneira que agora não apenas as coisas sacrificadas estão perdidas, mas também a mudança por elas introduzida tornou-se agora, na situação modificada das coisas, uma desvantagem. Não podemos, portanto, em nossas providências, antecipar demais o futuro, mas também contar com o acaso e enfrentar alguns perigos com audácia, na esperança de que, assim como tantas negras nuvens de tempestade, passarão ao largo de nós. (N.A.)

Deve-se, entretanto, *antecipar o tempo* apenas teoricamente e por meio da previsão de seus efeitos, mas não na prática, a saber, não exigindo *antes* do tempo aquilo que apenas o tempo pode trazer. Pois quem faz isso haverá de experimentar que não há pior, mais intransigente agiota do que o próprio tempo, e que ele, quando forçado a conceder adiantamentos, cobra juros mais pesados do que qualquer judeu. Pode-se, por exemplo, com cal e calor, acelerar o desenvolvimento de uma árvore de tal modo a levá-la a carregar, dentro de poucos dias, folhas, flores e frutos: mas ela morre em seguida. – Se o jovem quer exercer já agora o poder criativo do homem, mesmo que por algumas semanas, e fazer com dezenove anos aquilo que ele poderia facilmente com trinta; então o tempo haverá sem dúvida de fornecer o adiantamento, mas uma parte da força de seus anos futuros, sim, uma parte de sua vida mesma haverá de ser o juro. – Há enfermidades das quais se convalesce de maneira adequada e completa apenas se lhes é deixado o seu curso natural, depois do qual desaparecem por conta própria, sem deixar rastros. Se, porém, se exige ficar saudável agora, imediatamente, então também aqui o tempo haverá de fornecer o adiantamento: a doença será afastada: mas os juros são fraqueza e males crônicos por toda a vida. – Quando, em tempos de guerra ou intranquilidades, se necessita imediatamente de dinheiro; então é preciso vender bens imóveis ou títulos públicos por um terço de seu valor, ou ainda menos, o qual se obteria completamente se se quisesse dar ao tempo o que lhe é de direito, ou seja, aguardar alguns anos: mas forçamo-lo a fornecer um adiantamento. – Ou também precisa-se de uma soma de dinheiro para uma longa viagem: dentro de um ano ou dois teria sido possível guardá-la de sua remuneração. Mas não se quer esperar: essa soma é, portanto, tomada de empréstimo ou temporariamente subtraída do capital, quer dizer: o tempo precisa ser adiantado. Nesse caso, os seus juros são a produção de desordem no orçamento, um déficit permanente e crescente, do qual jamais se é livrado. – Esta é, pois, a agiotagem do tempo: suas vítimas são todos aqueles que não puderam esperar. Querer acelerar o passo do decorrer adequado do tempo é a mais custosa das empreitadas. Que se cuide, pois, para não dever juros ao tempo.

50) Uma diferença característica e frequentemente perceptível entre as cabeças ordinárias e as prudentes é que aquelas, ao avaliar e refletir sobre perigos possíveis, sempre apenas perguntam e levam em conta que coisas desse gênero *já ocorreram*; estas, em contrapartida, refletem também sobre aquilo que *poderia ocorrer* possivelmente; considerando que, conforme diz um provérbio espanhol, *lo que no acaece em un año, acaece em un rato* (o que não acontece em um ano, acontece em um instante). A diferença de que aqui tratamos é decerto natural: pois considerar aquilo que *pode* ocorrer exige entendimento, aquilo que *já ocorreu*, porém, apenas sentidos.

Que, porém, nossa máxima seja: sacrifica aos maus demônios! Isto é: não se deve poupar um certo dispêndio de esforços, tempo, desconforto, formalidades, dinheiro ou privação para cerrar as portas à possibilidade de um infortúnio: e quanto maior este for, tanto menor, mais distante, menos provável deve ser a sua porta de acesso. O exemplo mais nítido desta regra é o pagamento do seguro. Ele é um sacrifício prestado publicamente e por todos no altar dos maus demônios.

51) Não se deveria irromper em grande júbilos, nem em grandes lamentações, sobre nenhum incidente; em parte por causa da mutabilidade de todas as coisas, que é capaz de transformar tudo a cada instante; em parte por causa do caráter enganoso de nosso juízo acerca daquilo que nos é profícuo ou desvantajoso, graças ao qual quase todos alguma vez já se lamentaram sobre algo que depois se revelou como o verdadeiramente melhor para si, ou rejubilaram acerca daquilo que se tornou a fonte de seus maiores sofrimentos. Shakespeare expressou belamente a disposição aqui recomendada contra isso:

> *I have felt so many quirks of joy and grief,*
> *That the first face of neither, on the start,*
> *Can woman me unto it.* *
>
> (*All's well*, ato 3, cena 2)

* Senti tantos acessos de alegria e pesar que a primeira visão de nenhum dos dois, em princípio, é capaz de me levar a eles, como levariam a uma mulher. (N.A.)

Em geral, porém, aquele que permanece sereno em todos os acidentes demonstra saber o quão colossais e múltiplos os males possíveis da vida são; razão pela qual ele vê o que agora ocorre como uma parte mínima daquilo que poderia vir: é esta a disposição estoica, segundo a qual jamais se pode *conditionis humanae oblitus* [esquecer a condição humana], mas sempre se deve ter em mente que triste e lamentável sina a existência humana em geral é, e quão incontáveis são os males aos quais se está exposto. Para refrescar essa noção basta sempre apenas dar uma olhada ao seu redor: onde quer que se esteja, haver-se-á logo de tê-la diante dos olhos, essa contenda e estrebuchante tortura pela miserável, estéril existência, que nada nos rende. Haver-se-á, então, de reduzir suas pretensões, de aprender a se orientar na imperfeição de todas as coisas e de todos os seus estados, e de sempre enfrentar acidentes, seja para contorná-los, seja para suportá-los. Pois acidentes, tanto grandes como pequenos, são o elemento de nossas vidas: deve-se, portanto, ter isso sempre presente; mas não por isso, como um δύσκολος [aborrecido], com *Beresford*, lamentar e fazer caretas acerca das incessantes *miseries of human life* [misérias da vida humana], ainda menos *in pulicis morsu Deum invocare* [invocar a Deus por causa da mordida de uma pulga], mas, como um εὐλαβής [prudente], levar tão longe e refinar a tal ponto a cautela na antecipação dos acidentes, sejam provindos de pessoas ou de coisas, e na precaução contra eles, que, como uma raposa astuta, se escape ileso de toda adversidade (a qual, na maioria das vezes, é apenas uma incompetência disfarçada), seja grande ou pequena.

Que um infortúnio nos seja menos insuportável quando o consideramos previamente como possível e, como se diz, nos preparamos para ele, pode dever-se principalmente ao fato de que, quando refletimos tranquilamente sobre um caso antes que ele ocorra, como mera possibilidade, obtemos uma visão nítida e completa de toda a extensão da infelicidade, reconhecendo-a, com isso, pelo menos como finita e abrangível; de maneira que, quando realmente ocorre, ela não é capaz de nos atingir com mais do que sua força verdadeira. Se, em contrapartida, não fizermos isso, sendo atingidos por ela sem preparação; então o espírito surpreso é incapaz de, no primeiro instante, medir com precisão a proporção da infelicidade: esta é agora para ele inabrangível, apresenta-se por isso facilmente como incomensurável, pelo menos como muito maior do que realmente é. Da mesma maneira a escuridão e a incerteza aumentam aparentemente todo perigo. Certamente soma-se a isso ainda que, para a infelicidade antecipada como possível, refletimos também sobre os motivos de consolo e os remédios, ou que pelo menos nos tenhamos acostumado com a representação da mesma.

Nada, porém, haverá de nos tornar mais aptos a suportar serenamente os infortúnios que nos atingem do que a convicção da verdade que deduzi a partir de seus primeiros fundamentos e constatei em meu escrito premiado *Sobre a liberdade da vontade*, a saber, como lá se lê, na p. 62: "Tudo quanto ocorre, do maior ao menor, ocorre *necessariamente*". Pois o ser humano sabe orientar-se depressa na necessidade inevitável, e esse conhecimento permite-lhe ver tudo, mesmo o que ocorre segundo os acasos mais inusitados, como exatamente tão necessário quanto aquilo que é perfeitamente previsível, segundo as regras mais conhecidas. Remeto aqui àquilo que eu disse (*O mundo como vontade e representação*, vol. I, p. 345 s.) sobre o efeito tranquilizador do conhecimento do que é inevitável e necessário. Quem tiver apreendido isso haverá primeiramente de fazer de bom grado o que puder ser feito, depois, porém, sofrer de bom grado o que tiver de ser sofrido.

Os pequenos acidentes que nos desconcertam de hora em hora podem ser vistos como destinados a nos manter em forma para que a força para suportar os grandes não se descontraia totalmente na felicidade. Contra os desleixos diários, os atritos mesquinhos no trato com as pessoas, conflitos insignificantes, indecências de outros, boatos etc., é preciso ser um Siegfried cornudo, isto é, não os sentir absolutamente, muito menos levá-los a sério e cismar a respeito; pelo contrário, não se deve deixar nada disso atingir a si, deve-se afastá-lo de si como pedregulhos que estão no caminho, e de modo algum acolhê-lo no interior de suas reflexões e ruminações.

52) O que, porém, as pessoas normalmente chamam de destino são na maioria das vezes apenas suas próprias tolices. Por isso não se pode levar suficientemente a sério a bela passagem de Homero (*Ilíada* XXIII, 313 ss.) na qual ele recomenda a μητις, isto é, a reflexão astuta. Pois mesmo se a malícia for expiada noutro mundo; a estupidez já o é neste – muito embora volta e meia a justiça possa ser temperada com a graça.

Não quem tem um olhar colérico, mas sim quem tem um olhar astuto adquire uma aparência temível e perigosa: – tão certo quanto o cérebro humano é uma arma mais terrível que a garra do leão. –

O perfeito homem do mundo seria aquele que jamais se detivesse em hesitação nem tampouco fosse precipitado.

53) Juntamente com a astúcia, porém, a coragem é uma qualidade deveras essencial para nossa felicidade. Certamente não é possível dar a si nem uma, nem a outra, pois aquela é herdada da mãe, e esta do pai: no entanto, é possível, por meio de intuito e exercício, incrementar aquilo que delas está dado. A este mundo, no qual "os dados caem férreos" [Schiller, *Die Schlacht* [A batalha]], cabe um sentido férreo, blindado contra o destino e armado contra os homens. Pois a vida toda é uma luta, cada passo nos é disputado, e Voltaire diz com razão: *on ne réussit dans ce monde, qu'à la pointe de l'épée, et on meurt les armes à la main* [não se avança neste mundo senão com a espada em riste, e morre-se com as armas em mãos (*Oeuvres*, ed. Beuchot, 59, p. 525)]. Por isso é uma alma covarde aquela que, tão logo nuvens se formam, ou mesmo apenas se mostram no horizonte, se encolhe, desanima e se lamenta. Que nosso lema seja muito antes o seguinte:

> *tu ne cede malis, sed contra audentior ito.*
> [Não cedas ao mal, vai de encontro a ele ainda mais corajosamente.
>
> (Virgílio, *Eneida*, VI, 95)]

Enquanto o resultado de uma questão arriscada ainda for duvidoso, enquanto apenas a possibilidade de que seja feliz estiver dada, não se pode pensar em desistência, mas apenas em resistência; assim como não se pode desesperar quanto ao tempo enquanto ainda houver um ponto azul no céu. Sim, que se diga:

Si fractus illabatur orbis,
Impavidum ferient ruinae.
[Se o mundo se desfizesse em pedaços,
Um impávido atingiriam os seus escombros.
(Horácio, *Odes* III, 3)]

A própria vida como um todo, mesmo desconsiderados os seus bens, não vale um tal tremor covarde, nem que o coração se encolha dessa maneira:

Quocirca vivite fortes,
Fortiaque adversis opponite pectora rebus.
[Portanto, vivei fortes
e arremessai fortes o peito contra as adversidades.
(Horácio, *Sátiras* II, 2)]

No entanto, também aqui é possível um excesso: pois a coragem pode degenerar em ousadia. Uma certa medida de temor chega a ser necessária à nossa sobrevivência no mundo: a covardia é apenas o seu excesso. Isso foi expresso de maneira excelente por Bacon de Verulâmio em sua explicação etimológica do *terror panicus*, a qual supera em muito a mais antiga, preservada para nós por Plutarco (*Ísis e Osiris*, c. 14). Pois ele deriva o mesmo de *Pã*, como a natureza personificada, e diz:

> *Natura enim rerum omnibus viventibus indidit metum, ac formidinem, vitae atque essentiae suae conservatricem, ac mala ingruentia vitantem et depellentem. Verumtamen eadem natura modum tenere nescia est: sed timoribus salutaribus semper vanos et inanes admiscet; adeo ut omnia (si intus conspici darentur) Panicis terroribus penissima sint, praesertim humana.*

> [Pois a natureza das coisas instilou em tudo quanto vive um medo e um temor que conservam sua vida e sua essência e que evitam e repelem os males que nos assaltam. A mesma natureza, porém, não sabe ater-se à medida correta, e mistura sempre aos temores benéficos outros, vãos e vazios, de maneira que todas as coisas (se nos fosse dado vê-las de dentro) são plenas do terror de Pã, especialmente os humanos.]
>
> (*A sabedoria dos antigos* VI)

Aliás, o elemento característico do terror pânico é que ele não tem consciência nítida de seus motivos, muito antes pressupondo-os do que conhecendo-os, sim, se necessário, tomando o próprio medo como razão para o medo.

Capítulo VI

Da diferença entre as idades

Voltaire disse de maneira extremamente bela:

> *Qui n'a pas l'esprit de son âge,*
> *De son âge a tout le malheur.*
> [Quem não possui o espírito de sua idade,
> Tem dela toda a infelicidade.
> (*Stances à Mme. du Châtelet*, 1741, estr. 3)]

Por isso será adequado que, ao fim destas considerações eudemonológicas, lancemos um olhar sobre as mudanças que as idades da vida produzem em nós.

Durante toda a nossa vida, encontramo-nos sempre unicamente no *presente*, e nada mais. A diferença é apenas que no início da vida vemos um longo futuro diante de nós, e ao fim, porém, um longo passado atrás de nós; além disso, também o nosso temperamento, embora não o nosso caráter, percorre algumas mudanças conhecidas, graças às quais o presente adquire a cada vez uma coloração distinta. –

Em minha obra magna, vol. 2, cap. 31, p. 394 ss. discuti que e por que na infância nos comportamos de maneira muito mais *cognoscente* do que *querente*. Justamente a isso deve-se aquela felicidade do primeiro quarto de nossas vidas, graças à qual ele nos parece mais tarde como um paraíso perdido que ficou para trás. Na infância temos apenas poucas relações e carências mínimas, ou seja, pouca excitação da vontade: logo, a maior parte de nosso ser encontra-se absorvida no *conhecer*. – O intelecto, assim como o cérebro, o qual atinge seu tamanho completo já no sétimo ano, desenvolve-se cedo, embora ainda não esteja amadurecido, e busca incessantemente por alimento em um mundo inteiro da existência onde tudo, tudo, é recoberto pelo encanto da novidade. A isso se deve que os anos de nossa infância sejam uma constante poesia. Pois a essência da poesia, como de toda arte, consiste na apreensão da ideia platônica, isto é, daquilo que é essencial e portanto comum a toda a *espécie*, no que é individual; dessa maneira, cada coisa aparece como representante de seu gênero e *um* caso vale por mil. Agora, embora pareça que, nas cenas dos nossos anos de infância, estejamos sempre ocupados apenas com objetos ou acontecimentos individuais, e isso na medida em que interessam ao nosso querer momentâneo; no fundo ocorre algo diferente. Pois a vida, em toda sua significação, encontra-se ainda tão nova diante de nós, tão fresca e sem embotamento de suas impressões por meio da repetição, que nós, em meio às nossas atividades infantis, estamos sempre, em silêncio e sem intenção clara, ocupados em apreender, nas cenas e nos acontecimentos individuais, a própria essência da vida, os tipos fundamentais de suas formas e apresentações. Vemos todas as coisas e pessoas, como o expressa Espinosa [*Ética* V, prop. 30, 31, esc., entre outras passagens], *sub specie aeternitatis* [sob o ponto de vista da eternidade]. Quanto mais jovens somos, tanto mais cada coisa individual substitui todo seu gênero. Isso diminui progressivamente, ano a ano: e a isso se deve a tão grande diferença na impressão que as coisas nos dão na juventude e na velhice. Por isso as experiências e relações da infância e do início da juventude tornam-se posteriormente os tipos e as rubricas perenes de todo conhecimento e de toda experiência futuros, como que as categorias dos mesmos, às quais subsumimos tudo que vem depois, mesmo que nem sempre com uma consciência nítida de fazê-lo.* Assim constitui-se já na infância o fundamento firme de nossa visão de mundo, e portanto também a sua superficialidade ou profundidade: mais tarde ela é desenvolvida e aperfeiçoada, mas não modificada

* Ó, a infância! Quando o tempo ainda passa tão lentamente que as coisas quase parecem fixas, querendo permanecer como agora por toda eternidade. (N.A.)

em sua essência. Por consequência dessa visão puramente objetiva e, portanto, poética, essencial à infância e sustentada pelo fato de a vontade ainda não se manifestar com sua energia completa, comportamo-nos, quando crianças, muito mais de maneira cognoscente do que querente. Daí o olhar sério, observador de algumas crianças, o qual Rafael utilizou com tanto sucesso em seus anjos, especialmente naqueles da Madona Sistina. Justamente por isso são também os anos da infância tão ditosos, sendo a lembrança deles sempre acompanhada de nostalgia. – Enquanto agora, com tal seriedade, nos é incumbido o primeiro entendimento *intuitivo* das coisas, a educação, por outro lado, esforça-se por ensinar-nos *conceitos*. Mas conceitos não fornecem o que é realmente essencial: isso, ou seja, o fundo e o conteúdo autêntico de todos os nossos conhecimentos, encontra-se muito antes na apreensão *intuitiva* do mundo. Esta, porém, pode ser ganha unicamente por conta própria, jamais *ensinada* de alguma maneira. Por isso, assim como o nosso valor moral, também o intelectual não nos penetra de fora, mas, pelo contrário, surge a partir das profundezas de nossa própria essência, e não há arte educacional pestalozziana* que faça de um pateta inato um ser humano pensante: jamais! Ele nasceu um pateta e como pateta haverá de morrer. – A partir da profunda apreensão da primeira impressão do mundo exterior aqui descrita explica-se também por que o ambiente e as experiências de nossa infância se imprimem tão firmemente em nossa memória. Pois nos entregamos inteiramente a eles, sem qualquer dispersão, e observamos as coisas que estão diante de nós como se fossem as únicas de sua espécie, sim, as únicas existentes. Mais tarde, a grande quantidade de coisas já conhecidas toma-nos o ânimo e a paciência. – Se agora quiséssemos nos referir àquilo que eu disse nas p. 372 ss. do volume acima mencionado de minha obra magna, a saber, que a existência *objetiva* de todas as coisas, quer dizer, sua existência na mera *representação*, é intrinsecamente alegre, enquanto que sua existência *subjetiva*, em contrapartida, uma vez que consiste no

* Johan Heinrich Pestalozzi foi um famoso pedagogo suíço, fundador do método educacional conhecido como "escola ativa". (N.T.)

querer, é fortemente carregada de dor e aflição, então é possível fazer valer como expressão sucinta da coisa também a seguinte sentença: todas as coisas são maravilhosas de se *ver*, mas é terrível *sê-las*. Agora, de acordo com o que foi dito até aqui, na infância, as coisas são conhecidas muito mais pelo lado da *visão*, ou seja, da representação, da objetividade, do que pelo lado do *ser*, que é o da vontade. Por ser aquele o lado agradável das coisas, enquanto que o lado subjetivo e assustador ainda nos permanece desconhecido, o jovem intelecto toma todas aquelas formas que lhe são exibidas pela realidade e pela arte como entes igualmente felizes: ele crê que, como são tão belas de se ver, haverá de ser ainda mais belo *sê-las*. Por isso o mundo encontra-se diante dele como um Éden: é essa a Arcádia em que todos somos nascidos.* Disso surge um pouco mais tarde a sede pela vida real, o anseio por atos e paixões que nos impulsiona para dentro do tumulto da vida mundana. Neste, então, conhecemos o outro lado das coisas, o do ser, isto é, do querer, o qual é contrariado a cada passo. Então aproxima-se aos poucos a grande desilusão, após cuja entrada se diz que *l'âge des illusions est passé* [é passada a idade das ilusões]: embora ela siga persistindo, tornando-se cada vez mais plena. Consequentemente, pode-se dizer que, na infância, a vida se nos apresenta como uma decoração teatral vista de longe; na velhice, como a mesma vista de muito perto.

Para a felicidade da infância, por fim, contribui ainda o seguinte. Assim como no início da primavera toda a vegetação tem a mesma cor e quase a mesma forma; também nós somos todos semelhantes uns aos outros no início da infância, e harmonizamos por isso de maneira excelente. Mas com a puberdade começa a divergência, que se torna cada vez maior, como a dos raios de um círculo.

Agora, o que turva, sim, torna infeliz o resto da primeira metade da vida, ou seja, a adolescência, a qual possui tantas vantagens em relação à segunda, é a caça por felicidade, na firme suposição de que haveria de ser possível encontrá-la na vida. Disso surge a

* Veja-se a p. 117. (N.T.)

esperança constantemente frustrada, e desta, a insatisfação. Imagens simuladas de uma felicidade sonhada, indeterminada, flutuam diante de nós sob formas caprichosamente escolhidas, e buscamos em vão seu original. Por isso, em nossos anos de adolescência, estamos, na maioria dos casos, insatisfeitos com nossa situação e com nosso ambiente, qualquer que venha a ser; porque lhes atribuímos aquilo que pertence ao vazio e à pobreza da vida humana em geral, com o que travamos agora conhecimento pela primeira vez, após termos esperado coisas totalmente diferentes. – Ter-se-ia ganho muito se, com uma instrução feita em tempo, fosse possível extinguir nos jovens a ilusão de que haveria muito a ganhar no mundo. Mas ocorre o contrário, uma vez que a maioria de nós conhece a vida por meio da literatura antes de conhecê-la por meio da realidade. As cenas descritas pela literatura reluzem, na aurora de nossa própria juventude, diante de nosso olhar, e agora nos atormenta o anseio de vê-las realizadas – de tocar o arco-íris. O jovem espera que o curso de sua vida possua a forma de um romance interessante. Assim é gerada a ilusão que descrevi na p. 374 do já mencionado segundo volume de minha obra magna. Pois o que confere o encanto a todas essas imagens é justamente que sejam meras imagens irreais, de maneira que nós, ao contemplá-las, nos encontramos na tranquilidade e na plena satisfação da pura cognição. Tornar-se real significa ser preenchido com a vontade, a qual traz consigo dores inevitáveis. Que o leitor interessado também seja remetido à passagem da p. 427 do volume mencionado.

Logo, se o característico da primeira metade da vida é o anseio insatisfeito por felicidade; o da segunda metade, por sua vez, é a preocupação com a infelicidade. Pois com ela inicia-se, de maneira mais ou menos nítida, o conhecimento de que toda felicidade é quimérica, enquanto que o sofrimento é real. Por isso, agora, pelo menos os caráteres mais razoáveis haverão de ansiar mais pela mera ausência de dor e por uma situação segura do que pelo prazer. – Quando, em meus anos de juventude, batiam à porta, eu me alegrava, pois pensava: agora vem. Mas nos anos mais tardios minha sensação adquiriu, com a mesma ocasião, algo muito antes aparentado ao horror: eu pensava: "lá vem". – Para indivíduos extraordinariamente dotados, os quais, justamente enquanto tais, não pertencem tão literalmente ao mundo humano, encontrando--se, portanto, mais ou menos sós, sempre de acordo com o grau de suas qualidades, há, com vistas a esse mundo, igualmente duas impressões opostas: na juventude tem-se frequentemente a de ser por ele *abandonado*; nos anos mais tardios, em contrapartida, a de ter dele *escapado*. A primeira, desagradável, deve-se à ignorância, a segunda, agradável, ao conhecimento desse mundo. – Consequentemente, a segunda metade da vida, assim como a segunda metade de um período musical, contém menos ambição, mas mais alívio do que a primeira, o que, de maneira geral, se deve ao fato de que na juventude se pensa que no mundo haja felicidades e prazeres prodigiosos a serem encontrados, sendo apenas difícil alcançá-los; enquanto que na velhice se sabe que nada há para buscar lá, ou seja, se desfruta um presente suportável, totalmente tranquilo a respeito, chegando até mesmo a ter alegria com coisas insignificantes. –

Aquilo que o homem maduro adquiriu com a experiência de sua vida, por meio de que ele vê o mundo de maneira diferente do jovem e do rapaz, é em primeira instância a *desenvoltura*. Somente ele vê as coisas com total simplicidade e as toma por aquilo que são; enquanto que para o rapaz e para o jovem o mundo verdadeiro encontra-se coberto ou distorcido por uma imagem ilusória, composta de extravagâncias criadas por eles mesmos, preconceitos herdados e estranhas fantasias. Pois o primeiro que a experiência é capaz de fazer é livrar-nos de devaneios e falsos conceitos que nos foram inculcados na juventude. Preservar a adolescência destes seria, aliás, a melhor educação, embora apenas negativa; o que, porém, é muito difícil. Seria preciso, para esse fim, manter o campo de visão da criança de início tão estreito quanto possível; no interior deste, porém, ensinar-lhe um grande número de conceitos nítidos e corretos, e apenas após ela ter reconhecido corretamente tudo que ali se encontra, expandi-lo aos poucos, sempre cuidando para que nada de obscuro, entendido errado ou pela metade, fique para trás. Por consequência disso, seus conceitos das coisas e das relações humanas, por mais limitados e simples que fossem, seriam, em compensação, nítidos e corretos, de maneira que careceriam sempre apenas de expansão, não de correção; e assim por diante, até a juventude. Esse método exige especialmente que não se permita a leitura de romances, substituindo-os por biografias adequadas, como por exemplo a de *Franklin*, o *Anton Reiser* de *Moritz* etc. –

Quando jovens, acreditamos que as circunstâncias e pessoas importantes para o curso de nossas vidas haverão de entrar em cena com rufar de tambores e trombetas: na velhice, porém, a consideração retrospectiva mostra que todas se inseriram furtivamente, em silêncio, pela porta dos fundos e quase que despercebidas.

Pode-se, mais além, com vistas ao aspecto até agora considerado, comparar a vida com um tecido bordado, do qual cada um, na primeira metade de seu tempo, veria a frente, na segunda, porém, o verso: este último não é tão belo, mas mais instrutivo; pois permite reconhecer o nexo entre os fios. –

A superioridade intelectual, por maior que seja, fará valer sua preponderância decidida na conversação somente após o quadragésimo ano de vida. Pois a maturidade dos anos e os frutos da experiência podem muito bem ser superados por aquela de diversas maneiras, porém jamais por ela substituídos: mas dão também ao homem mais comum um certo contrapeso contra as forças do maior espírito, enquanto este ainda é jovem. Falo aqui apenas do trato pessoal, não das obras. –

Todo aquele que é de alguma forma superior, que apenas não pertence aos cinco sextos da humanidade tão tristemente dotados pela natureza, após o quadragésimo ano, dificilmente se manterá livre de um certo indício de misantropia. Pois, como é natural, concluíra sobre os outros a partir de si e foi aos poucos se desiludindo, dando-se conta de que eram inferiores, incapazes de se igualar a ele, seja na cabeça, seja no coração, na maioria das vezes até mesmo em ambos; razão pela qual preferirá evitar o envolvimento com eles, assim como todos, de maneira geral, haverão de amar ou odiar a solidão, isto é, a companhia de si próprios, segundo a medida de seu valor interior. Também *Kant* trata dessa espécie de misantropia na *Crítica do juízo*, pelo fim da observação geral ao § 29 da primeira parte.

Para uma *pessoa jovem* é um mau sinal, tanto no aspecto intelectual como no moral, se ela aprende cedo a *orientar-se* nos assuntos e nas ações humanas, se, imediatamente, se sente à vontade em meio a eles, adentrando-os como que já preparada para eles: é um indício de mediocridade. Um estranhamento, uma perplexidade, uma incompetência em seu comportamento quando em tais relações, em contrapartida, indica uma natureza de espécie mais nobre.

A alegria e a vitalidade de nossa juventude devem-se em parte ao fato de que nós, ao subirmos a montanha, não vemos a morte, que se encontra ao pé da outra encosta. Quando, porém, ultrapassamos o cume, deparamo-nos realmente com a morte, a qual conhecíamos até então apenas de ouvir dizer, com o que, uma vez que as forças vitais começam ao mesmo tempo a sofrer a vazante, também a vitalidade é reduzida; de maneira que agora uma seriedade soturna suplanta o entusiasmo juvenil, o que também deixa uma impressão no semblante. Enquanto somos jovens, diga-se o que se quiser, consideramos a vida infinita, e lidamos com o tempo segundo essa convicção. Quanto mais envelhecemos, tanto mais economizamos nosso tempo. Pois, em idade mais avançada, cada dia vivido suscita uma impressão similar àquela experimentada por um delinquente a cada passo que o aproxima do tribunal.

O ponto de vista da juventude, a vida é um futuro infinitamente longo; da perspectiva da velhice, porém, um passado deveras curto; de maneira que, de início, ela se apresenta a nós como as coisas vistas quando voltamos a objetiva do binóculo de teatro para o nosso olho, ao fim, porém, como as mesmas coisas vistas pelo lado da lente ocular. É preciso ter envelhecido, ou seja, ter vivido muito tempo, para reconhecer o quão curta a vida é. – O próprio tempo tem em nossa juventude um passo muito mais lento; daí o primeiro quarto de nossa vida não ser apenas o mais feliz, mas também o mais longo, deixando muito mais memórias para trás, e todos, se lhes fosse exigido, saberiam narrar mais desse período do que de quaisquer outros dois dos seguintes. Na primavera da vida, assim como na do ano, os dias chegam até mesmo a se estender a um comprimento enfadonho. No outono de ambos, tornam-se curtos, mas mais alegres e constantes.

Quando a vida chega ao fim não se sabe onde ela foi parar. Mas por que agora, na velhice, a vida que se tem atrás de si parece tão curta? Porque a consideramos tão curta quanto sua recordação. Pois desta apagou-se tudo que era insignificante e muito do que foi desagradável, de maneira que lhe restaram poucas coisas. Pois, assim como nosso intelecto em geral, também nossa memória é altamente imperfeita: o que é aprendido precisa ser exercitado, o passado precisa ser ruminado, para que ambos não afundem aos poucos no abismo do esquecimento. Ora, não costumamos ruminar o que é insignificante, e na maioria das vezes tampouco o que é desagradável – o que, porém, seria necessário para conservá-lo na memória. Mas a quantidade de insignificâncias aumenta cada vez mais: pois muitas coisas que em princípio nos pareciam significativas tornam-se, por meio do frequente e por fim inumerável retorno, mais e mais insignificantes; por isso lembramo-nos melhor dos primeiros anos do que dos que vêm depois. Agora, quanto mais longamente vivermos, tanto menos acontecimentos nos parecerão suficientemente importantes ou significativos para serem depois ainda ruminados, o que é o único meio para fixá-los na memória: por conseguinte, são esquecidos tão logo passam. Dessa maneira, o tempo passa deixando cada vez menos rastros. – Ademais, não gostamos de ruminar o que é desagradável, menos ainda quando se trata de algo que feriu nossa vaidade, o que chega a ser o caso na maioria das vezes; porque poucos sofrimentos nos atingiram sem que tivéssemos alguma culpa. Por isso, muito do que há de desagradável é esquecido. As seguintes duas falhas tornam nossa recordação tão curta e relativamente cada vez mais curta quanto mais longo for seu material. Assim como os objetos à margem, dos quais nos distanciamos em um navio, se tornam cada vez menores, irreconhecíveis e indistinguíveis; o mesmo ocorre com nossos anos passados, com suas vivências e ações. A isso soma-se que, de vez em quando, a recordação e a fantasia nos presentificam uma cena de nossa vida de há muito passada de maneira tão vivaz quanto o dia anterior; com o que essa cena se aproxima novamente de nós: isso ocorre devido à impossibilidade de presentificar, enquanto tal, o longo tempo decorrido entre aquele momento e o presente, uma vez que ele não se permite vislumbrar assim, em uma só imagem, e porque, além disso, também os acontecimentos no decorrer desse período foram em grande parte esquecidos, tendo restado apenas um conhecimento geral deles *in abstracto*, um mero conceito, nenhuma intuição. Por isso, algo que passou há muito tempo parece-nos, em certos momentos, tão próximo como se tivesse acontecido ontem mesmo, enquanto o tempo que o separa de agora desaparece, de modo que a vida parece incompreensivelmente curta. Na velhice, o longo passado que temos atrás de nós e, com isso, nossa própria idade podem, por vezes, parecer quase fabulosos; o que se dá principalmente porque vemos, em princípio, ainda o mesmo e permanente presente diante de nós. Tais acontecimentos interiores devem-se, porém, em última instância, ao fato de nossa essência em si mesma não se encontrar no tempo, mas apenas a sua aparição, e o presente ser o ponto de contato entre o sujeito e o objeto. – Mas por que, na juventude, por outro lado, vemos a vida, que ainda está diante de nós, com tão imensa duração? Porque é preciso ter espaço para as ilimitadas esperanças com as quais a povoamos, para cuja realização Matusalém morreu demasiado jovem; também porque se toma como sua medida os poucos anos que já se tem atrás de si, e cuja recordação é sempre rica em conteúdo, e consequentemente longa, uma vez que a novidade permitiu que tudo aparecesse como significativo, tendo sido em seguida também ruminado, isto é, repetido frequentemente na recordação, e com isso nela gravado.

Por vezes acreditamos sentir falta de um *lugar* distante, enquanto que na verdade ansiamos pelo *tempo* que lá passamos, quando éramos mais jovens e frescos. Desse modo, então, o tempo nos ilude sob a máscara do espaço. Se viajamos para lá, damo-nos conta da ilusão. –

Dada, como *conditio sine qua non* [condição irremissível], uma constituição livre de defeitos, há dois caminhos para atingir uma idade elevada, os quais podem ser ilustrados com o exemplo de duas lâmpadas que queimam: uma queima longamente porque, embora provida de pouco óleo, possui um pavio muito fino; a outra porque, com um pavio grosso, também possui muito óleo: o óleo é a força vital, o pavio é o seu desgaste, de todas as maneiras possíveis.

Com vistas à *força vital* somos, até o trigésimo sexto ano, comparáveis àqueles que vivem de renda: aquilo que se gasta hoje reaparece amanhã. A partir desse momento, porém, a nossa analogia passa a ser a de alguém que sempre viveu de renda, mas que começa agora a tomar de seu capital. De início mal se nota alguma diferença: a maior parte daquilo que é gasto reaparece ainda por conta própria: gera-se um pequeno déficit que nem mesmo é notado. Este, porém, cresce de maneira gradual, torna-se perceptível, seu aumento mesmo aumenta a cada dia: ele cresce cada vez mais, cada dia é mais pobre que o anterior, sem esperanças de deter o processo. Desse modo, o decréscimo acelera progressivamente, como um corpo que cai – até que no final não resta mais nada. Um caso deveras triste é quando ambas as grandezas aqui comparadas, a força vital e a propriedade, estão efetivamente se desfazendo ao mesmo tempo: precisamente por isso cresce com a idade o amor à propriedade. – De início, em contrapartida, até a maioridade e ainda um pouco para além desta, somos, com vistas à força vital, como aqueles que ainda acrescentam à renda algo de capital: não apenas aquilo que foi gasto aparece novamente por conta própria, mas o próprio capital também cresce. E mais uma vez este é simultaneamente o caso também com o dinheiro, caso se tenha um tutor honesto. Ó afortunada juventude! Ó triste velhice! – Não obstante, deve-se poupar as forças da juventude. Aristóteles nota (*Política*, último livro, cap. 5) que apenas dois ou três dos campeões olímpicos teriam vencido alguma vez como rapazes e depois novamente como homens; porque as forças são tão esgotadas com o esforço precoce exigido pelos treinos preparatórios, que faltam mais tarde, na idade viril. Assim como para a força muscular, isso vale ainda mais para a força nervosa, da qual todos os trabalhos intelectuais são manifestação: por isso os *ingenia praecocia*, as crianças-prodígio, frutos da educação de estufa, que provocam admiração quando meninos, se tornam mais tarde cabeças bastante ordinárias. É possível até que o esforço precoce, forçado, para o aprendizado das línguas antigas tenha culpa na posterior deficiência e falta de juízo de tantas cabeças eruditas. –

Fiz a observação de que o caráter de quase todo ser humano parece ser especialmente adequado a uma idade; de maneira que ele se dá melhor com esta do que com as demais. Alguns são jovens amáveis, e depois não mais; outros são homens fortes e ativos, aos quais a velhice rouba todo valor; alguns têm maior vantagem na velhice, quando se tornam mais amenos, porque mais experientes e serenos: este é frequentemente o caso com franceses. Isso há de dever-se ao fato de o caráter possuir ele mesmo algo de juvenil, viril ou senil, ao qual a idade correspondente é condizente ou sobre o que ela age como um corretivo.

Assim como, estando em um navio, o avanço é notado apenas no distanciamento e na consequente diminuição dos objetos à margem; da mesma maneira damo-nos conta de que envelhecemos mais e mais quando pessoas de idade cada vez mais avançada nos parecem ser jovens.

Já foi discutido mais acima como e por que, quanto mais velho se fica, tudo que se vê, faz e vivencia vai deixando tanto menos rastros no espírito. Nesse sentido, seria possível afirmar que somente na juventude se vive com plena consciência; na velhice, porém, apenas com metade dela. Quanto mais velho se fica, tanto menos consciência se tem. As coisas passam depressa por nós, sem deixar impressões; como ocorre com uma obra de arte que já foi vista mil vezes: fazemos o que temos de fazer, e em seguida não sabemos se o fizemos ou não. E, uma vez que a vida se torna cada vez mais inconsciente quanto mais se aproxima da inconsciência total, também seu curso se torna, com isso, cada vez mais acelerado. Na infância, a novidade de todos os objetos e acontecimentos traz tudo à consciência: por isso o dia é incomensuravelmente longo. O mesmo ocorre em viagens, nas quais, por essa razão, *um* mês nos parece mais longo do que quatro meses em casa. No entanto, essa novidade das coisas em ambos os casos não impede que o tempo, que parece mais longo, também se torne muitas vezes efetivamente "mais longo", mais do que na velhice, ou mais do que em casa.* Por meio do longo hábito com as mesmas percepções, o intelecto vai sendo aos poucos desgastado, a tal ponto que, cada vez mais, tudo passa deslizando por ele sem ter qualquer efeito; com o que então os dias se tornam cada vez mais insignificantes e, logo, mais curtos: as horas do rapaz são mais longas do que os dias do velho. De acordo com isso, o tempo de nossas vidas tem um movimento acelerado, como o de uma esfera que rola por um plano inclinado; e, assim como em um disco giratório cada ponto corre tanto mais depressa quanto mais distante estiver do centro, da mesma maneira o tempo passa para cada um mais e mais rápido, segundo a medida de sua distância em relação ao início da vida. Consequentemente, é possível supor que, na avaliação imediata de nossa mente, a duração de um ano se encontre em proporção inversa com o quociente da divisão do mesmo pela nossa idade: quando, por exemplo, um ano constitui 1/5 de nossa idade, ele nos parece dez vezes mais longo do que quando constitui apenas 1/50 da mesma. Essa diferença na velocidade do tempo tem uma influência decisiva sobre todo nosso modo de existir em cada idade da vida. Primeiramente, ela faz com que a infância, embora abarque apenas por volta de quinze anos, ainda assim seja o tempo mais longo da vida e, portanto, o mais rico em recordações; em seguida, que estejamos todos submetidos ao tédio na proporção inversa de nossa idade. Crianças necessitam constantemente de passatempos, sejam brincadeiras ou trabalho; se estes cessam, são tomadas imediatamente por um tédio terrível. Também os jovens ainda se encontram submetidos a ele em alto grau e olham com preocupação para horas vazias. Na idade viril o tédio diminui mais e mais: para os anciãos o tempo é sempre curto demais e os dias passam voando velozes como flechas. Compreenda-se que falo do envelhecimento de pessoas, não de animais. Por meio desse aceleramento do curso do tempo, portanto, o tédio é na

* O autor joga aqui com a literalidade da expressão alemã Langeweile, "tédio", que significa, ao pé da letra, "tempo longo". (N.T.)

maioria das vezes suprimido nos anos mais tardios; e como, por outro lado, também as paixões, com sua tortura, emudecem, então, tendo apenas a saúde se conservado, visto de uma perspectiva geral, o fardo da vida é agora realmente menor do que na juventude: por isso chama-se o período que antecede o surgimento da fraqueza e das moléstias da idade mais avançada de "melhor idade". Com vistas ao nosso bem-estar podem realmente sê-lo: aos anos de juventude, em contrapartida, nos quais tudo causa uma impressão e cada coisa penetra a consciência com vivacidade, permanece a vantagem de ser o tempo frutífero para o espírito, a sua primavera florida. Pois verdades profundas podem apenas ser contempladas, não calculadas, quer dizer: seu primeiro conhecimento é imediato, provocado pela impressão momentânea: consequentemente, pode ocorrer apenas enquanto esta for forte, vivaz e profunda. Desse ponto de vista, portanto, tudo depende da utilização dos anos da juventude. Nos anos mais tardios somos mais capazes de influenciar os outros, sim, o mundo; porque nós mesmos já estamos completos e acabados e não mais entregues à impressão: o mundo, por outro lado, tem menos efeito sobre nós. Esses anos são, pois, o tempo para agir e fazer; aqueles, porém, o tempo para a apreensão originária e para o conhecimento.

Na juventude prevalece a intuição, na velhice, o pensamento: daí aquela ser o tempo para a poesia; esta, mais para a filosofia. Também a nível prático deixamo-nos determinar, na juventude, pelo que vemos e por sua impressão; na velhice, apenas pelo pensamento. Isso deve-se em parte ao fato de apenas na velhice termos tido presente um número suficiente de casos intuitivos e os termos submetido a conceitos, de modo a conceder a estes completa significação, conteúdo e crédito, e simultaneamente moderar a impressão da intuição por meio do hábito. Na juventude, em contrapartida, especialmente para cabeças vivazes e ricas em fantasia, a impressão do que é intuitivo, e, logo, também do lado exterior das coisas, é tão predominante que elas veem o mundo como se fosse uma imagem; daí estarem principalmente preocupadas com a maneira como figuram e aparecem nele – mais do que com como se sentem interiormente. Isso se revela já na vaidade pessoal e na mania de limpeza dos jovens.

O maior nível de energia e a mais alta tensão das faculdades intelectuais ocorre, sem dúvida, na juventude, no mais tardar até o trigésimo quinto ano: a partir daí essa energia começa a decrescer, embora com grande lentidão. Aos anos mais tardios, porém, mesmo à velhice, não faltam compensações intelectuais para essa perda. É apenas agora que experiência e erudição se tornaram realmente ricas: teve-se tempo e oportunidade para contemplar e considerar as coisas de todos os lados, comparou-se todas as coisas entre si e descobriu-se os pontos de contato e membros intermediários que as conectam; com o que somente agora se as compreende em seu contexto adequado. Tudo está esclarecido. Por isso sabe-se agora também aquilo que já se sabia na juventude com muito mais profundidade; já que se tem muito mais confirmações para cada conceito: o que se cria saber na juventude, sabe-se realmente na velhice, além de saber também efetivamente muito mais e ter um conhecimento refletido por todos os lados e por isso realmente coerente; enquanto que na juventude nosso conhecimento é sempre incompleto e fragmentário. Apenas *quem envelhece* adquire uma representação completa e adequada da vida, uma vez que ele a vê em sua completude e em seu curso natural, mas especialmente por vê-la não apenas a partir do lado da entrada, como os demais, mas a partir da saída, com o que então ele reconhece principalmente a sua nulidade de maneira plena; enquanto que os demais ainda seguem presos à ilusão de que a justiça ainda está por vir. Em contrapartida, há mais criatividade na juventude; por causa dela é-se capaz, então, de fazer mais com o pouco que se conhece: mas na velhice há mais juízo, penetração e ponderação. O material para os conhecimentos próprios, para os pontos de vista fundamentais originais, ou seja, para aquilo que um espírito privilegiado está determinado a dar ao mundo, é coletado já na juventude: mas apenas muitos anos depois tornamo-nos mestres desse material. De acordo com isso, haver-se-á de encontrar, na maioria das vezes, que os grandes escritores produziram suas obras magnas por volta do quinquagésimo ano.

Não obstante, a juventude permanece sendo a raiz da árvore do conhecimento; embora apenas a coroa carregue os frutos. Mas, assim como cada época, mesmo a mais deplorável, se considera muito mais sábia do que a que a antecedeu imediatamente, juntamente com as anteriores; ocorre o mesmo com cada idade do ser humano: mas ambos esses juízos são frequentemente equivocados. Nos anos do crescimento corporal, quando também ganhamos diariamente em faculdades intelectuais e conhecimentos, o hoje habitua-se a olhar com desprezo para o ontem. Esse costume enraíza-se e permanece também então, quando as faculdades intelectuais começam a decrescer e o hoje deveria muito antes olhar com admiração para o ontem; daí nós frequentemente menosprezarmos demais tanto os trabalhos como também os juízos de nossos anos de juventude.*

É de se notar aqui, a nível geral, que, muito embora, assim como o caráter ou o coração do homem, também o intelecto, a cabeça, é inato segundo suas propriedades fundamentais, este, entretanto, não permanece de modo algum tão imodificável quanto aquele, submetendo-se, pelo contrário, a um grande número de transformações, as quais chegam a ocorrer, no todo, de maneira regular; porque estas se devem em parte ao fato de ele possuir um fundamento físico, e em parte ao de ele ter um material empírico. Desse modo, sua própria força passa por um crescimento gradual, até o acme, e então por uma decadência gradual, até a imbecilidade. Nesse processo, porém, o material com que se ocupam todas essas forças, mantendo-as ativas, ou seja, o conteúdo do pensar e saber, a experiência, os conhecimentos, o exercício e com ele a plenitude do discernimento, esse material é uma grandeza sempre crescente, mais ou menos até o ingresso de uma fraqueza decidida, que tudo deixa cair. Essa constituição do ser humano a partir de um elemento absolutamente imodificável e um outro regularmente modificável, de duas maneiras opostas, explica as diferenças de sua aparição e de seu valor nas distintas idades da vida.

---

* Na maioria das vezes, porém, na juventude, quando nosso tempo é mais precioso, esbanjamo-lo, e começamos apenas na velhice a gastá-lo com avareza. (N.A.)

Pode-se dizer também, em sentido mais abrangente: os primeiros quarenta anos de nossas vidas fornecem o texto; os trinta anos seguintes, o comentário a ele, que nos ensina a compreender corretamente o verdadeiro sentido e a coerência do texto, juntamente com sua moral e todas as suas minúcias.

Agora, por volta do final da vida chega a ser como por volta do final de um baile de máscaras, quando estas são removidas. Vê-se então quem foram realmente aqueles com os quais se esteve em contato durante o curso de sua vida. Os caracteres encontram-se agora expostos, os atos deram seus frutos, os méritos obtiveram sua apreciação devida e todas as ilusões estão desfeitas. Pois para tudo isso era preciso tempo. – O mais estranho, porém, é que somente pelo fim da vida se conhece e compreende verdadeiramente também a si mesmo, suas próprias finalidades e metas, especialmente com relação ao mundo e aos outros. Com frequência, decerto, embora nem sempre, haver-se-á então de conferir a si uma posição mais inferior do que se acreditava ocupar anteriormente; por vezes também uma mais elevada; o que se deverá ao fato de não se ter tido uma representação suficiente da baixeza do mundo, impondo-se por isso uma meta mais elevada do que os demais. No processo, descobre-se também de que se é feito. –

Costuma-se chamar a juventude de o tempo mais feliz da vida, e a velhice de o tempo triste. Isso seria verdade se as paixões trouxessem felicidade. Por estas a juventude é arrastada para lá e para cá, com pouca alegria e muito sofrimento. À fria velhice dão descanso, e esta adquire logo um traço contemplativo: pois o conhecimento torna-se livre e adquire a supremacia. Uma vez que este, em si, é desprovido de dor, então a consciência será tanto mais feliz, quanto mais ele nela predominar. Na velhice sabe-se evitar melhor os infortúnios; na juventude, sabe-se suportá-los. É preciso apenas considerar que todo prazer é de natureza meramente negativa, a dor, porém, positiva, para compreender que as paixões não são capazes de trazer felicidade e que a velhice não se torna lamentável pelo fato de alguns prazeres lhe serem negados. Pois todo prazer é sempre apenas o saciar de uma carência: que, portanto, com esta, também aquele seja suprimido é tão pouco lamentável quanto que alguém não seja mais capaz de comer após o almoço ou que após uma noite bem dormida precise ficar acordado. Platão considera (no início da *República*), de maneira muito mais correta, a velhice feliz, na medida em que ela está finalmente livre do até então incessante e inquietante impulso sexual. Seria até mesmo possível afirmar que os múltiplos e infinitos delírios criados pelo impulso sexual, assim como os afetos que deles surgem, sustentam uma constante e suave loucura no ser humano enquanto este estiver sob influência desse impulso ou demônio, pelo qual está sempre possuído; de maneira que ele se tornaria plenamente racional apenas após sua extinção. É certo, porém, que, de maneira geral e desconsiderando-se todas as circunstâncias e situações individuais, uma certa melancolia e tristeza é própria à juventude, enquanto que à velhice uma certa alegria: e a razão disso não é nenhuma outra além do fato de a juventude ainda estar sob o domínio, sim, sob a servidão desse demônio, que dificilmente lhe concede um momento livre e que ao mesmo tempo é o autor imediato ou mediato de quase toda e qualquer desgraça que atinge ou ameaça as pessoas: a velhice, porém, possui a alegria daquele que se livrou de cadeias carregadas por muito tempo e que agora se movimenta livremente. – Por outro lado, porém, seria possível dizer que, após o impulso sexual ter se extinguido, o verdadeiro cerne da vida estaria consumido e que agora apenas a sua casca seguiria existindo, sim, que esse processo seria comparável a uma comédia iniciada por pessoas e depois terminada por autômatos que vestem seus trajes.

Seja como for, a juventude é o tempo da intranquilidade; a velhice, o da tranquilidade: já a partir disso seria possível concluir o bem-estar que cabe a cada uma. A criança estende suas mãos avidamente para todos os lados, em direção a tudo que vê de colorido e multiforme diante de si: pois ela é excitada por tudo isso; porque seu aparato sensório ainda é fresco e jovem. O mesmo ocorre, com energia ainda maior, no jovem. Também ele é excitado pelo mundo colorido e suas múltiplas formas: sua fantasia cria imediatamente mais do que o mundo jamais poderia oferecer. Por isso ele é pleno de um número indefinido de desejos e anseios: estes tomam-lhe a tranquilidade, sem a qual não há felicidade. Enquanto, pois, o jovem crê ser possível encontrar prodígios no mundo, caso pudesse apenas descobrir onde; o velho encontra-se penetrado pelo "tudo é vão" do Eclesiastes e sabe que todas as nozes são ocas, por mais douradas que sejam. Pois na velhice tudo se assentou; em parte porque o sangue está mais frio e a excitabilidade do aparato sensório foi reduzida; em parte porque a experiência acerca do valor das coisas e do teor dos prazeres o fez mais esclarecido, com o que ele se livrou aos poucos das ilusões, das quimeras e dos preconceitos que antes encobriam e distorciam a visão livre e pura das coisas; de maneira que agora ele reconhece tudo de maneira mais clara e correta, tomando-o por aquilo que é, tendo chegado também mais ou menos à compreensão da nulidade de todas as coisas terrenas. Precisamente isso é o que confere a quase todo velho, mesmo àquele de capacidades deveras ordinárias, um certo traço de sabedoria que o distingue dos mais jovens. Principalmente, porém, gerou-se com isso tudo a tranquilidade de espírito: esta, porém, é um importante componente da felicidade; chegando mesmo a ser, na verdade, sua condição e seu elemento essencial.

Ademais, crê-se que a sina da velhice seja a doença e o tédio. A primeira não é absolutamente essencial à velhice, especialmente não se esta há de atingir uma idade elevada: pois *crescente vita, crescit sanitas et morbus* [em crescendo a vida, crescem a saúde e a doença]. E, no que diz respeito ao tédio, demonstrei mais acima por que a velhice chega mesmo a estar menos exposta a ele do que a juventude: tampouco é o tédio um acompanhante necessário da solidão, a qual, aliás, graças a causas facilmente compreensíveis, a velhice traz ao nosso encontro; ele o é apenas para aqueles que não conheceram nenhum outro prazer além dos sensuais e sociais, tendo deixado de enriquecer seu intelecto e de desenvolver suas forças. Na alta velhice, decerto, também as faculdades intelectuais são reduzidas: mas onde havia muito, sempre haverá de restar o suficiente para combater o tédio. Além disso, conforme demonstrado acima, por meio da experiência, do conhecimento, do exercício e da reflexão, a compreensão correta ainda se aperfeiçoa, o juízo se aguça e o nexo das coisas torna-se mais claro; ganha-se, em todas as coisas, uma visão de conjunto mais e mais sintética do todo: assim, por meio de sempre novas combinações dos conhecimentos acumulados e de ocasionais enriquecimentos dos mesmos, o cultivo da própria intelectualidade ainda prossegue em todas as suas partes, ocupando, satisfazendo e recompensando o espírito. Por meio de tudo isso o mencionado decréscimo é em certa medida compensado. Além disso, como dito, o tempo passa muito mais depressa na velhice; o que age contra o tédio. O decréscimo das forças físicas prejudica pouco se estas não forem necessárias para o sustento. Pobreza na velhice é uma grande infelicidade. Se esta foi banida e se a saúde permaneceu, então a velhice pode ser uma parte altamente suportável da vida. Conforto e segurança são suas principais carências: por isso ama-se na velhice o dinheiro, ainda mais do que antes; porque ele fornece o substituto para as forças faltantes. Despedido por Vênus, haver-se-á de preferir buscar animação junto a Baco. No lugar da necessidade de ver, de viajar e de aprender entrou a necessidade de ensinar e de falar. No entanto, é uma sorte quando resta ao ancião ainda o amor ao seu estudo, também à música, ao teatro e em geral uma certa receptividade para o exterior; a qual, aliás, perdura em alguns até a idade mais avançada.

Somente quando mais velho é que o ser humano atinge verdadeiramente o *nil admirari* [nada admirar (*Epístolas* I, 6, 1)] horaciano, quer dizer, a imediata, franca e firme convicção da vanidade de todas as coisas e da vacuidade de todas as maravilhas do mundo: as quimeras desapareceram. Ele não tem mais a ilusão de que, em algum lugar, seja no palácio ou no casebre, more uma felicidade especial, maior do que aquela de que também ele desfruta por toda parte quando se vê livre de dores físicas ou espirituais. O grande e o pequeno, o nobre e o baixo, segundo a medida do mundo, não se diferenciam mais para ele. Isso confere ao velho uma certa tranquilidade de espírito, a partir da qual ele olha, com um sorriso, para as peripécias do mundo. Ele está completamente desiludido e sabe que a vida humana, o que quer que se venha a fazer para embelezá-la e ornamentá-la, logo transparece, através de todos esses enfeites carnavalescos, em sua penúria, sendo, por mais que se a pinte e adorne, por toda parte essencialmente a mesma, uma existência cujo verdadeiro valor é de se avaliar sempre apenas segundo a ausência de dores, não segundo a presença de prazeres, e muito menos de pompa. (Horácio, *Epístolas* I, 12, v. 1-4.) O traço fundamental característico da idade avançada é a desilusão: desapareceram as ilusões que até então conferiam à vida seu encanto e esporavam a atividade; reconheceu-se o real vazio de todos os prodígios do mundo, especialmente da pompa, do brilho e da aparente majestade; aprendeu-se que há bem pouco por detrás da maioria das coisas desejadas e dos prazeres almejados, e chegou-se assim aos poucos à compreensão da grande pobreza e do grande vazio de toda nossa existência. Apenas no setuagésimo ano de vida entende-se completamente o primeiro verso do Eclesiastes. Isso, porém, é também o que confere à velhice um certo traço de enfado. – O que alguém "tem em si mesmo" jamais o beneficia mais do que na velhice.

A maioria, decerto, tendo sido sempre embotada, torna-se em idade avançada mais e mais automatizada: pensam, dizem e fazem sempre o mesmo, e não há impressão externa que seja capaz de modificar algo nisso ou de provocar neles algo de novo. Falar com tais anciãos é como escrever na areia: a impressão apaga-se quase que imediatamente. Uma velhice dessa espécie é então certamente apenas o *caput mortuum** da vida. – A natureza parece querer simbolizar o ingresso da segunda infância na idade avançada por meio da terceira dentição que, em raros casos, aparece nesse momento.

O progressivo desaparecimento de todas as forças com o avanço da idade é realmente muito triste: mas é necessário, sim, benéfico; porque sem essa preparação a morte haveria de ser demasiado difícil. Por isso o maior ganho trazido pelo atingimento de uma idade muito elevada é a eutanásia, a morte facílima, que não é introduzida por nenhuma doença, nem acompanhada de nenhum

* Literalmente "cabeça morta" – designava, na antiga química e na alquimia, o resíduo inútil deixado por uma reação química. (N.T.)

espasmo, que nem mesmo é sentida, a qual foi descrita no segundo volume de minha obra magna, cap. 41, p. 470.*

Pois, por mais que se tenha vivido, nunca nos encontramos em mais do que no presente indivisível: a recordação, porém, a cada dia, perde mais por meio do esquecimento do que ganha por meio de acréscimos. – Quanto mais velho se é, tanto menor parecem ser as coisas humanas em seu conjunto: a vida, que na juventude parecia encontrar-se firme e estável diante de nós, mostra-se agora como sendo composta de efêmeras aparições que passam velozes, fugidias: a nulidade do todo é salientada.

A diferença fundamental entre juventude e velhice permanece sempre sendo que aquela tem a vida como pano de fundo, esta, a morte; que, portanto, aquela possui um passado curto e um longo futuro; esta, o contrário. A vida nos *anos de velhice* é como o quinto ato de uma tragédia: sabe-se que um fim trágico está próximo mas

---

* Na verdade, a vida humana não pode ser chamada nem longa, nem curta; porque ela é no fundo a medida segundo a qual avaliamos todas as outras grandezas temporais. – No Upanixade dos Vedas (*Oupnekhat*, vol. II, p. 53), *a duração natural da vida humana* é dada como sendo de cem anos. Com razão, creio eu, pois notei que apenas aqueles que passaram do nonagésimo ano participam da *eutanásia*, quer dizer, morrem sem qualquer doença, também sem apoplexia, sem espasmar, sem estertorar, sim, por vezes sem empalidecer, na maioria das vezes sentados, após a refeição, ou, muito antes, não morrem absolutamente, mas apenas deixam de viver. Em toda idade anterior a essa morre-se apenas de doenças, isto é, antes do tempo. – No velho testamento (Salmo 90, 10), a duração da vida humana é estipulada em setenta e, quando muito, em oitenta anos e, o que é ainda mais significativo, *Heródoto* (I, 32 e III, 22) diz o mesmo. Isso, porém, é equivocado e mero resultado de uma apreensão grosseira e superficial da experiência cotidiana. Pois se a duração natural da vida fosse de setenta a oitenta anos, então as pessoas entre setenta e oitenta anos deveriam morrer *de velhice*: este, porém, não é absolutamente o caso: elas morrem, como as mais jovens, *de doenças*; a doença, porém, é essencialmente uma aberração: portanto, esse não é o fim natural. Apenas entre noventa e cem anos é que as pessoas morrem, via de regra, *de velhice*, sem doença, sem agonia, sem estertorar, sem espasmar, por vezes sem empalidecer; o que se chama *eutanásia*. Por isso o Upanixade tem razão também aqui, uma vez que estipula a duração natural da vida como sendo de cem anos. (N.A.)

ainda não se sabe qual será. Aliás, tem-se, quando velho, apenas a morte diante de si, mas quando jovem tem-se a vida diante de si; e é de se perguntar qual das duas é mais grave e se, tomada em seu conjunto, a vida não é algo que é melhor ter atrás do que diante de si – pois já diz o Eclesiastes (7, 2): "O dia da morte é melhor do que o dia do nascimento". Cobiçar uma vida muito longa é em todo caso um desejo ousado. Pois *quien larga vida vive mucho mal vive* [quem vive vida longa, vive muitos males], diz o provérbio espanhol. –

Certamente o curso da vida dos indivíduos não está, como o queria a astrologia, traçado previamente nos planetas, mas sim o curso da vida humana em geral, na medida em que a cada idade do mesmo corresponde um planeta, segundo sua ordem, sendo a vida portanto regida sucessivamente por todos os planetas. – No décimo ano de vida rege *Mercúrio*. Como este, o homem movimenta-se rápida e facilmente, no círculo mais estreito: seu ânimo está submetido a insignificâncias; mas ele aprende muito e com facilidade enquanto sob o domínio do deus da sagacidade e da eloquência. – Com o vigésimo ano inicia-se a regência de *Vênus*: amor e mulheres possuem-no completamente. – No trigésimo ano rege *Marte*: o homem é agora intenso, forte, audaz, belicoso e teimoso. – No quadragésimo ano regem os *quatro planetoides*: sua vida dispersa-se, portanto, na amplidão: ele é *frugi* [frugal], ou seja, serve à utilidade, graças a *Ceres*; ele tem seu próprio lar, graças a *Vesta*; ele aprendeu o que é preciso saber, graças a *Pallas*; e como *Juno* rege a senhora da casa, sua esposa.* – No quinquagésimo ano, porém, rege *Júpiter*. O homem já sobreviveu à maioria de seus contemporâneos, e ele se sente superior à geração presente. Ainda em plena posse de suas forças, ele é rico em experiência e conhecimento: ele tem (segundo a medida de sua individualidade e de sua situação) autoridade sobre todos que o rodeiam. Consequentemente, não quer mais se deixar comandar, mas quer comandar ele mesmo. Para guia

* Os entornos de cinquenta planetoides adicionais descobertos desde então são uma novidade da qual nada quero saber. Faço, portanto, com eles, como com os professores de filosofia: ignoro-os; porque não se adequam às minhas intenções. (N.A.)

e soberano em sua esfera ele é agora mais apropriado do que nunca. Assim culmina Júpiter e com ele o quinquagenário. – Então, porém, segue, no sexagésimo ano, *Saturno*, e com ele o peso, a vagareza e a tenacidade do *chumbo*:

But old folks, many feign as they were dead;
*Unwieldy, slow, heavy and pale as lead.**

(*Romeu e Julieta*, ato 2, cena 5.)

– Ao final vem *Urano*: então se vai, como se diz, para o céu. Não posso considerar aqui *Netuno* (que foi infelizmente batizado assim pela irreflexão); por não poder chamá-lo segundo seu nome verdadeiro, que é *Eros*. Senão gostaria de mostrar como ao final se liga o início, a saber, como Eros se encontra em um nexo misterioso com a morte, graças ao qual o Orco ou o Amenthes dos egípcios** (segundo Plutarco, *Ísis e Osíris*, c. 29) é o λαμβανων και διδους, ou seja, não apenas aquele que toma, mas também aquele que dá, e a morte é o grande reservatório da vida. Logo, tudo vem do Orco, e lá também já esteve tudo que agora tem vida: – fôssemos apenas capazes de compreender a prestidigitação graças à qual isso ocorre, então tudo ficaria claro.

---

* Mas dos velhos, muitos já parecem mortos; / Rígidos, lentos, pesados e pálidos como chumbo. (N.A.)

** *Orcus* é o correspondente latino do *Hades* grego: o termo designa tanto o submundo como a divindade que o rege. *Amenthes* é o reino dos mortos na mitologia egípcia. (N.T.)